日本中世の地域社会と仏教

湯之上隆 著

思文閣出版

まえがき

本書の主なねらいは、中世における地域社会と仏教を中心とした宗教との相互関係を分析し、地域社会の精神世界に通じる水脈を探ることにある。

中世社会の顕著な特徴は、生産の前提となる所有、人間が自然に働きかける労働、その結果としての分配と消費という広い意味での生産の全過程にあって、宗教の占める位置が大きかったところにある。

そして中世仏教の核となった顕密仏教は、土着信仰と習合しつつ、地域社会へ徐々に定着するにいたった。日常生活における年中行事や、自然現象、とりわけ災異の解釈と解決にあたって、大きな役割をはたしたのは呪術を基礎とする祈禱である。

祈禱は、夢窓疎石が「世俗の御公事にことならず」(『夢中問答』)と述べたように、権力と相互依存の関係をとりむすぶ有力寺社にとっては課役の意味をもったが、地域社会においては、日々の安寧を保証するものであった。そして、大般若会などのもろもろの法会などからなる年中行事や儀礼への参加は、地域における身分秩序の確認という意味をもつ一方で、先祖への追善供養を営み、生きてあることをともに喜び、村人相互のつながりを強める役割をはたしたのである。鳩摩羅什訳の妙法蓮華経を典拠とする「現世安穏、後生善処」には、現世における利益と、死後にまで続く浄福への願いが込められており、この対句は写経などでしばしば用いられた。

地域社会の寺院と僧侶のあいだにあっては、江戸幕府権力による寺院と民衆の統制を企図した、本寺・末寺体制や寺請制度などとは様相のことなる、宗派や門流にとらわれないゆるやかで幅広い交流があり、宗教世界を豊かなものにした。

一六世紀から一七世紀の在地においては、生産力の高まりなどを土台として、有力者により開創・維持される寺院のみならず、有力な檀那をもたない、民衆による、のちの村落寺院にむすびつく堂舎の建立が続き、かれらの精神世界の基盤となったことに注目しなければならない。

一方、荘郷で暮らす諸階層の人々にとって、鎮守は祭礼や護符の配布などを通じて、五穀豊穣・病気平癒などの現世利益や、来世での救済などを祈願する場としての役割を強めていった。

本書は、こうした中世の政治や社会と宗教との連関についての認識を基礎とし、前著『日本中世の政治権力と仏教』（思文閣出版、二〇〇一年）にひき続いて、宗教の社会的機能を検討するものである。前著が天皇護持僧や祈禱所・比丘尼御所など政治権力と仏教との関係の解明を主眼としたのに対し、本書に収めた諸論文は、地域社会と仏教との関わりを考察するものが中心であり、写経や法会などにみられる個人や集団の宗教行為がいかなる社会性をもつか、に対する答えを得ようとする作業としての意味をもっている。本書は三篇一二章と余篇から構成されるが、各章の目的について簡潔に述べておきたい。

第一篇では、仏教の教義の拠りどころとなる経典のうち、大般若波羅蜜多経（以下、大般若経と略記）や五部大乗経の書写や摺写の実態、さらに大般若会や大乗会などの法会の執行について明らかにし、貴族社会や武家社会での展開、および地域社会への伝播の過程を検討する。

隋の天台智顗は数多くの大乗経典のなかから、華厳経・大集経・摩訶般若経（大品般若経）・法華経・涅槃経の五部を選び、そのうち法華経を最上とした。五部大乗経という一括経はこの教説をもとに日本で成立したもので、一一世紀後半以降、貴族社会で流行し、一二世紀には、地方でも書写や摺写が行われるようになる。

五部大乗経は、後水尾天皇の皇子で、近世初期、妙法院門跡をつとめた堯如法親王が、『五部大乗経捷径録』（元禄四年〈一六九一〉成立）に、「およそ仏門に入る者の、これを読みて、その梗概を知らずばあるべからず」と記したように、仏道入門にあたっての要訣と位置づけられていた。第一章では従来、研究成果の乏しい五部大乗経の成立の背景と貴族社会における展開について、第二章・第三章では、地方への広まりの事例として、駿河と遠江に伝来した五部大乗経について検討する。

大乗経典のなかで最大の大般若経は、唐の玄奘が六六三年に訳了したのち、四〇年を経ずしてわが国に輸入され、以後、国家安泰や五穀豊穣などの予祝祈願、天災異変の除災、追善・算賀、異国降伏の祈禱や、神前法楽を目的としたほか、村落では虫払や祈雨などの年中行事にも広く活用された。第四章は美濃における大般若経の開板事業の経過と、近世にいたる伝来と活用を明らかにすることにより、地域社会での大般若経の役割を考察したものである。補論1・2・3では、駿河・伊豆で書写された大般若経の成立過程と社会的背景を分析する。

地方における大般若経や五部大乗経の書写や摺写、さらに施入や法会の実態、修理の過程を詳細に分析すれば、荘郷や村をこえた寺院や僧侶のネットワークを考えることができるし、中世の地域社会と仏教との関係をより仔細に考察する材料としてきわめて重要な意義をもつ。

第二篇は、女性と鎌倉禅、六十六部聖、改竄された神社縁起などを手がかりとして、地域社会における寺社の役割を考察するものである。

第五章は、鎌倉禅の世界にもっとも深く親しんだ女性のひとり、得宗北条貞時の妻で高時の母覚海円成と鎌倉禅との関わりについて検討することを通じて、女性と禅宗とのむすびつきを明らかにするとともに、幕府滅亡後、円成が伊豆国北条の地に開いた円成寺と権力や地域社会との関係を明らかにする。

第六章で考察する六十六部聖については、すでに前著『日本中世の政治権力と仏教』に三編を収めた。本章はそれらの成果を礎として、六十六部聖の勧進や唱導などの活動の実態とそれを支えた社会的背景、加えてかれらに信仰を託した人々の世界にまで、丹念に奥深く分け入ることにより、中世仏教と地方社会とをむすぶ糸を手繰り寄せようとするものである。

第七章でとりあげる「遠江国山名郡木原権現由来記」には、これまで知られていなかった今川義元と今川氏真の判物写二通が収められているほか、遠江国への熊野信仰の伝播、徳川家康との関係が記されるなど、遠江中部地域の中世から近世にいたる時期の状況をうかがわせる注目すべき内容が含まれている。また他方で、神社草創に関する事実が後世の加筆によって改竄されるなど、地域と宗教との関わりを考察するさいの史料批判においても興味ある問題を提起している。

第八章では、遠江国秋葉山と徳川家康との関係、とりわけ戦国大名間の交渉や連絡などにあたった使僧の役割を検討し、あわせて武士社会への秋葉信仰の展開を論ずる。

補論4は徳川家康高札写、補論5は祠堂帳の新出史料を素材として、これまで知られていない地域社会における寺院のネットワークと信仰の広がりを明らかにしたものである。

第三篇は、遠江久野氏の所伝、古代から近世にいたる旅日記や紀行文、東海道の名物、神社祭祀争論を素材として、地域社会における歴史の記憶を掘り起こそうとするものである。

第九章は、遠江久野氏の成立過程を論じ、加えて久野氏をとりまく歴史的環境、とりわけ奥州平泉中尊寺との関わりに注目し、永禄一一年（一五六八）から翌年にかけての今川氏と徳川氏による懸川城をめぐる約半年におよぶ激しい攻防のさい、前線基地として重要な役割をはたした久野城についても検討する。

第十章は、天皇の居住する奈良や京都という、政治や経済・文化において求心力をもった都以外の、鄙とか田舎とか意識された場を旅した人々の著した「道の記」を検討し、古代から近世にいたる作者の人生観や美意識・

自然観、さらに時代の空気の影響と変遷についても考察する。

第十一章は、戦国時代以降、東海道を往来する旅人の数が増すにつれて、各地の宿や街道筋の茶屋で旅人に供され名物として知られるようになったもののうち、瀬戸の染飯の起源と展開を明らかにしつつ、土地の名物を戦国時代以降の旅の文化史に位置づけようとするものである。

第十二章では、多くの年中儀礼を通じて、村人たちの生産過程全般や、現世における精神生活と村の平和維持の役割をはたした鎮守の祭祀をめぐって展開された、幕末における別当寺と神職との争いの実態を明らかにし、室町幕府将軍足利義晴の偽文書が作成されるにいたった背景を検討する。

余篇は、昭和五四年（一九七九）に実施された静岡県森町の藤江家所蔵小杉文庫の調査以来、関心をもち続けてきた阿波出身の国学者小杉榲邨について、父や師、同学の士らとの交友を通じて深められていった学問の方法の形成過程や特徴を検討し、榲邨の人生と学問を幕末・維新の激動のなかに位置づけようとする作業である。

以上の各章によって構成される本書の成り立ちは、次の通りである。

第一篇　地域社会と経典

第一章　平安時代の写経と法会——五部大乗経をめぐって——
河添房江ほか編『叢書　想像する平安文学』八、勉誠出版、二〇〇一年
第二章　鎌倉期駿河府中の宗教世界——駿河国有度郡八幡神社旧蔵五部大乗経をめぐって——（原題「静岡市八幡神社旧蔵五部大乗経の成立と伝来」）
『アジア研究』二、静岡大学人文学部「アジア研究プロジェクト」二〇〇六年

補論1　駿河国有度郡八幡神社旧蔵大般若経　新稿
第三章　遠江国洞泉寺所蔵五部大乗経の成立と伝来（原題「天竜市洞泉寺所蔵五部大乗経について」）
『静岡県史研究』一四、一九九七年
第四章　美濃国薬王寺所蔵大般若経の開板と伝来（原題「薬王寺大般若経の開板と伝来」）
『薬王寺――仏像　建築　大般若経――』可児市史調査報告書第一集、二〇〇六年
補論2　伊豆国国柱命神社所蔵大般若経（原題「松崎町国柱命神社所蔵大般若経」）
『静岡県史研究』二、一九八六年
補論3　駿河国清見寺所蔵大般若経（原題「大般若波羅蜜多経」）
『清見寺綜合資料調査報告書――清見寺史料調査報告――』静岡県教育委員会、一九九七年

第二篇　地域社会と寺社

第五章　覚海円成と伊豆国円成寺――鎌倉禅と女性をめぐって――　『静岡県史研究』一二、一九九六年
第六章　中世仏教と地方社会――六十六部聖を手がかりとして――　『七隈史学』三、二〇〇二年
第七章　遠江国山名郡木原権現由来記の歴史的環境（原題「遠州山名郡木原権現由来記について」）
『人文論集』二九、静岡大学人文学部、一九七八年
第八章　中世後期の秋葉山と徳川家康（原題「中世の秋葉山」）
『静岡県歴史の道調査報告書――秋葉道――』静岡県教育委員会、一九八三年、改訂版一九九六年
補論4　駿河国東泉院と建穂寺――一通の高札写から――（原題「東泉院と建穂寺――一通の高札写から――」）

補論５　喜捨する人びと――駿河国心岳寺祠堂帳――（原題「心岳寺祠堂帳について」）
『六所家総合調査だより』七、二〇一〇年
『藤枝市史研究』一一、二〇一〇年

第三篇　地域社会の記憶

第九章　遠江久野氏の成立とその歴史的環境
『久野城』Ⅳ（袋井市教育委員会）、一九九三年
第十章　旅日記・紀行文と地方社会
『人文論集』六三―二、静岡大学人文社会科学部、二〇一三年
第十一章　名物瀬戸の染飯をめぐる文化史
『藤枝市史研究』九、二〇〇八年
第十二章　近世後期神社祭祀をめぐる争論と偽文書――遠江国榛原郡吉永村の場合――
新稿

余　篇

小杉榲邨の幕末・維新――近代化のなかの国学――（原題「明治維新と小杉榲邨――近代化の中の国学――」）
『史窓』三五、二〇〇五年
補説　東京大学文学部附属古典講習科
『日本歴史』六一三、一九九九年

旧稿の本書収録にあたり、全体にわたって体裁や表記の統一を図ったほか、修正・加筆を施した。

目次

第二篇　地域社会と寺社

余　篇

第一篇　地域社会と経典

第一章　平安時代の写経と法会――五部大乗経をめぐって――

はじめに

保元の乱ののち、讃岐に流された崇徳上皇は三年をかけて五部大乗経を書写し、その奥書に「理《（現）》世後生の料には非ず、天下を滅すべし」との願いを、血をもって書き記したという[1]。五部大乗経の書写を含む讃岐の配所における崇徳院説話は、『保元物語』や『延慶本平家物語』『源平盛衰記』などに描かれ、これまで『保元物語』諸本の本文の比較や、『延慶本平家物語』との関係について分析されてきた[2]。経典書写の功徳が高く評価されることは、法華経などにしばしば説かれているが、崇徳上皇が配流の地で書写したと伝えられる経典はなぜ五部大乗経であったのだろうか。

本章は五部大乗経が平安貴族社会で流行するにいたった前提と背景とを明らかにし、経典を書写することや、書写された経典が法会で読誦・講説されることの意義を考えてみようとするものである。

一　五部大乗経成立の歴史的前提

これまでの研究によれば、隋の天台智顗の『法華玄義』に説かれた教説を典拠とする五部大乗経は、平安時代中期以降室町時代まで盛行し、大部の一切経や大般若経より少ない経典群として重宝された。しかし、平安時代

のまとまった遺品は伝わっておらず、わずかに安芸国厳島神社に伝わる華厳経と大集経がその残巻と考えられている。(3)

『法華玄義』は『法華文句』『摩訶止観』とともに天台三大部と称される、智顗の教学を代表する撰述で、天台三大部のうちもっとも早く整えられた。その巻五上に、「大乗を究竟するに、華厳・大集・大品・法華・涅槃に過ぐるは無し」と説かれ、また一〇世紀高麗の諦観の『四教義』巻一一にも、「諸の大乗経を尋ぬるに、理を明らめ、大乗を究竟するに、華厳・大集・大品・法華・涅槃に過ぐるは無し」と記述されている。のちに述べるように、承暦二年（一〇七八）一〇月三日、白河天皇御願寺の法勝寺で修された大乗会のさい、紺紙金字の五部大乗経が講説され、その折に当代の傑出した漢学者の大江匡房が作成した結願文と表白（『本朝文集』巻五三）には、『法華玄義』巻五上の語句がそのまま引用されている。

またこれも後述するが、保延二年（一一三六）六月一三日、鳥羽上皇が母の贈皇太后藤原苡子のために鳥羽殿で五部大乗経の供養を行った時、藤原敦光が作った願文にも同じように『法華玄義』巻五上の文句が引用された（『本朝続文粋』巻一三）。さらに仁安元年（一一六六）七月二六日に没した摂政藤原基実の九月の月忌にあたっても五部大乗経の供養が行われており（『兵範記』）、この時、藤原敦綱作の願文に引用された先と同じ語句は、『玄文』つまり『法華玄義』によることが記されている。

釈尊一代の説法を五つの時期に区分する「五時教判」という考え方は、涅槃宗の開祖慧観が創唱して以後、とくに江南地方に普及した。これに対して、智顗は涅槃経を帰結とする慧観らによる従来の見方を改め、法華経を至上とする立場から五時八教の教判を体系づけた。(4)　智顗は数多くの大乗経典のなかから、華厳経・大集経・摩訶般若経（大品般若経）・法華経・涅槃経の五部を選び、そのうち法華経を最上としたのであり、五部大乗経という一括経はこの教説をもとに日本で成立した。中国では一切経を簡略にして華厳経八〇巻・大般若経六〇〇巻・

宝積経一二〇巻・涅槃経四〇巻の八四〇巻からなる小蔵四大部が紹興二三年（一一五三）以前に作られていたが、五部大乗経はそれとの交渉なく日本特有のものとして生まれたのである。(5)

これまで五部大乗経の成立と展開の過程についてはほとんど検討されたことがなく、承暦二年（一〇七八）一〇月三日の法勝寺大乗会での供養が初例とされてきた。(6)しかし、法勝寺大乗会は『濫觴抄』下・『初例抄』下・『釈家官班記』下などが記すように、大乗会としては最初の法会であり、しかも貴族社会に五部大乗経の書写と供養を広める重要な契機となったものの、五部大乗経の初例ではなく、前史があった。この点を明らかにするため、まず日本における『法華玄義』の受容と五部大乗経の成立過程を簡単にみておこう。

天平勝宝五年（七五三）一二月に渡来した鑑真によってもたらされた天台三大部などの天台宗の主要な典籍は、鑑真の没後、東大寺唐禅院に収められた。早くからこれらの典籍を求めていた最澄は、唐禅院で写したと考えられている。(7)しかし、天台宗の典籍のなかで『法華玄義』だけは、鑑真による将来以前の天平勝宝五年正月より前にはすでに日本にもたらされていた。(8)

一切経のうち大乗経典のいくつかを一括してとくに尊重する考えは、浄土教の根本経典とされる浄土三部経のように早くからみられる。鑑真もまた日本渡航にあたっては、それぞれ金字の華厳経・大品経・大集経・大般涅槃経を揃え（『唐大和上東征伝』）、これら四種の経典を「四大部経」と称して重視したことが、天平勝宝六年（七五四）三月一八日の書状にみえている。(9)

延暦寺では弘仁元年（八一〇）、金光明経・仁王経・法華経を三部大乗経王として講説が行われた（『山門堂舎記』）。また東寺講堂の安居講では元慶五年（八八一）以来、最勝王経・仁王経・守護国界主陀羅尼経・法華経を四部大乗経として講経された（『東宝記』第五）。鳥羽天皇の摂政藤原忠実は天永二年（一一一一）九月一日、所持していた五部大乗経・四部大乗経を白河法皇の求めに応じて進上しているが（『殿暦』）、この四部大乗経とは先の東寺講堂における講経の経典を示すものかもしれない。

康保五年（九六八）正月二八日の太政官牒によって、延暦寺楞厳三昧院に認められた年分度者三人のうち一人は、『法華玄義』・法華経・金光明経の習学を義務づけられていた（『山門堂舎記』）。すでに指摘されているように、一一世紀以後、天皇や公家の列席した場で、天台僧による天台三大部や『四教義』がしばしば講説され、またそれらの書写や開板も行われるようになった[10]。京都東山に東福寺を開いた円爾は、建永元年（一二〇六）五歳で天台宗の駿河国久能寺に入ったのち、一〇歳で『法華玄義』を学び、続いて一六歳で『法華文句』『摩訶止観』を読んでおり（『東福開山聖一国師年譜』）、『法華玄義』が天台学の初学書として重要な役割をはたしていたことを示している。

また藤原忠平・師輔父子らの後援を得て、延暦寺を復興した良源は、康保四年（九六七）、横川の居所定心房の弥勒像の前で勧学のために四季講を始めた（『叡岳要記』下）。これは学生が毎年春に涅槃経、夏に華厳経、秋に法華経、冬に大集経と大品経を講演するもので、のちには四季講での修学が春と夏に行われる広学竪義試に出席するための必須条件となっていく。やがて定心房は四季講堂と呼ばれ、弥勒像を本尊として、四八人の四季講衆を擁するにいたった（『門葉記』巻九〇勤行一）。これは講説の順序は異なるものの、経典の内容からみると五部大乗経と同じである。

その後、良源の跡を継いだ藤原師輔の子尋禅は、永祚二年（九九〇）二月一三日の遺言帳のなかで、良源の始めた四季講を比叡山の名誉を高めるものとして「一門の面目、尤も斯に在り」と位置づけ、学頭や諸衆らに永く興隆するよう求めている（『門葉記』巻七三寺院三）。なお、尋禅はそのための費用として、近江国志賀郡の田八町の所当地子四〇斛のなかから毎季一〇斛ずつをあて、ともに良源の高弟であった源信に管理させるべきことを書き遺した。『拾遺往生伝』には、関白藤原頼通に仕えた中原理徳（寂禅）が、天喜四年（一〇五六）三月、比叡山に登って出家受戒し、五部大乗経を書写して横川の四季講堂に納め、講会行事あるごとにこれを講じたことがみえている。

源為憲が永観二年（九八四）、冷泉天皇皇女尊子内親王のために著した『三宝絵詞』中序には、釈迦が悟りを得た日から涅槃にいたるまでの教説の展開を、華厳経から法華経へという順序を経たものとして描いている。また後白河法皇の撰になる『梁塵秘抄』巻二に収める法文歌は、仏歌に続いて華厳経・阿含経・方等経・般若経・無量義経・普賢経・法華経・涅槃経の順に配列されている。これらはいずれも先に述べた五時の教判にもとづいたもので、天台教学が貴族社会に強い影響をおよぼしていたことを示しているといえよう。[11]

嵯峨天皇の子源融の三男と伝えられる仁康は、正暦二年（九九一）三月一八日、融の邸宅であった河原院で五時講を催した。この時、当代一流の漢学者として知られた大江匡衡が仁康のために作った願文によると、五時講にあたって金色の丈六釈迦像が造立され、華厳経などが書写された。講会は六日間にわたり、「五時之旧儀を移」して行われたことからみて、五時の教判をよりどころとするもので、書写された華厳経などとはおそらく五部大乗経を指し、この時これらの経典が講説されたと考えられる。仁康が五時講を催した目的は、過去の罪業を懺悔するためであった（『本朝文粋』一三）。『続古事談』によれば、この時の釈迦像は当時最高の仏師康尚が造り、源満仲らの武士も結縁助成した。またこの五時講では天台座主厳久ら明匠が説経論義し、比叡山では仁康が結縁した源信を始め、興福寺の真興ら南都の僧侶や、源信と交流のあった儒学者慶滋保胤も聴聞している。大江匡衡が作成した願文は、三蹟のひとり藤原佐理が清書している。そしてこの講会に列席した人々の多くは、「三途ヲハナ《（離）》レテ、浄刹ニムマ《（生）》ルヘシ」との夢告を得たという。

五時講はこののち貴族のあいだで修せられ、天承（一一三一～三二）の頃には比叡山でもっとも重要な行事例講の一つとなっていた。また伊賀国往生院の僧覚弁が「五時の御法」を説いて人々に縁を結ばせたことが示すように、地方にも広がっていく。[12]『本朝高僧伝』には覚弁の伝記がみえ、伊賀国山田郡に往生院を開いた覚弁は毎年の春分に国内の優れた人々を招いて五時講を行い、華厳経に始まって涅槃経に終わる五部大乗経の要文を講説したという。

八世紀半ば以降の『法華玄義』の受容と普及を前提として、比叡山を中興した良源の始めた四季講やその弟子仁康が修した五時講にみられたように、一〇世紀後半には京都とその周辺の天台寺院や貴族社会において、五部大乗経の講説や書写・供養が行われていたのである。

二　五部大乗経と法勝寺大乗会

白河天皇の御願によって造営が進められた法勝寺では、金堂や講堂など主要な建物が完成した承暦元年（一〇七七）一二月一八日に、天皇の行幸を得て供養が催され、その翌年一〇月三日から五日間にわたり、講堂で初めての大乗会が修された。[13]前年の円宗寺法華会の講師をつとめた延暦寺の阿闍梨暹教《せんきょう》は、法勝寺大乗会でも講師をつとめ、その功により権律師に任じられている。この法勝寺大乗会は、延久四年（一〇七二）始修の円宗寺法華会とともに天台二会と称され、また永保二年（一〇八二）始修の円宗寺最勝会を加えて天台三会（北京三会）と呼ばれて、国家の重要な法会と位置づけられた。

北京三会は天台顕教僧の昇進ルートを確定する役割をはたし、また院や天皇の御願寺で行われる国家的仏事としての法会は、王権によって顕密僧を編成する舞台となった。[14]院政期の仏教秩序は、上島享氏によれば、摂関期以来の方針を継承し、御願寺で営まれた南都・天台の学僧が経論を問答する論義会を軸にした法会体系にもとづいており、これは権門寺院の法会を整備させて、国家的法会と関連づけ、学僧の教学研鑽という僧侶養成への道も開いたのである。また国家的法会の体系は最勝講を頂点に、仙洞最勝講・法勝寺八講からなる三講、ついで南京・北京の三会、さらに御願寺などで営まれる諸々の法会によって構成されていた(15)。

法勝寺大乗会は大江匡房が作成した結願文と表白（『本朝文集』巻五三）によると、「先帝・先后山陵幷びに開闢以来の登遐聖霊」に資するという、天皇家の祖霊を祀るために催された。この時、紺紙金字の五部大乗経一七八巻が書写され、四〇人の聴衆が招かれて、五日一〇講の講筵が開かれている。一〇月三日に大乗会が始められたのち、四日目の六日に白河天皇の行幸があったことを『扶桑略記』『濫觴抄』が記しているのは、『百錬抄』が記すように、この日が五巻の日にあたっていたからであろう。悪人成仏を説いた提婆達多品を含む法華経巻五を講説する五巻の日は、九世紀末には法華講会の中心として貴族社会で尊重され、諸人からの捧げ物もこの日に届けられることの多かったことが知られている(16)。

大乗会が行われた法勝寺の講堂は七間四面の瓦葺で、二丈の金色釈迦如来像を本尊とし、脇侍として一丈六尺の普賢菩薩像と文殊菩薩像が配されていた(17)。この時、釈迦像の前で五部大乗経が講説されたのは、前述の仁康によって河原院で始められた五時講が、新たに造立された釈迦像の前で行われたことにならった可能性がある。そして大乗会は、五部大乗経が釈迦像の前で供養される先例となった。大乗会が承暦二年（一〇七八）に開始されたのは、五部大乗経の講説が延暦寺などで年中行事として催されていたことを前提にしており、天台教団と院権力の双方の意図にもとづいて、五部大乗経の供養は国家的仏事のなかに組み込まれることとなったのである。

法勝寺大乗会の模様について、中御門宗忠の日記『中右記』から天永二年（一一一一）の場合をみてみよう。

一〇月一八日、公卿らが左・右近衛陣で国政を審議する陣定において、大乗会の講師と問者をつとめる僧侶を定める僧名定が行われている。大乗会を始めとする天台三会の講師を選定する手続きは、天皇と院とのあいだで調整されたのち、院の決定にしたがって宣旨が下されることになっていた(18)。

大乗会の式日に定められている一〇月二四日、法勝寺講堂で始められた大乗会の初日には民部卿源俊明を始めとする公卿や殿上人が多数列席した。諸僧と聴衆の居並ぶなかで、奏楽や万歳楽などの舞に続いて、講師の延暦寺厳勝阿闍梨による啓白文《けいびゃくもん》と華厳経が講説されたのち、問者権大僧都永縁とのあいだで論義が行われ、夕座では権律師定円が問者をつとめた。二五日、宗忠は夕座を聴聞、五巻の日の二七日には未刻に参列し、夕座の講説が終わったところで退出している。五日目の二八日に結願した。

また元永元年（一一一八）の法勝寺大乗会では、同じく『中右記』によると、一〇月一五日に僧名定が行われ、園城寺の覚心阿闍梨が講師に選ばれた。式日の一〇月二四日、白河法皇は法勝寺に御幸し、五大堂で新造の不動尊を供養したのち、講堂で営まれている大乗会に参列した。これには関白藤原忠実ら公卿や殿上人五〇人ほどが随行している。朝座では諸僧と聴衆の居並ぶなか、奏楽や舞楽に続いて、講師の覚心が華厳経を講説したのち、問者の興福寺法印永縁とのあいだで論義が行われた。夕座では覚心による講説ののち、問者公尊律師とのあいだで論義が展開され、法皇は酉刻に還御した。二七日は五巻の日にあたり、二八日には殿上人五、六人が列席、朝座の問者は興福寺覚晴、夕座の問者は祐禅がつとめ、日暮れ頃に結願している。

これより前の天永三年（一一一二）二月二二日、白河法皇は白河殿で一〇人の僧侶による、五日間朝暮両座にわたる五部大乗経の供養を開始した（『中右記』『殿暦』）。四日目の二五日には法華経が講じられ、まず朝座では長誉が法華経の開経である無量義経を説法し、問者の定暹とのあいだで論義が行われ、夕座では朝座とは逆に講師を定暹、問者を長誉がつとめている。二六日の結願の日、朝座の講師良賀、問者湛秀、夕座の講師湛秀、問者良賀により涅槃経の講説と論義が繰り広げられた。

以上、いくつかの例をあげたように、五部大乗経の供養は、一般に釈迦像の前で五日間朝夕両座の一〇講、一〇人の僧侶による講説と論義の形をとって修された。これに対して、法勝寺大乗会は五部大乗経を講ずる一般の法会とは異なり、五日間を通じて講師は宣旨によって定められたひとりで、また問者は朝夕別々の合計一〇人がつとめる。法勝寺大乗会は国家的仏事として位置づけられていることから、時に院や天皇の臨席があるなど規模の違いがみられた。釈迦像の前で講説される五部大乗経の順序は、大乗会も一般の法会もともに五時の教判にしたがって、初日華厳経、二日目大集経、三日目大品経、四日目法華経、五日目涅槃経である。

大乗会は大嘗祭や治安の混乱、東宮着袴の儀などと重なって延期や逆に繰り上げの年があったものの、ほぼ毎年一〇月二四日を開始の式日として、二八日までの五日間にわたって修されている。国家的仏事としての法勝寺大乗会で五部大乗経が講説されたことにより、五部大乗経は貴族社会のなかで書写や供養の対象として確固たる地位を占めるにいたった。白河上皇の時代、寛治六年（一〇九二）から嘉承二年（一一〇七）七月までのあいだに編纂された消息文例集『東山往来』[19]に、五部大乗経の写経には黄色の料紙が良いとし、また名称の由来や巻数についての質疑応答の書簡が収められているのは、院政期に五部大乗経が流行したことを反映している。

ところで、五部大乗経は一般に華厳経六〇巻・大集経五〇巻・摩訶般若経三〇巻・法華経八巻・涅槃経四〇巻と、それらの開結経を加えた全二〇〇巻からなるといわれている。しかし、承暦二年（一〇七八）一〇月三日に催された法勝寺大乗会のさい、紺紙に金字で書写された五部大乗経は一七八巻であった（『本朝文集』巻五三）。『東山往来』によると、五部大乗経の巻数には大中小の三本があり、大は二三〇巻、中は一九八巻、小は一六〇巻からなり、天台宗は中本を用いるとしている。しかしのちに述べるように、仁安元年（一一六六）七月二六日に没した摂政藤原基実の月忌供養のために書写された紺紙金字五部大乗経は二〇五巻であった（『兵範記』）。

養和二年（一一八二）二月二九日、仁和寺大聖院では後白河法皇の御幸を得て、御室覚性法親王の追善のため五部大乗経の供養が行われた[20]。講師をつとめたのは、安居院法印《あぐいのほういん》と呼ばれ、唱導の名手として知られた天台僧澄憲《ちょうけん》で、この時、講師や請僧の前に分置された五部大乗経は二一〇巻であった。また澄憲の子聖覚が編集した唱導の書『転法輪鈔』表白八には、文治五年（一一八九）・建久元年（一一九〇）の五部大乗経供養表白が収められており、五部大乗経を一七六巻・二〇〇巻・二〇五巻・二二一巻とする記述がみえる[21]。

さらに鎌倉時代後半の成立とされる『拾芥抄』下には五部大乗経の項目が設けられ、五部大乗経は『天台四教義』にもとづくと述べている。経の寸法は高さ九寸五分で、経典の総数を一九〇巻（異本では二〇五巻）とし、また一方で、一九九巻よりなる別の内訳をも収めている。これに対して、鎌倉時代末期に万里小路宣房が一字三礼して書写し、春日社に奉納したという五部大乗経は二〇〇巻からなっていた[22]。

以上のように、平安時代後半から鎌倉時代後半にかけての史料によれば、五部大乗経の巻数はさまざまであり、必ずしも二〇〇巻に一定しているわけではなかった。これは五部大乗経を構成する各経典の訳本の巻数に異同があることと、開結の経典の有無による違いにもとづくものであろう。

南北朝時代の応安七年（一三七四）から康暦元年（一三七九）にかけて、美濃国新長谷寺とその周辺で書写され、現在は静岡県浜松市天竜区の洞泉寺に所蔵される五部大乗経は、大方等日蔵経巻一を欠く一九九巻が現存しており、もとは二〇〇巻であったと考えられる[23]。また飯尾永祥が享徳三年（一四五四）に著した『撮攘集』には、五部大乗経の巻数を二〇〇巻としている。相国寺の瑞渓周鳳は『臥雲日件録』寛正四年（一四六三）八月六日条で、法華経の巻数を七巻あるいは八巻とする説をめぐる鹿苑院主竜崗真圭との話のなかで、周鳳のもつ法華経は八巻で、それは「五部大乗経二百巻之数」を満たすためといっている。

このように鎌倉時代末期から南北朝時代にかけて、五部大乗経の巻数を二〇〇巻とする例が多くみうけられるようになる[24]。

五部大乗経は天台宗の五時の教判にもとづき一括された経典群であったから、本来天台宗で尊重されていた。しかし承暦二年（一〇七八）に始修された法勝寺大乗会には、仁和寺や南都の僧も論義に加わったことから、貴族が私的に催した五部大乗経の供養では、しだいに真言宗の仁和寺や華厳宗の東大寺、法相宗の興福寺など天台宗以外の僧侶も講説を行うようになったのである。

三　五部大乗経と貴族社会

天平時代が写経所による官制写経の全盛期であったのに対し、平安時代後期は貴族による写経の最盛期となり、数においても壮麗さにおいても比類なきほどであった[25]。五部大乗経は一切経や大般若経・法華経ほどではなかったにしても、法勝寺大乗会が国家的仏事として位置づけられたことにより、その書写と供養は貴族社会にいっそう広まることとなった。

『今鏡』（藤波の中　第五　水茎）では、仁平元年（一一五一）一〇月七日、春日社に一筆一切経を奉納した藤原定信を「たゞ人とも覚え給はず」と称賛し、五部大乗経もそれにはおよばないものの、大般若経とともに書写や供養の対象として貴族社会に広く知られるようになっていたことを記している。春日社では嘉保元年（一〇九四）一二月一五日、白河上皇の発願により、五部大乗経の供養が行われ、五日一〇座の講筵が開かれたように（『中右記』）、神前で五部大乗経の講説や供養が修された。また『古今著聞集』巻一二には、安居院澄憲を導師とする五部大乗経供養が記されている。

五部大乗経の書写と供養は、ほかの写経と同じく亡き肉親の追善や所願成就を目的とするものが多かった。後冷泉天皇の皇后で承保元年（一〇七四）六月に太皇太后となった藤原寛子は、父頼通がその父道長から伝領した別業宇治殿を寺に改めた平等院で、嘉承元年（一一〇六）九月二一日、のちに興福寺別当になり、歌人としても知られた永縁と平等院供僧の二人を講師として七日間にわたる五部大乗経の供養を行った（『殿暦』『中右記』）。この供養は亡父頼通のためのもので、頼通が随喜したとの夢告をうけて、寛子は重ねて法華経を書写している（『中右記』）。寛子に仕えていた神祇伯康資王の母が、太皇太后寛子による五部大乗経の供養のさい、法華経講説

の五巻の日に詠んだという詞書をもつ和歌、

さきがたきみのりの花におく露や　やがてころものたまとなるらん（『後拾遺和歌集』一一八八番）

は、この時のものであろうか。その翌年二月二日の頼通の忌日に、寛子は頼通の子師実の夫人源麗子とともに、夢告をうけて再び平等院で五部大乗経を供養している（『殿暦』）。

前関白藤原師実の夫人麗子の父は村上天皇の孫の源師房で、師房は関白頼通の猶子となり、道長の娘尊子と結婚するなど摂関家と結び、後三条天皇の側近として村上源氏が政界に進出する基礎を築いた。師房と尊子とのあいだに生まれた麗子は、夫師実の父頼通が造営した高陽院で天永元年（一一一〇）六月二七日、前年に亡くなった子師通の菩提を弔うために法華八講を催し、五部大乗経と五体の仏絵を供養した（『殿暦』『永昌記』）。この時、一〇人の僧侶が請じられ、朝座の講師は永縁僧都、夕座の講師は永清がつとめて論義が行われ、永縁は能説によって特別に御衣を賜わっている。麗子はこれより前の、嘉保二年（一〇九五）一〇月二〇日にも、夫の師実が祖父道長から父頼通を経て伝領した京極殿の堂で、五日一〇座の五部大乗経の供養を営んでいる（『中右記』）。

麗子と父母を同じくする長男の左大臣俊房もまた、天永二年（一一一一）六月六日、永縁や東大寺覚厳らを講師として、五日朝夕両座の五部大乗経の供養を始め、初日には朝夕華厳経各三帙ずつ計六〇巻の講説と論義が行われた（『長秋記』）。

同じく師房と尊子とのあいだに生まれた次男顕房は、娘の賢子を関白頼通の養女として白河天皇の中宮とし、さらにその妹師子を頼通の子忠実と結婚させた。師子は元永二年（一一一九）九月三〇日、鴨院殿に永縁ら一〇人の僧侶を請じ、嵯峨清涼寺本尊の生身釈迦如来像を摸した等身の釈迦像と、新たに五色の紙に書写された五部大乗経の供養を修した（『中右記』『長秋記』）。そして翌一〇月一日から寝殿母屋中央の仏壇に釈迦像、西間に五部大乗経を収める厨子一脚をたて、朝夕両座五日にわたる講筵と論義が始められている。初日には華厳経が講じられ、朝座では講師権少僧都永清、問者権少僧都定円、夕座では逆に講師定円、問者永清によって講説と論義が催された。二日には大乗経（大集経か）が講じられ、朝座の講師権律師経賢・問者覚誉、夕座の講師権律師禅仁・問者信永であった。三日の朝座では園城寺の覚俊によって大品経が講じられ、問者興福寺の湛秀とのあいだで論義が行われた。

また、講説を聴聞した中御門宗行ら殿上人や儒者十余人はこの日、初日に講説された華厳経の偈を題にして詩を作り、序は藤原敦光が書いている（『中右記』『長秋記』『本朝続文粋』巻八）。敦光は漢詩文集『本朝文粋』などの編者として知られる文章博士明衡の子で、文章博士、および当代一流の漢詩人として著名であり、『本朝新修往生伝』によれば、一切経書写を発願して五部大乗経の書写を終えるなど、深く仏法を信ずる一生を送った。四日目の五巻の日には後冷泉天皇の皇后で太皇太后の藤原寛子らから捧げ物が仏前に献じられている（『中右記』『長秋記』）。五日目の結願の日の朝座では湛秀により涅槃経が講じられ、問者律師覚俊とのあいだで論義が行われた（『中右記』『長秋記』）。

白河天皇の第三皇女で鳥羽天皇の皇后となった令子内親王の母は、村上源氏の祖師房の子顕房の次女賢子で、令子は母のために、天永三年（一一一二）九月一九日、藤原忠長の三条の邸宅で興福寺権別当永縁ら一〇人の僧侶を請じて、五日朝夕両座の五部大乗経を供養した（『中右記』『殿暦』）。この時、寝殿には規式にしたがって釈迦三尊像が安置され、かたわらに五部大乗経の厨子が立てられていた。

また、村上源氏の俊房は、嘉保元年（一〇九四）五月二日、亡父師房のために前関白藤原師実・関白師通らを招き、盛大な法華八講を催して家門の繁栄を世に誇示したが[26]、いくつか例をあげてきたように、一族の人々による五部大乗経の書写と供養もしばしば行われており、経典の書写・供養や法会の開催という宗教世界での出来事が、政治の世界における動向と密接に関わっていたことに十分注目しておく必要がある。

嘉承二年（一一〇七）七月一七日に亡くなった堀河天皇の一周忌の法事は、翌年七月一九日に営まれた。この時、天皇の書跡の反古を色紙とし、能書の人々によって寄合書された五部大乗経が供養されている（『殿暦』『中右記』）。また吉田経房は承安四年（一一七四）二月一六日、多年の願いであった両親の菩提を弔うために、書状などの反古を料紙として五部大乗経の書写を始めた（『吉記』）。

村上源氏とともに勢威を高めた閑院流藤原氏の実季の娘苡子は堀河天皇の女御に迎えられ、康和五年（一一〇三）正月一六日に待望の皇子（鳥羽天皇）を出産したのちまもなく、二八歳の若さで亡くなった。鳥羽天皇は嘉承二年（一一〇七）七月に践祚したさい、母苡子に皇太后を追贈し、保延二年（一一三六）六月一三日には鳥羽殿で亡き母のために五部大乗経の供養を催した（『本朝続文粋』巻一三）。この時、藤原敦光が作成した願文によれば、金色三尺釈迦如来像が造立されるとともに、紺紙金字五部大乗経が書写され、天台座主忠尋を大導師として一〇人の碩学を招き、朝夕両座五日にわたり、たがいに難問を出して論義が行われた。また鳥羽上皇は、これより前の天承元年（一一三一）一〇月二一日、法勝寺大乗会始に御幸して、夜遅くまで聴講し（『時信記』）、翌長承元年（一一三二）一〇月二七日の大乗会五巻の日にも御幸している（『中右記』）。

鳥羽天皇の母苡子の甥実能は、白河・鳥羽・崇徳三代の外戚を誇った。藤原頼長と結婚した実能の娘幸子は、久寿元年（一一五四）一一月二二日、長承元年一二月一日に没した白河上皇の第二皇女善子内親王のために、弁覚を導師とし一〇人の僧侶を請じて五部大乗経の供養を修した（『台記』）。

鳥羽天皇と待賢門院璋子とのあいだに生まれた崇徳天皇は、じつは白河法皇の胤子とされており、鳥羽天皇譲位ののち法皇の意向によって践祚した。法皇が大治四年（一一二九）七月七日に没したのち、院政を開始した鳥羽上皇は「叔父子」と呼んでいた崇徳天皇を永治元年（一一四一）一二月七日に譲位させ、天皇の子重仁親王ではなく、崇徳の弟で上皇と美福門院得子とのあいだに生まれた躰仁親王の受禅を実現させている。これが近衛天皇で、のちに保元の乱となって現れる天皇家内部の勢力争いの芽はすでに萌していた。

鳥羽上皇の意向によって即位した近衛天皇は、久寿二年（一一五五）七月二三日、上皇の期待も空しく一七歳の若さで亡くなったが、没後さまざまな仏事が営まれ、五七日にあたる八月二七日には金泥五部大乗経が供養された（『兵範記』）。さらに九月八日には天皇の御願寺である延勝寺の金堂で法事が営まれ、金泥五部大乗経と大般若経が安置されて誦経が行われている（『兵範記』）。

鳥羽法皇は近衛天皇亡きあと、崇徳上皇の期待を裏切って、重仁親王ではなく、崇徳の弟の雅仁親王（後白河天皇）を皇嗣とした。その後、保元元年（一一五六）七月二日に没した鳥羽法皇の五七日にあたる八月六日、法皇によって創建された安楽寿院本堂において仏事が営まれ、等身釈迦三尊像や金泥五部大乗経が供養された（『兵範記』）。この組合せはおそらく前例にならったものであろう。

鳥羽法皇の死を契機に、天皇家や摂関家の権力抗争は、保元の乱となって表面化した。関白藤原忠通は後白河天皇と結び、対立する弟の頼長を破って氏長者に返り咲いた。その子基実は、平治の乱後の永暦元年（一一六〇）六月、正三位参議として公卿に列せられた平清盛が権勢を強めるなか、長寛二年（一一六四）清盛の娘盛子と結婚し、翌年六月には摂政に就任している。しかし、それから二年後の仁安元年（一一六六）七月二六日、基実はまだ二四歳の若さで亡くなった。没後、毎日行われた仏経供養は壮麗を極め、九月一五日には白紙に墨書された五部大乗経二一帙二〇五巻が一〇人の僧侶によって供養されている（『兵範記』）。

さらに九月二六日の月忌には、男女七十余名により紺紙金泥五部大乗経二〇五巻が新たに書写された。五部大乗経の供養に先立って、阿弥陀三尊図が本尊の前に懸けられ、法華経が読誦された。そののち、阿弥陀三尊図と法華経が撤せられ、前例にしたがって新たに描かれた等身釈迦如来図を懸け、法華経第一巻を導師の前の机上に置いて金泥五部大乗経二〇五巻の供養が行われている（『兵範記』）。この時、藤原敦綱が作成した願文によると、講会に集まり五部大乗経を書写した男女七十余名は、それぞれ一疋の長絹を施物としたが、とくに母源信子は涅槃経一〇巻を書写し、長絹一〇疋を出した。また摂関家の家司として基実に仕えた信範は涅槃経六巻を書写し、長絹三疋を出しており、長絹は全部で一二〇疋余が集まった。信範は「此の五部大乗之巻軸を以て、一切経論之権輿と為す可し」と記し、五部大乗経を一切経の始まりとする考えがあったことを示している。実際、承安五年（一一七五）から治承三年（一一七九）にかけて書写された尾張国七寺一切経や陸奥国中尊寺紺紙金銀交書一切経では、一切経に先立って五部大乗経が書写されており、平安時代後期にはまとまった経典群として尊重されるようになっていた(27)。

保元の乱で勝敗を分けた忠通と崇徳上皇は、奇しくも長寛二年（一一六四）に相次いで亡くなった。崇徳上皇を讃岐に配流した後白河天皇は、保元三年（一一五八）八月一一日、息子の守仁親王（二条天皇）に譲位して院政を開始し、この年一〇月二四日、法勝寺大乗会の初日に御幸して五部大乗経の講説を聴いた（『兵範記』）。この頃、『保元物語』などには、崇徳上皇は配流の地讃岐で三年を要して五部大乗経を書写していたと描かれ、一方、乱の勝者で崇徳上皇から滅ぼすべき天下の支配者とみなされた後白河上皇は、国家仏事の主宰者として法勝寺で盛大に五部大乗経を供養していたのであった。

おわりに

五部大乗経は智顗の教説を典拠として、一〇世紀後半には延暦寺を中心とする京都周辺の天台寺院や貴族社会で講説や書写・供養が修されていた。そして承暦二年（一〇七八）一〇月、法勝寺大乗会で五部大乗経の講説が催され、大乗会が国家的仏事と位置づけられたことを契機に、五部大乗経は貴族社会にいっそう広まった。以後、法勝寺大乗会は法勝寺堂舎の焼失などによる延引や、法勝寺そのものの衰退にともなう退転をみせながらも、文明年間（一四六九～八七）頃まで命脈を保った。

五部大乗経は中世になるとますます普及し、高野山・仁和寺・東寺鎮守八幡宮や石清水八幡宮・春日社・北野社・日吉社など、京畿の寺社で供養された。一方、正治二年（一二〇〇）正月一三日の源頼朝の一周忌に法華堂で摺写五部大乗経が供養される（『吾妻鏡』）など、武家社会にも広まり、また興福寺や武蔵国普済寺などでは宋版を底本として開板されている。さらに仁治元年（一二四〇）、駿河国惣社別当憲信が同国有度八幡山王宮に五部大乗経を施入し(28)、また南北朝時代の応安七年（一三七四）から康暦元年（一三七九）にかけて、美濃国新長谷寺とその周辺で書写されたことなどが示すように(29)、地方にも伝わっていった。戦国時代大和の有力武士のひとり十市《とおち》遠忠《とおただ》は、五部大乗経を三輪社に奉納したさい、

手向をく法のことはのかす〳〵そ　二世やすかれと三輪の社に

と詠み、二世の安泰を願っている(30)。

中世における五部大乗経の書写や開板、供養などを検討することにより、中央における展開のみならず、地方寺社の宗教活動に地域間の豊かなつながりを確認できるのだが、それらを分析する作業は、次の課題である。

（1）『吉記』寿永二年（一一八三）七月一六日条。山田雄司氏は、崇徳上皇自筆の「血書五部大乗経の存在ははなはだ疑わしく、経自体が存在しないか、あるいはたとえ存在したとしても捏造された可能性が非常に高い」（『崇徳院怨霊の研究』思文閣出版、二〇〇一年、八九頁）と論じている。参考にすべき見解であるが、本章では、崇徳上皇が五部大乗経を書写したという伝聞が公家社会に広まっていたことの意味を重視し、五部大乗経の成立と展開について考察することをねらいとしている。

（2）矢代和夫「崇徳院・悪左府の怨霊――記録からみた復讐者の時代――」（『都大論究』五、一九六五年）。水原一「崇徳院説話本文考――保元物語と平家物語――」（『軍記と語り物』六、一九六八年）、のち『平家物語の形成』（加藤中道

館、一九七一年）および『延慶本平家物語論考』（加藤中道館、一九七九年）に収録。水原一「崇徳院説話の考察」（『駒沢国文』七、一九六九年）、のち『平家物語の形成』（前掲）に収録。服部幸造「延慶本平家物語と鎌倉本保元物語――崇徳院説話をめぐって――」（『名古屋大学国語国文学』二七、一九七〇年）など。

（3）大山仁快『写経』（日本の美術一五六、至文堂、一九七九年、五六頁）、同「五部大乗経研究余録」（『日本歴史』四六六、一九八七年）。

厳島社一切経内焼残分目録（『鎌倉遺文』補一八三四号）に、華厳経六〇巻・大集経三〇巻・法華経八巻などが書き上げられているのは、もともと五部大乗経として奉納されたもののうち火災で焼け残った分であろう。

（4）安藤俊雄『天台学』（平楽寺書店、一九六八年、六〇頁）。佐藤哲英「智顗の法華玄義・法華文句の研究」（坂本幸男編『法華経の中国的展開』平楽寺書店、一九七二年、二四一頁）。これに対して、関口真大氏は、「五時八教」は智顗の撰述に見出せず、一〇世紀の撰述とみられる高麗の諦観の『天台四教義』などによって、智顗の教学は歪められた、と指摘する（関口真大「五時八教は天台教判に非ず」〈『印度学仏教学研究』二一―一、一九七二年〉、のち『天台教学の研究』〈大東出版社、一九七八年〉に収録）。

（5）禿氏祐祥「五部大乗経と小蔵四大部」（『魚澄先生古稀記念国史学論叢』魚澄先生古稀記念会、一九五九年）。

（6）前掲注（3）大山仁快『写経』五六頁、前掲注（3）同「五部大乗経研究余録」八八頁。

（7）薗田香融「最澄とその思想」（安藤俊雄・薗田香融『日本思想大系　最澄』岩波書店、一九七四年、四七五頁）。

（8）佐伯有清『伝教大師伝の研究』（吉川弘文館、一九九二年、二〇九頁）。

（9）前掲注（3）大山仁快「五部大乗経研究余録」八八頁。

（10）硲慈弘『日本仏教の開展とその基調』上巻（三省堂、一九四八年、二二一頁）。

（11）前掲注（10）硲慈弘『日本仏教の開展とその基調』上巻、三六頁。

（12）前掲注（10）硲慈弘『日本仏教の開展とその基調』上巻、四三頁。

（13）大乗会については、平岡定海「六勝寺の成立について」（『日本寺院史の研究』吉川弘文館、一九八一年）、海老名尚「中世前期における国家的仏事の一考察――御願寺仏事を中心として――」（『寺院史研究』三、一九九三年）、菅真城「北京三会の成立」（『史学研究』二〇六、一九九四年）にくわしい。

(14) 平雅行「中世仏教と社会・国家」(『日本史研究』二九五、一九八七年)、のち「中世移行期の国家と仏教」と改題して『日本中世の社会と仏教』(塙書房、一九九二年)に収録。
(15) 上島享「中世前期の国家と仏教」(『日本史研究』四〇三、一九九六年)、のち『日本中世社会の形成と王権』(名古屋大学出版会、二〇一〇年)に改稿収録。
(16) 高木豊『平安時代法華仏教史研究』(平楽寺書店、一九七三年、二〇四頁)。
(17) 『扶桑略記』承暦元年(一〇七七)一二月一八日条。大治三年(一一二八)一〇月二二日白河法皇八幡一切経供養願文(『本朝続文粋』巻一二)。
(18) 前掲注(13)海老名尚「中世前期における国家的仏事の一考察」七頁。
(19) 石川謙編『日本教科書大系　往来編』第一巻　古往来(一)(講談社、一九六八年)。
(20) 「御室五部大乗経供養次第」(仁和寺紺表紙小双紙研究会編『守覚法親王の儀礼世界――仁和寺紺表紙小双紙の研究――』本文篇二、勉誠社、一九九五年)。
(21) 永井義寛・清水宥聖編『安居院唱導集』上巻(角川書店、一九七二年)。
(22) 小松茂美「一字三礼の写経」(『日本書道説林』下巻、講談社、一九七三年)。なお、興福寺所蔵の春日社本談義屋宝物目録には二〇五巻と記されている(田中塊堂『日本写経綜鑑』三明社、一九五三年、五六五頁)。
(23) 拙稿「天竜市洞泉寺所蔵五部大乗経について」(『静岡県史研究』一四、一九九七年。本書第一篇第三章)。
(24) 興福寺大乗院門跡の尋尊が、寛正三年(一四六二)六月一二日に代金三〇〇疋で入手した五部大乗経は一九八巻であったように(『大乗院寺社雑事記』)、二〇〇巻ではない五部大乗経も依然としてみられた。
(25) 前掲注(3)大山仁快『写経』五二頁。
(26) 前掲注(16)高木豊『平安時代法華仏教史研究』二二八頁。
(27) 前掲注(3)大山仁快『写経』五六頁。
(28) 『静岡県史』資料編五中世一(一九八九年、八四五～八六二号)。「静岡県中世史料追補」(『静岡県史研究』一四、一九九七年、一～七号)。
(29) 前掲注(23)拙稿「天竜市洞泉寺所蔵五部大乗経について」。

(30)　十市遠忠詠草『私家集大成』中世Ｖ上（明治書院、一九七六年、四九〇頁）。

第二章　鎌倉期駿河府中の宗教世界
――駿河国有度郡八幡神社旧蔵五部大乗経をめぐって――

はじめに

鎌倉期駿河府中の宗教世界を考える場合、惣社と久能寺《くのうじ》および建穂寺《たきょうじ》はとりわけ重要な位置を占めている。

本章では、これらの寺社の宗教的役割の一端を明らかにするため、静岡市駿河区八幡にある孤山、八幡山の西麓に鎮座する八幡神社（鎌倉時代には有度八幡と称された）に、かつて所蔵されていた五部大乗経を素材として検討してみたい。

現在は八幡神社に一巻も残されることなく、散逸してしまった五部大乗経は、近世に成立した多数の駿河地誌の掉尾を飾る、中村高平の『駿河志料』（文久元年〈一八六一〉成立）に、大方等大集経《だいほうどうだいじっきょう》巻四四の奥書が記されているから、幕末までは神社に所蔵されていたことが明らかである。明治初年の神仏分離の過程で、ほかの仏具などとともに、八幡神社神主八幡氏（初め文屋氏を名乗ったという）の持庵であった、隣接する臨済宗栽松山神龍院に移され、その後流失した可能性がある。

一九八五年度から開始された静岡県史編纂の過程で、これらの存在に気づき、寓目しえたものを集成して資料編に収録した。(1)

一　八幡神社旧蔵五部大乗経の復元

五部大乗経は、天台宗で行われていた四季講・五時講などの講会を背景とし、承暦二年（一〇七八）一〇月三日、白河天皇の御願寺である法勝寺で催された大乗会に講じられたことが契機となって国家的法会に位置づけられ、平安貴族社会に流行した。(2) 一般には大方広仏華厳経・大方等大集経・大品般若経・妙法蓮華経・大般涅槃経など二〇〇巻からなる。

まず、これまでに題未詳経を含めて知りえた三五巻（うち二巻は重複）について、経典ごとの奥書を掲げる。

大方広仏華厳経

◎巻二　所蔵者未詳　田中塊堂『日本古写経現存目録』

延応二年大歳庚子七月十四日書了、執筆忠海
奉施入有度八幡山王御宝前、五部大乗経一部、
大願主金剛仏子憲信

◎巻四『思文閣古書資料目録』一五一号

巻末欠のため、奥書不詳

◎巻七　日本大学国際関係学部図書館所蔵

延応二年大才庚子七月十八日、執筆忠海
奉施入駿河国有度八幡山王御宝前、五部大乗経一部、
大願主惣社別当金剛仏○子憲信

（異筆）「一校了、享豪」

◎巻八　『東京古典会創立八十周年記念古典籍下見展観大入札会目録』

延応二年大才庚子七月十七日、執筆忠海

奉施入駿河国有度八幡山王御宝前、五部大乗経一部、

大願主惣社別当金剛仏子憲信

（異筆）「一校了、□□」

◎巻二〇　反町義雄氏所蔵　田中塊堂『日本古写経現存目録』

仁治元年十月十七日巳時書写竟（ママ）、

以書本一校了、澄賢

一校了、尊智

◎巻二五　大東急記念文庫所蔵

仁治元年大才庚子十月三日書写畢、

奉施入駿州有度山王御宝前、五部大乗経一部、

惣社別当別当（衍）金剛仏子憲信

（異筆）「以書本一校了、澄賢」

（異筆）「一校了、尊智」

◎巻二六　『思文閣古書資料目録』一五一号

延応二年大歳庚子八月十一日書了、

奉施入有度八幡山王御宝前、

五部大乗経一部、
大願主惣社別当金剛仏子憲信
（異筆）「一校了、尊智」

◎巻五八　大庭大亮氏旧蔵　『静岡県史料』第四輯
延応二年大才庚子八月四日、慈悲寺蓮海
駿河国奉施入有度八幡山王御宝前、五部大乗経一部、
願主惣社別当金剛仏子憲信
一校了、京豪（亨カ）

大方等大集経

◎巻一　『思文閣古書資料目録』一五一号
奉施入有度八幡山王御宝前、五部大乗経一部、
延応二年大歳庚子七月五日、執筆幸信
（異筆）「仁治元年　大勧□十二月三日、一校了、浄命」
大願主惣社別当金剛仏子憲信

◎巻三　『思文閣古書資料目録』一五一号
延応二年大才庚子七月八日、筆師幸信
大願主惣社別当金剛仏子憲信

◎巻七　『思文閣古書資料目録』一一七号

延応二年大歳庚子八月九日、筆師幸信
奉施入有度八幡山王之御宝前、五部大乗経一部、
願主物社別当金剛仏子憲信
（異筆）「以書本一校了、長尊」

◎巻一三　『東京古典会創立八十周年記念古典籍下見展観大入札会目録』
延応二年□子八月五日
奉施入駿河国宇度八幡
山王御宝前、五部大乗経一部、
願主物社別当金剛仏子憲信
（異筆）「一校了、禅□」

◎巻一四　『思文閣古書資料目録』一五一号
延応二年大歳庚子八月九日
奉施入駿河国宇度八幡
山王御宝前、五部大乗経一部、
願主物社別当金剛仏子憲信
（異筆）「以書本一校了、長尊」

◎巻一七　『思文閣古書資料目録』一五一号
奉施入駿河国宇度八幡山王御宝前、五
部大乗経一部内、

延応二年庚子八月八日、
願主金剛仏子憲信　（異筆）「一校了、道円」
◎巻二〇　『思文閣古書資料目録』一五一号
延応二年大歳庚子八月五日、執筆厳信
奉施入駿河国宇度八幡
山王御宝前、五部大乗
経一部内、大方等大集経
願主物社別当金
剛仏子憲信
（異筆）「以書本一校了、浄命」
◎巻三五（日蔵分）　龍門文庫所蔵　『龍門文庫善本目録』、田中塊堂『日本古写経現存目録』
仁治元年大歳庚子八月　日
奉施入有度八幡山王御宝前、五部大乗経一部、
願主物社別当金剛仏子憲信
（異筆）「以書本一校了、快尊」
◎巻三八（日蔵分）　東田居所蔵　田中塊堂『日本古写経現存目録』
仁治元年八月　日
奉施入有度八幡山王御宝前、五部大乗経一部、
願主物社別当金剛仏子憲信

一校了、慶雄

同年十二月四日、以書本一校了、浄命

◎巻三九（日蔵分）『思文閣古書資料目録』一五一号

仁治元年大才庚子八月　日

（異筆）「以書本一校了、明賢」

奉施入有度八幡山王御宝前

五部大乗経一部

願主惣社別当金剛仏子憲信

◎巻四四（月蔵分）『思文閣古書資料目録』一五一号

巻末欠のため、奥書不詳

◎巻四四（月蔵分）『駿河志料』巻之二三　有度郡八

以書本一□（校カ）了、道憲

仁治元年大才庚子八月十二日、於鎌倉大倉御壇所書了、執筆忠海

奉施入駿河国有度八幡山王御宝前、五部大乗経一部、

大願主惣社別当金剛仏子憲信

菩薩瓔珞本業経

◎巻上『思文閣古書資料目録』一五一号

一校了、禅応

願主憲信

◎巻下　『思文閣古書資料目録』一五一号

奉施入有度八幡山王御宝前

願主金剛仏子憲信

一校了、勧尊

大品般若経

◎巻五　龍門文庫所蔵　『龍門文庫善本目録』、田中塊堂『日本古写経現存目録』

延応二年大歳庚子八月廿二日、与入験法円

宇度八幡山王御宝前、五部大乗経一部内、

願主物社別当金剛仏子憲信

（異筆）「以書本一校了、快尊」

◎巻一〇　『思文閣古書資料目録』一五一号

延応二年大歳庚子八月廿一日

奉施入駿河国宇度八幡山王御

宝前、五部大乗経一部、

（異筆）「以書本一校了、蓮永」

◎巻一四　大東急記念文庫所蔵

大願主物社別当金剛仏子憲信

（異筆）「一校了、快尊、一校了、」
延応二年大歳庚子九月一日書了、
奉施入有度八幡山王御宸（宝カ）前、五部大乗経一部、
（異筆）「一校了、隆恵」

◎巻二八　『思文閣古書資料目録』一五一号

奉施入有度八幡山王御宝前、五部大乗経一部、
大願主金剛仏子憲信
仁治元年大才庚子九月廿日
（異筆）「一校了、勧尊」

◎巻二九　龍門文庫所蔵　『龍門文庫善本目録』、田中塊堂『日本古写経現存目録』

仁治元年大歳庚子九月廿二日、筆師蓮永
（異筆）「以書本一校了、快尊」

妙法蓮華経

◎巻次不詳　『駿河国新風土記』巻一一　有渡郡三

一校了、幸信、執筆浄命　一校了、定応

大般涅槃経

◎巻一　所蔵者未詳　田中塊堂『日本古写経現存目録』

仁治元年庚子大歳九月　日
奉施入有度八幡山王御宝前、五部大乗経一部、
願主金剛仏子憲信

◎巻三　龍門文庫所蔵　『龍門文庫善本目録』、田中塊堂『日本古写経現存目録』
仁治元年庚子大歳九月　日
奉施入有度八幡山王御宝前、五部大乗経一部、
願主金剛仏子憲信
（異筆）
「一校了、重賢」

◎巻四　龍門文庫所蔵　『龍門文庫善本目録』、田中塊堂『日本古写経現存目録』
仁治元年庚子大歳九月　日
奉施入有度八幡山王御宝前、五部大乗経一部、
願主金剛仏子憲信

題未詳経
◎巻次不詳　『駿河国新風土記』巻一一　有渡郡三
延応二年庚子大才七月十二日、於鎌倉大倉御檀（壇、下同ジ）所書了、
奉施入有度八幡山王御宝前、五部大乗経一部、
大願主惣社別当金剛仏子憲信
執筆忠海

又一校了、明賢

以書本一校（了脱カ）、長尊

◎巻次不詳『駿河国新風土記』巻一一　有渡郡三　大方等大集経巻四四カ

以書本一校（了脱カ）、道憲

仁治元年大才庚子八月十二日、於鎌倉大蔵御檀所書了、

執筆忠海

奉施（入脱カ）駿河国有度八幡山王御宝前、五部大乗経一部、

大願主惣社別当金剛仏子憲信

以書本一校了、快尊　一校了、勧尊

以書本一校了、明賢

◎巻次不詳『駿河記』巻八　有度郡巻之三

奉施入駿河国有度八幡山王之御宝前、五部大乗経一部、

大願主金剛仏子憲信

延応二年大才庚子九月十日、筆師連（蓮カ）永

一校了、重賢

◎巻次不詳『駿河記』巻八　有度郡巻之三

奉施入駿河国有度八幡（山王脱カ）御宝前、五部大乗経、（一部脱カ）

大願主惣社別当金剛仏子憲信

仁治元年九月廿八日書写畢、執筆浄命

表1　有度八幡山王五部大乗経の装訂など

経典名	巻次	装訂	縦	紙数	界高	界幅	備考
大方広仏華厳経	4	未装	26.3	6			巻末欠
〃	7	巻子本	26.3	13	19.8	1.8	
〃	25	巻子本	25.8	17	19.8	1.8	
〃	26	巻子本	26.2				巻中欠
大方等大集経	1	巻子本	16(26カ)	4			巻首欠
〃	3	巻子本	26				巻首欠
〃	7	巻子本	25.5				巻首破損
〃	14	巻子本	26.2	23			巻首２行程欠落
〃	17	巻子本	26.3	23			巻中欠
〃	20	巻子本	26.5	10			
〃　（日蔵分）	35	巻子本			19.85		
〃　（日蔵分）	39	巻子本	26.5	19			
〃　（月蔵分）	44	未装	26	12			巻末欠
菩薩瓔珞本業経	上	未装	26	12			巻首欠
〃	下	未装	26	18			巻首欠
大品般若経	5	巻子本			19.85		
〃	10	巻子本	26.3	6			巻首欠
〃	14	巻子本	25.7	12	19.9	1.8	
〃	28	巻子本	26.3	11			
〃	29	巻子本			19.85		
大般涅槃経	3	巻子本			19.85		
〃	4	巻子本			19.85		

単位：センチメートル

一校了、勧尊

二　八幡神社旧蔵五部大乗経成立の概要

以上、現在までに題未詳経を含めて、三五巻（うち二巻は重複）を知りえているが、そのうち日本大学国際関係学部図書館所蔵の大方広仏華厳経巻七と大東急記念文庫所蔵の大方広仏華厳経巻二五および大品般若経巻一四については、静岡県史編纂の過程で、調査する機会を与えられたので、形状と体裁を知るために、概要を記しておきたい。

日本大学国際関係学部図書館所蔵の大方広仏華厳経巻七は巻子本で、首題は「大方広仏華厳経普賢菩薩品第八七」、尾題は「大方広仏華厳経巻第七」と記されている。縦二六・三センチメートル、横五二・六センチメートル、一紙あたり二九行、一行一七字（以上二紙目の法量）、紙数一三枚で、墨界が引かれ、界高一九・八センチメートル、界幅一・八センチメートルである。改装され、漆塗り軸はもとのものと考えられるが、表紙は後補のものである。上欄に校訂された文字が書かれており、一九七〇年九月九日、弘文堂（荘）より購入されている。奥に古書肆反町弘文荘の朱印（朱文「月明荘」）が捺されていることからわかるように、反町茂雄氏の所蔵であった時期がある。当時、日本大学国際関係学部図書館事務課長であった三浦吉春氏の談話によれば、同年六月刊行の弘文荘目録をみて、本経の購入を関係者に働きかけ、実現したとのことであった。

反町氏は、目録で次のように記している。

延応二年（一二四〇）は即ち仁治元年、鎌倉中期である。有度（宇度）山は静岡県久能山の古名、今の東照宮は或は宇度八幡社を改めたものであろうか。五部大乗経とは、華厳経・大集経・大品般若経・法華経・大般涅槃経、合せて百九十巻であるから、当時の駿河国の神社としては、かなりの大事業である。いく分和様化した右肩上りの楷書で、書写の体裁が整つて居る。原装、保存良。[3]有度（宇度）山は久能山の古名で、今の東照宮は宇度八幡社を改めたもの、という反町氏の推定は誤っているが、鎌倉中期に駿河国の神社が五部大乗経の書写に関わったことを、「かなりの大事業」と評価したことは注目してよい。

大東急記念文庫所蔵の大方広仏華厳経巻二五は巻子本で、首部に欠損があり、首題を欠いている。尾題は「大方広仏華厳経巻第廿五」と記されている。縦二五・八センチメートル、横五二・七センチメートル、一紙あたり三〇行、一行一七字（以上二紙目）、紙数三〇枚で、墨界が引かれ、界高一九・八センチメートル、界幅一・八センチメートルである。改装され、漆塗り軸はもとのものと考えられるが、表紙は後補のもので、外題は打付書で「大方広仏華厳経巻第廿五　仁治元年筆　有度八幡経」と書かれている。

また、大品般若経巻一四は、巻子本で、首部に欠損があり、首題を欠いている。尾題は「大品般若経巻第十四」と記されている。縦二五・七センチメートル、横五二・三センチメートル、一紙あたり二九行、一行一七字（以上二紙目の法量）、紙数一二枚で、墨界が引かれ、界高一九・九センチメートル、界幅一・八センチメートルである。改装され、漆塗り軸はもとのものと考えられるが、表紙は後補である。上欄に校訂による脱字が書かれている。

このほか、龍門文庫所蔵の経典などを総合して五部大乗経の形状と体裁についてまとめてみると、写経、巻子本で、縦は二六センチメートル程度、墨界が引かれ、界高一九・八センチメートル程度、界幅一・八センチメートル程度、という共通項を導きだしてよいと思う。

三　八幡神社旧蔵五部大乗経成立の背景

八幡神社旧蔵の五部大乗経は、奥書によれば、「惣社別当金剛仏子憲信」を願主として、有度（宇度）八幡山王に施入されたものであった。憲信についてはは明らかでないところが多いが、残された数少ない史料によって、その事績をたどり、五部大乗経書写の背景について、とくに久能寺や建穂寺との関係を考えてみたい。

駿河国惣社とは神部《かんべ》神社のことで、三輪神とともに神主志貴氏が大和よりこの地に赴いたことが始まりと伝えられる式内社であった。延喜元年（九〇一）醍醐天皇の勅願により、のちに駿河国一宮となる大宮浅間社（現、富士山本宮浅間大社）を勧請したと伝える浅間新宮と深い関わりをもつ。

文化年間（一八〇四～一八）、幕府によって造営された現社殿は、惣社と浅間新宮が相殿になっている。創建時期の異なる両社が相殿とされた時期については明らかでないが、寛文年間（一六六一～七三）の境内図には相殿として描かれている。のちにややくわしく述べるとおり、貞応三年（一二二四）二月二〇日、両社は同時に焼失していることからみて、すでにこの頃には相殿であった可能性がある。別当寺は惣持院がつとめた。

八幡神社旧蔵五部大乗経の奥書によれば、久能寺や建穂寺の僧侶が書写にあたっている。

久能寺は平安時代初期の創建と伝えられているが、初期の状況についてはは不明な点が多い。補陀落山という山号が示すように、南海のかなたに観音の住みかを信じた補陀落信仰の聖地であった。

嘉禎元年（一二三五）に渡宋し、径山の無準師範の法を嗣いで帰国後、京都に東福寺を開いた駿河国安倍郡出身の円爾は、初め久能寺に登り天台経典を学んでいる。天台宗の久能寺では、元亨四年（一三二四）、円恵という僧侶が弟子の幸慶に、惣社で国家安穏と天皇の息災延命を祈禱する最勝講のための田地一町を譲っているから、久能寺は遅くとも鎌倉時代後期には惣社の社僧をつとめていたことが明らかであり、それはさらに時期をさかのぼることができると考えてよいであろう。

一方、建穂寺は白鳳一三年、道昭開創と伝えるが、鎌倉時代までの実相については明らかでないところが多い。「建穂」は現在「たきょう」と読まれているが、建穂寺の近辺に位置する式内社であった建穂神社は、『延喜神名帳』に「建穂神《タケホノ》社」というふりがながつけられている。また、弘治三年（一五五七）二月一八日、駿府滞在中の山科言継は、建穂寺本堂で稚児舞をみているが、その時の記述に「建穂《タケホ》へ罷向」という注記がみえる（『言継卿記』）。さらに、正徳三年（一七一三）以降、建穂寺が廃寺となる明治初年まで建穂寺領であった安倍郡中ノ郷村（現、静岡市葵区中ノ郷）の鈴木藤男家文書の一つ、享保四年（一七一九）極月二三日坪付ケ帳の宛先は「たけほ村重右衛門殿」と記されている。これらから、「建穂」は古くは「たけほ」と読まれていたことがわかるが、いつから「たきょう」と呼ばれるようになったかは明らかでない。

享保二〇年（一七三五）に学頭の隆賢が編纂した『建穂寺編年』に収める元意譲状写によれば、比叡山王社の祭りのための田地があることから、建穂寺は天台宗であるとともに、府中浅間社およびそれと同じ境内にあった奈吾屋社（大歳御祖社）の供僧をつとめていたことが知られる。江戸時代には久能寺とともに惣社で最勝講を執行していた。

久能寺旧蔵の仁治三年（一二四二）に書写された大般若経（現在ほとんどは静岡市清水区の鉄舟寺所蔵）は、憲信が願主となって駿河国分尼寺薬師如来に施入されたものである。たとえば、巻一の当初の奥書は次のように記されている。

仁治三年大歳壬寅正月十三日書写畢、
執筆建穂寺住人明賢
右書写意趣者、為金剛仏子憲信息災安穏、福寿増長也、

大願主物社幷国分寺別当金剛仏子憲信
尼寺御堂薬師如来奉施入大般若一部
（異筆）「仁治三年大才壬寅九月三日、一校了、道快」

この時、「物社幷国分寺別当」であった憲信は、みずからの「息災安穏、福寿増長」を願意として、大般若経を駿河国分尼寺薬師如来に施入したのであった。のち文明一七年（一四八五）正月、この大般若経は久能寺に転施入されている。大般若経の書写と校正にあたったのは、駿府周辺の有力寺院であった久能寺や建穂寺のほか、慈悲寺・大窪寺の僧侶らであった。

のちに述べるように、八幡神社旧蔵の五部大乗経は久能寺旧蔵大般若経より二年前の延応二年（仁治元年、一二四〇）に書写されており、久能寺旧蔵大般若経巻一を執筆した建穂寺の明賢は、八幡神社旧蔵五部大乗経の大方等大集経巻三九の校正にあたっている。このように、憲信を願主とする八幡神社旧蔵五部大乗経と久能寺旧蔵大般若経のあいだには深いつながりがあったことに注目する必要がある。

憲信は駿河国分尼寺別当でもあったことが久能寺旧蔵大般若経巻四〇などの奥書に記されているから、延応二年から仁治三年にかけての時期、駿河国惣社・国分寺・国分尼寺という駿府の由緒深い寺社三つの別当を兼ねていたことになる。八幡神社旧蔵五部大乗経と久能寺旧蔵大般若経の書写にあたって、駿河府中周辺の有力寺院の僧侶らが参加したのは、憲信の宗教的勢威が背景にあったことを示唆している。

駿河国浅間新宮の梵鐘は、初め延長四年（九二六）九月一七日に造られたが、のち承久二年（一二二〇）二月九日に鋳改められ、さらに文暦元年（一二三四）一二月三日、神主主村（村主カ）親昌を檀那として改鋳された。この時、「諸願成就、現世安穂（穏、下同ジ）、後生善所（処、下同ジ）」の志によって大勧進となったのは物社別当憲信であったから、憲信は延応二年より六年前の文暦元年には物社別当をつとめていたことがわかる。

これより前、『吾妻鏡』によれば、貞応三年（一二二四）二月二〇日、惣社と新宮は火災によって焼失した。神火（不審火）だったという。二三日には、平盛綱と尾藤景綱が執権で駿河守護でもあった北条義時の使者として、検分のため下向しているが、その結果は明らかでない。文暦元年一二月の新宮梵鐘の改鋳は、この火災にあって損傷をうけたことによるものとみられる。したがって、「諸願成就、現世安穏、後生善所」という大勧進憲信の願意は、一般にみられる表現ながら、火災による悲痛と慨嘆とを克服し、再建の進捗に期する心情を込めたものとみなければならないと思う。貞応三年二月の火災の時期に、憲信が惣社別当であったかはわからないが、そうでなかったとしても、それから八年後には別当であった憲信が、国衙の神事祭祀を執行する役割をもつ惣社に加えて、駿河国一宮を勧請した新宮が同時に焼失するという非常事態ののち、それらの再建事業の責任を負い、奔走したであろうことは想像に難くない。

憲信はまた、延応元年（一二三九）一〇月一〇日、五部大乗経と同じ有度八幡に磬《けい》（読経のさいに導師が打ち鳴らす仏具）を寄進している（所在不明）。幕末駿府の国学者、新庄道雄は文政一三年（一八三〇）の『駿河国新風土記』で、憲信について興味深い説を述べている。それは、駿府の臨済宗青龍山摂取寺（寺町にあったが、現在は静岡市葵区沓谷に移転）はもと北安東《きたあんどう》の熊野神社の辺にあった真言道場で、開山の賢進は、初め建穂寺に住し、惣社の別当惣持院を開いて、のち摂取寺で没したが、摂取寺過去帳に「頼朝之舅」と記されており、この賢進と憲信は同一人物ではないか、というのである。また、熊野神社の神事の前に惣持院より役僧が来て勤行がなされていることもその例証にあげている。いまこの説の当否を検証する材料をもたないので、今後の検討をまちたい。

これよりのち、寛元元年（一二四三）七月、憲信は嘉禄三年（一二二七）に藤原（広橋）頼資らにより書写され、石清水八幡宮に納められていた大般若経を、「内殿奉行検校法印御房」に依頼して譲り受け、有度八幡に施入し、久能寺旧蔵大般若経と同じく奈吾屋（惣社の神部神社、浅間新宮と同じ境内にある大歳御祖社を指す）本をもって、久能寺の覚順や幸賢が校正している。

憲信によって大般若経および五部大乗経が施入された有度八幡山王は、有度八幡の境内にある末社の一つである。山王権現は天台宗延暦寺の鎮守神であり、山王に施入されたのは、五部大乗経が本来、天台宗の講会を背景として成立し、天台宗世界に広がったことと関わるのであろう。

桑原黙斎の『駿河記』〈文化一六年〈一八〇九〉成立〉によれば、山王社は拝殿から石坂一一五段をあがった山上に、若宮八幡宮・庁之宮・稲荷社・渡之宮とともにあった。阿部正信の『駿国雑志』〈天保一四年〈一八四三〉成立〉にはこのほか、本社・神楽殿とともに七所が山上にあると記されている。現在は拝殿奥の石段の上にある本殿左手、オクツヒコ・オクツヒメを祭る荒神社と同じ覆屋のなかに、オオヤマクイを祭る日枝神社があり、おそらくこれが山王社であろう。ただし、荒神社は『駿国雑志』『駿河志料』によれば、山下にあったから、現在は末社の配置が江戸時代末期と変更されている。山王社については、駿河における天台宗の広まりとの関連を考察する必要があるが、社伝によれば、鎮座の時期は八幡神社より古く、初めは現在地よりも東、八幡山でもっとも古い木のあたりに鎮座していたと言い、のち末社のひとつ渡之宮の近くに移されたが、一九六五年頃の台風で全壊し、一九八八年、現在地に再興されたものである。山王二十一社のひとつ荒神社〈竈殿社〉を日枝神社と同じ場所に移し祭ったものであろう。

憲信は有度八幡に施入した大般若経奥書〈補論1参照〉によれば、惣社とともに有度八幡の別当でもあったから、これが五部大乗経を施入した機縁となったのであろう。大祭は四月中の申の日に行われ、『駿国雑志』『駿河志料』によると、神官稲川大夫・先光大夫・小黒大夫・長沼大夫・向笠大夫・田中大夫・内藤大夫らが奉幣など神事を勤仕している。かれらの多くは惣社に奉仕しており、おそらく憲信以前からあったとみられる惣社と有度八幡との関わりが継承されていると考えられる。

表2は、五部大乗経の書写年月日などを一覧にしたものである。これによると、五部の経典が順を追って書写されたのではなく、併行して書写されていることがわかる。一番早いものは大方等大集経巻一の延応二年（一二四〇）七月五日、一番遅いものは大方広仏華厳経巻二〇の仁治元年（一二四〇）一〇月一七日である。なお、七月一六日に仁治と改元されたのちも、しばらく旧年号と新年号が併用されている。現在判明しているものは、全体の一割七分程度であるから、断定は慎まなければならないが、五部大乗経の書写は延応二年七月に始まり、改元されて仁治元年一〇月中、あるいは遅くともその年のうちには完了したとみても大きな誤りはないと思う。

執筆者のうち、大方広仏華厳経巻五八を執筆した慈悲寺の蓮海は、久能寺旧蔵大般若経巻一二一・一三〇・四一〇・四六〇の書写にもあたっている。また大方等大集経巻一・三・七を書写した幸信は、寺名は記載されていないが、久能寺旧蔵大般若経巻一〇一・一〇五・一〇八・一〇九・一一〇・五一九の筆者でもある。さらに大方等大集経巻三九の校正にあたった明賢は、久能寺旧蔵大般若経巻一・六〇〇に建穂寺僧としてみえる人物であろうし、大方等大集経巻一・二〇・三八の校正を担当した浄命は、久能寺旧蔵大般若経巻三一・三八を書写し、巻四〇を建穂寺大門で書写しているから、建穂寺僧であろう。このほか、大品般若経巻一〇を校正した蓮永は久能寺旧蔵大般若経巻七九の、大般涅槃経巻三を校正した重賢は久能寺旧蔵大般若経巻七二の校正にあたっている。つまり、五部大乗経の書写と校正には駿府周辺の有力寺院の僧侶が従事し、国分尼寺薬師如来に施入された久能寺旧蔵大般若経とも深い関わりをもっていたのである。

五部大乗経の書写および校合の底本については、「以書本一校了」という記述しかみられないため、明らかでない。書写場所についてもほとんど記載されていないが、大方等大集経巻四四と題未詳経が、鎌倉大倉壇所で書写されていることは注目される。広い範囲にわたる大倉には、廃寺を含めて多くの寺社があり、大倉壇所についてはよくわからない。大倉という地名と、五部大乗経あるいは一切経を蔵して、さらに修法が行われる場所であ

表2　有度八幡山王五部大乗経書写年月日など

経　典　名	巻次	書写年月日	執　　筆	校　　　正	県史
大方広仏華厳経	2	延応2.7.14	忠海		845
〃	7	〃　.7.18	〃	享豪	846
〃	8	〃　.7.17	〃	□□	補5
〃	20	仁治元.10.17	澄賢	澄賢、尊智	849
〃	25	〃　.10.3		澄賢、尊智	847
〃	26	延応2.8.11		尊智	補6
〃	58	〃　.8.4	蓮海(慈悲寺)	京豪	848
大方等大集経	1	延応2.7.5	幸信	浄命	補1
〃	3	〃　.7.8	幸信		補1
〃	7	〃　.8.9	幸信	長尊	850
〃	13	〃　.8.5		禅□	補2
〃	14	〃　.8.9		長尊	補1
〃	17	〃　.8.8		道円	補1
〃	20	〃　.8.5	厳信	浄命	補1
〃　(日蔵分)	35	仁治元.8.		快尊	851
〃　(日蔵分)	38	〃　.8.		慶雄、浄命	852
〃　(日蔵分)	39	〃　.8.		明賢(建穂寺)	補1
〃　(月蔵分)	44	〃　.8.12	忠海	道憲	補3
菩薩瓔珞本業経	上			禅応	補4
〃	下			勧尊	補4
大品般若経	5	延応2.8.22	増盛	快尊	853
〃	10	〃　.8.21		蓮永	補7
〃	14	〃　.9.1		快尊、隆恵	854
〃	28	仁治元.9.20		勧尊	補7
〃	29	〃　.9.22	蓮永	快尊	855
妙法蓮華経	未詳	未詳	浄命	幸信、定応	856
大般涅槃経	1	仁治元.9.			857
〃	3	未詳		重賢	858
〃	4	仁治元.9.			857
題未詳経	未詳	延応2.7.12	忠海	明賢、長尊	859
〃　*	〃	仁治元.8.12	忠海	道憲、快尊、勧尊、明賢	860
〃	〃	延応2.9.10	連(蓮ヵ)永	重賢	861
〃	〃	仁治元.9.28	浄命	勧尊	862

注：県史の欄の番号は、『静岡県史』資料編5中世一の史料番号を、補は『静岡県史研究』14所載の「静岡県中世史料　追補」の番号を示す。
*大方等大集経(月蔵分)巻44カ。

ることを考えると、有度八幡と同じ神を祭り、建久五年（一一九四）一一月に両界壇所が設置された鶴岡八幡宮や、大倉新御堂とも呼ばれた大慈寺などの可能性がある。今後なお検討を進めたいが、駿府周辺の僧侶と鎌倉の寺社とのあいだに交流があったことは興味深い。

延応二年（仁治元年、一二四〇）に書写され、有度八幡山王に施入された五部大乗経は、その二年後に書写され国分尼寺薬師如来に施入された久能寺旧蔵大般若経と、両者の別当を兼ねる願主憲信を中心にして、深い関わりをもっている。憲信は五部大乗経と大般若経に続いて、一切経の書写という意図をもっていたことも考えられる。経典の書写・施入のほか、先にもあげた磬の施入や、梵鐘の改鋳という一連の事業の背景についてはさらに検討しなければならないが、貞応三年（一二二四）二月二〇日の惣社と新宮の火災を契機として、惣社別当憲信は、それらの再建に奔走するとともに、国分寺・国分尼寺・八幡の別当をも兼ねていたことから、仏教復興運動の発起と実践としての意味をもっていたと考えられる。

おわりに

五部大乗経は一一世紀後半以降、貴族社会で流行し、一二世紀には、地方でも写経が行われるようになる。大治元年（一一二六）の中尊寺金銀交書一切経は五部大乗経のみに経意絵が描かれ、また大中臣安長らを願主とする尾張国七寺一切経は、承安五年（一一七五）正月からおよそ五年を要して完成したが、大般若経の次に五部大乗経が書写されている。

筑前国宗像社僧良祐は、一切経の書写に先立ち、文治三年（一一八七）四月、五部大乗経に着手して翌四年一二月に終了し、さらに色定と改名したのち、嘉禄元年（一二二五）九月から三年（一二二七）三月にかけて五部大乗経を書写している。正治二年（一二〇〇）正月一三日の源頼朝一周忌には、鎌倉法華堂で摺写五部大乗経が供養されるなど、武家社会にも広がり始め、鶴岡八幡宮寺供僧のなかには五部大乗経衆もみられるようになった。寛元三年（一二四五）六月三日、鎌倉久遠寿量院では一日のうちに五部大乗経が書写され、供養が行われている。
　播磨国大山寺では、承元三年（一二〇九）八月二七日の火災で、堂舎や仏像などとともに大般若経・五部大乗経も灰燼に帰している。仏像や経典を失った播磨国大山寺の住僧らが、「道俗男女流於涙双眼、何況、止住之衆徒等悶絶躃地、進退推（惟）谷矣」と、悲嘆に暮れる感情を表現し、それらの再写復興のために結縁合力を求めたのは、けっして誇張ではなかった。

　このように、五部大乗経は鎌倉時代前期には地方社会に広がりをみせていた。有度八幡山王五部大乗経は、これらの事例とともに、地方社会における書写として、もっとも早い時期に属しているのみならず、鎌倉時代前期における惣社や久能寺・建穂寺などの有力寺院のネットワークによって構成される、駿府の宗教世界の実態を色濃く反映している点でも貴重である。

　中世の地方社会と仏教との関係をより仔細に考察する材料として、地方における大般若経・五部大乗経などの写経・版経や造像および修理活動の展開過程を明らかにすることは極めて重要であり、これらの分析作業は今後の検討課題としたい。

（1）『静岡県史』資料編五中世一（一九八九年、八四五〜八六二号）。「静岡県中世史料追補」（『静岡県史研究』一四、一九九七年、一〜七号）。

（2）五部大乗経については、拙稿「天竜市洞泉寺所蔵五部大乗経について」（前掲注1『静岡県史研究』一四、本書第一篇第三章）、拙稿「平安時代の写経と法会——五部大乗経をめぐって——」（河添房江ほか編『叢書　想像する平安文学』八、勉誠出版、二〇〇一年、本書第一篇第一章）参照。

（3）『弘文荘待賈古書目』三七（弘文荘、一九七〇年、一一二頁）。

補論1　駿河国有度郡八幡神社旧蔵大般若経

駿河国有度郡の八幡山西麓に鎮座する八幡神社（現、静岡市駿河区）には、明治初期の神仏分離以前、前章で明らかにした五部大乗経とともに大般若経が所蔵されていた。いまは全巻の所在が知れないため、原本を調査する機会すらないが、わずかな記録をつなぎ合わせることによって、一部でも復元することを試みたい。

静岡市葵区の宝泰寺には、第七世の澄水東寿の執筆による大般若経六〇〇巻が所蔵されている(1)。宝泰寺は、戦国期に生きた亀年禅愉を開山とする名刹である。亀年は、龍安寺の特芳禅傑のもとで出家し、のち妙心寺霊雲院の大休宗休に学び、退蔵院中興の祖となり、後奈良天皇より照天祖鑑禅師の号を贈られた。

貞享五年（一六八八）、木堂宗智のあとをうけて、宝泰寺第七世となった澄水東寿は、天和二年（一六八二）六月に大般若経巻一から始めて、元禄一六年（一七〇三）一一月一〇日に巻六〇〇まで、およそ一一年半もの歳月をかけて、ひとりで全六〇〇巻を執筆した。主な願意は亡き父母の追善であった。

書写を始めて、二年目を終えようとする天和四年（一六八四）春に執筆した巻一〇一の奥書に、「今借有度八幡宮赤軸、未能免無疑、然入縁者決預疾証必獲之益也」と記され、これによって有度八幡宮大般若経を底本として書写されたことが明らかである。「求印行正本無之、歴三五所得之皆繕写手蹟也」（巻一奥書）とみえるように、正確な版本を求めたが叶わず、結局有度八幡宮本を底本としたのであった。有度八幡宮とは、現在の八幡神社のことである。巻一の奥書には「今借八幡宮之玉帙」、巻六〇〇の奥書には「八幡宮之玉軸」とも記されている。澄水は有度八幡宮本を書写しながら、「文或剰闕句、或錯乱、字多草略、筆交精粗」（巻二〇一奥書）と、本文に誤りが多いことにも気づいている。また、巻一の化縁疏に続いて収める「般若筒詩」と題する七言絶句に、「般若筒長二尺強／幷呑来物不嫌方」と読んでいることからみて、経典の形状は長さ二尺余の筒に入れられた巻子装であったのだろう。

さらに、執筆を始めて七年目の貞享五年（一六八八）春、巻二七一奥書の最後に書きとめられた記載に注目したい。

奉為餝
宗廟之威光為考妣之菩提
弟子之往生極楽書写之
正三位行権中納言藤原朝臣頼資敬白
是ハ有度郡八幡神蔵古本之書付也、

澄水が書写した有度八幡宮本の奥書は、近世後期の駿府の国学者、新庄道雄の『駿河国新風土記』にも記載されているから、これらを手がかりにして、有度八幡宮本の内容について立ち入った検討を進めたい。以下、誤脱の多い活字本『修訂駿河国新風土記』ではなく、内閣文庫本を引用する。

大般若経奥書云、
讓謨（本ノマヽ）大菩薩　若宮武内　若宮王女高良　諸神眷属
奉為餝
宗廟之威光為考妣之菩提弟子之往生極楽書写之
正三位権中納言藤原朝臣頼資敬白
嘉禄三年六月廿二日於大原来迎院草庵
願蓮房書写畢、　執筆金剛仏子経承

嘉禄三年丁亥十二月六日奉写畢、

清浄谷□仏子重尊

頼資為祈後世書之、

見かへしに、此御経者、八幡宮本山之御経也、而憲信申内殿奉行検校法印御房、奉渡駿河国テ(ママ)有渡八幡仁施入之、以奈吾屋本経一交了、

寛元々年大才癸卯七月日

当社別当憲信本ノマ、

終ニ、一交了、

以奈吾屋本経一交了、　久能寺覚順

天正九年卯月下旬真読之、駿府清水寺住

金剛仏子政遍

寛元元年癸卯六月四日　久能寺幸賢

校合ノ巻々ニアル名前如左、何レモ久能寺ノ衆徒ナリ、

見慶　公弁　尭円　道尊　俊蓮　賢印　秀慶　浄俊　秀豪　長俊　幸秀　念西　覚順　慶明　頼円　覚尊　宗心　禅蓮　宴蓮　信朗　賢印　弁西　俊賢　蓮朝　道念　珍耀　浄玄　行憲　陽弁　道憲　俊泉　浄弁　尊長　永明

校了、黄門侍郎頼資

六百巻目ノ終ニ、

為考妣頓証、菩提弟子往生極楽

書写之、正三位行権中納言藤原朝臣頼資敬白

是レハ、血書ナル可シトオモワル、トリワケテ書法見事ナリ、

左ノミカエシニ、
天正九辛巳五月十一日当経始真読之、初百内別ノ経読之、
已上十六部読之者也、駿河国《府》清水寺住持大僧都政遍

帙ノ書付
此御経失候而、及数年所ニ取返、奉寄進、

福島図書助助春

明応三年甲寅八月十五日

此御経奉修幅（ママ）之了、

当神主民部大輔真高

天正二十壬辰年五月十五日

延宝三丙辰天八月十五日

当八幡宮神主　安西主膳正

修復之、　文屋昌重

箱裏書

八幡宮大般若経箱

明応拾年辛酉二月九日

時神主美濃守元高

返納般若全部於有度郡

八幡神宮天和戊至元禄未二十二年借神蔵本今写終返之、

六百巻還般若経更無一字昧神霊
袈裟憶定賜加被愧比古人徳未馨
（元禄十六年）
未十一月十六日　　金山澄水敬白欽上
（宝）
府ノ法泰寺住持ナリ、

新庄道雄は巻次を記していないが、前章で指摘したとおり、この大般若経は藤原（広橋）頼資を願主として書写され、石清水八幡宮に奉納されていたが、寛元元年（一二二七）七月、駿河国惣社別当で有度八幡の別当でもあった憲信により、石清水八幡宮の「内殿奉行検校法印御房」に依頼して、同宮から有度八幡に移されたものである。そして、惣社や浅間新宮と同じ境内にある奈吾屋社（大歳御祖社）の大般若経によって校正されたのであった。

中村高平の『駿河志料』によると、体裁は料紙の長さ（縦であろう）八寸三分、一折の幅四寸二分、薄墨色、墨書、表紙は渋引き、銀泥で表題が書かれていた。また、『駿河国新風土記』に書かれている「嘉禄三年六月廿二日、於大原来迎院草庵願蓮房書写」は巻三九八の奥書である。

先にあげた澄水の巻二七一の奥書にみえる記載は、有度八幡の大般若経の奥書を写したものであった。しかも、『駿河国新風土記』引用部分最後の箇所に書きとめられた「金山澄水」こそ、金剛山宝泰寺の澄水のことである。澄水は天和二年（一六八二）夏に大般若経全巻を借り出し、元禄一六年（一七〇三）一一月一〇日に全巻を書き終えたのち、六日を経て有度八幡に返却したのであった。

澄水が有度八幡の大般若経を借り出した経緯は明らかでないが、久能寺旧蔵の大般若経の校正にも使われた奈吾屋社本は何らかの理由によって借りられなかったか、すでに散逸していたことも考えられる。有度八幡の南に隣接する神龍院は、宝泰寺と同じく臨済宗で、今川氏輝の菩提寺である臨済寺を本寺としており、有度八幡の神主八幡氏の持庵であったから、それを由縁として澄水は同社の大般若経を借り出し、年来の悲願を実現するにいたったのであろう。

（1）　日比野秀男編『澄水禅師大般若波羅密多経』（藤原東演、二〇〇九年）。

第三章　遠江国洞泉寺所蔵五部大乗経の成立と伝来

はじめに

静岡県天竜市阿寺（現、浜松市天竜区）の洞泉寺に伝えられてきた経典は、静岡県史中世部会による平成七年（一九九五）七月の調査の結果、五部大乗経であることが判明した。この調査を契機に、本経は平成八年（一九九六）一一月二八日、天竜市指定文化財に指定された。静岡県史編纂の過程で調査が進められたことから、ひとまず概要と経巻奥書などを公表し、詳細については精査を終えたのち、別の機会に譲りたい。

一　形　状

本経は折本装で、一折六行、表紙左端に竹の八双と紐（または紙縒）がつけられている。表紙の中央よりやや左側に題簽が貼付されているが、経名は擦れて読めなくなっているものが多く、糊離れして失われているものも多数ある。料紙は楮紙で、調査に着手した段階では虫蝕、摩損、水漏れによるしみが多くみられ、一部には焼損（法華経巻四など）があり、また継ぎ目の糊離れが甚だしく、別種の経が入り交じって一帖にされているものもみられる状態であった。

その後、天竜市教育委員会や鈴木哲雄氏（愛知学院大学教授）らにより原状に復する作業が行われ、その結果、大方等日蔵経巻一を除く一九九巻が現存し、うち一八七巻の完存が確認された。
本経は漆塗りの二〇の経箱に収められ、さらにそれらが二つの経櫃に収納されている。経典ごとの帖数は次の通りである。

大方広仏華厳経　六〇帖
（結経）梵網経　二帖
大方等大集経　三〇帖
大方等日蔵経　九帖（巻一欠本）
大方等月蔵経　一〇帖
（結経）菩薩瓔珞本業経　二帖
摩訶般若波羅蜜経　三〇帖
（結経）仁王護国般若波羅蜜経　二帖
妙法蓮華経　八帖
（開経）無量義経　一帖
（結経）仏説観普賢菩薩行法経　一帖
大般涅槃経　四〇帖
大般涅槃経後分　二帖
（開経）仏遺教経　一帖
（結経）仏説像法決疑経　一帖

紙高は二五・三センチメートル前後、一紙の幅は四三センチメートル前後（涅槃経巻一九～三〇を除く。これについては後述）で、一紙に二四行前後が書かれ、一行は一七字となっている。墨界がひかれ、界高は二〇・四センチメートル前後、界幅はほぼ一・八センチメートルになっている。

本経はのちに述べるように、複数の人々によって書写された寄合経で、首題下と尾題下に千字文を書くものも混じっている。それは華厳経に坐・朝・問・道・垂、大集経に位・譲・国・有、菩薩瓔珞本業経に念、般若経に薑・海、涅槃経に遜・體・率、涅槃経後分に賓となっており、底本の千字文が書写者の意に任せて書かれたようである。また端裏には、華厳経巻二の「華厳第一二」、涅槃経巻一二の「涅槃経二帙二巻」のように、経名と巻数が書かれているものもある。

涅槃経巻二の尾題下には千字文の「邇」、次行には「住持伝法慧空大師」と書かれている。慧空大師とは、中国北宋時代、福建省東禅等覚院で衆縁を募って一切経を開板刊行した慧空大師沖真のことである。したがって、この経巻はいわゆる東禅寺版を底本として書写されたことが明らかである。また、涅槃経巻五首の小題「如来性品第四之二」の下には、「汀州南寨正将李彦捨庚辰文」と書かれている。これは東禅寺版にみられる助縁刻記で、干支の庚辰の年紀は紹興三〇年（一一六〇）か嘉定一三年（一二二〇）のいずれかであり、最後の「文」はそれよりのちの時代に活躍した補刻の刻工、周文のことである[1]。

さらに底本の版心を書写しているものもあり、たとえば涅槃経巻四〇の一六紙一九・二〇行間には、「卒　十巻　一一　安挍要（撫賈）侍耶（郎）捨」という文字が小さく書かれている。これは東禅寺版の版心に刻された千字文・巻数・丁数・助縁者を示しており、安撫賈侍郎の名は助縁刊記のなかでも、より古い時期のものにみられる[2]。

このように、洞泉寺所蔵五部大乗経のなかには東禅寺版を底本として書写されたものがあった。ただ助縁刊記が正確に書写されていないことからみて、底本とされたのは将来された東禅寺版そのものではなく、日本で覆刻された覆宋版か、それをもとに書写された五部大乗経であったと考えられる。

華厳経巻一三の首題下には、千字文の「朝」に続いて「周宣」、尾題下には「十五止」と書かれている。周宣は北宋末期開板の思渓版に刻工として名がみられる。(3) なお、摩訶般若経巻九・一〇の首題下に、千字文の「薑」に続けて書かれた「兪」は、思渓版に刻工として名をみせる兪原李の可能性がある。

また、思渓版には東禅寺版と異なり、各帖末に音釈が刻されているが、菩薩瑶珞本業経巻下と摩訶般若経巻一〇・一一・一三～二〇には帖末に底本とした思渓版の音釈が書写されている。つまり、洞泉寺所蔵五部大乗経の多くは東禅寺版と思渓版を底本として書写されたことが明らかである。

二　成　立

本経の書写は奥書によると、華厳経巻一の「応安第七暦五月中旬書功畢／桑門実舜」から、菩薩瑶珞本業経巻下の「康暦元年極月十五酉時書写畢」にいたる時期、すなわち応安七年（一三七四）五月中旬から康暦元年（一三七九）一二月一五日にかけてのおよそ五年半を要して行われた。

書写場所は、華厳経巻二六の奥書「永和二年中春上幹於濃州吉田郷政所書之畢／□□（妙本カ）敬書」、経名未詳断簡四の「永和三年十一月廿一日　於新長谷寺竹林坊書写畢／金資澄賢」という記載が手がかりになる。前者にみえる「濃州吉田郷政所」は、美濃国吉田《きった》郷を荘域とした武儀荘の政所を指すのであろうか。

また後者に記された新長谷寺《しんちょうこくじ》は美濃国吉田郷にあり（現、岐阜県関市長谷寺町）、空海の法孫護忍が貞応元年（一二二二）、大和国長谷寺に参籠中の霊夢により、五年をかけて七堂伽藍と一六の坊舎を完成させ、山王・白山両社を鎮守とし、後堀河天皇の眼病平癒に成功したことから、新長谷寺の寺号を贈られたと伝えられ、真言宗智山派に属する。(4) 先に掲げた二帖の経が書写された永和二年（一三七六）・三年は、もっとも早く書写された華厳経巻一の応安七年（一三七四）から二、三年後のことであり、本経は美濃国新長谷寺とその周辺で書写されたものと考えてよい。

新長谷寺で書写された経典としてこれまで知られているものでは、岐阜県揖斐郡谷汲村（現、揖斐川町）横蔵寺所蔵（横蔵寺末の極楽寺旧蔵）の大般若経巻四二〇、[5] 岐阜県武儀郡洞戸村（現、関市）高賀神社所蔵の大般若経[6]（巻数未詳）、美濃市大矢田神社所蔵の大般若経巻一〇・一一三・三三三・三三八・三四〇・三四五・三八五・三八九[7]などがあり、また永享一二年（一四四〇）には一切経が収められていること[8]をあわせ考えると、新長谷寺は美濃国における経典の書写と普及にあたって重要な役割をはたしたようである。横蔵寺所蔵の大般若経巻四二〇の奥書には、

　　濃州揖斐庄　極楽寺
　永和第三丁巳七月下旬、於新長谷寺竹林坊書畢、
　　　　　　　　　　　　金資澄賢

と記されている。

新長谷寺竹林坊で大般若経巻四二〇を書写した澄賢は、本章でとりあげている洞泉寺所蔵五部大乗経（経名未詳断簡四）を、永和三年（一三七七）一一月二一日に同じ坊で書写した澄賢と同一人物と考えられ、わずか四か月のあいだに大般若経に続いて五部大乗経が書写されていることから、この時期に新長谷寺周辺では一切経の書写が行われた可能性がある。

本経は涅槃経巻一九〜三〇の一二帖を除く経巻の首題前行に、「為二親奉書写　施主観宗／（花押）」と書かれているように、観宗が両親のために発願し、施主となって書写されたものであった。書写にあたったのは、加賀国出身の実舜を中心に、祐尊・澄賢らである。

華厳経巻一の奥裏書に「康暦二年正二日信読了」、涅槃経後分巻下の奥裏書に「康厂三正十八日□（信カ）読了」と記

されているように、書写が完了して間もないとみられる康暦三年（一三八一）正月には本経の真読が行われた。このの ち、書写から七〇年ほど経た文安五年（一四四八）三月に修理されたことが、華厳経巻四六・四八、涅槃経巻四〇、経名未詳断簡三の奥書に記されている。

五部大乗経は、これまでにも指摘されているように、中国隋代の天台大師智顗が釈迦一代の説法の順序を分類した五時八教の教判にもとづくもので、『妙法蓮華経玄義』巻五上の「究竟大乗、無過華厳・大集・大品・法華・涅槃」や、一〇世紀高麗の諦観の『四教義』巻一一の「尋諸大乗経、明理究竟、無過華厳・大集・大品・法華・涅槃」を直接の典拠にしている。

本経は全体として寄合経であるが、法華経・無量義経・観普賢経の一〇帖は同筆で、しかもほかの経典にくらべると能筆で丁寧に書写されているのは、智顗の五時八教の教判では法華経がもっとも尊重されたことを反映しているのであろう。

日本における五部大乗経の成立過程については本書第一章に詳述したが、要点のみを述べると、比叡山を復興した良源は、康保四年（九六七）に横川の定心房で、五部大乗経と同じ内容をもつ四季講（春の涅槃経、夏の華厳経、秋の法華経、冬の大集経・大品経）を始め、定心房はのちに四季講堂と呼ばれるようになった(9)。このの ち良源の弟子仁康は、正暦二年（九九一）三月一八日、嵯峨天皇の子源融の邸宅河原院で、五部大乗経の要文を講説する五時講を行った(10)。

これらにみられる天台宗で修されていた五部大乗経の講会を背景として、承暦二年（一〇七八）一〇月三日には、白河天皇御願寺の法勝寺で天皇行幸のもと大乗会が催され、五部大乗経が講じられた。大乗会は円宗寺の法華会や最勝会とともに北京三会として国家的法会となり、天台僧にとって講師をつとめることが僧綱に昇進するための必要経路となった(11)。以後、貴族社会に五部大乗経の書写と供養が広まった。

鎌倉時代、五部大乗経の書写と供養は地方にも伝わった。文治三年（一一八七）、筑前国宗像社の色定良祐は五部大乗経を書写しており、また正治二年（一二〇〇）正月一三日には、源頼朝の一周忌にあたり、鎌倉法華堂で摺写五部大乗経が供養されている[12]。鎌倉時代末期には、奈良興福寺や武蔵国普済寺で五部大乗経が開板された。その後、南北朝時代の観応二年（一三五一）から文和三年（一三五四）にかけて、美濃国高賀山では五部大乗経が書写されている[13]。美濃国新長谷寺とその周辺で書写された五部大乗経も、こうした五部大乗経の地方への伝播の一齣であり、しかも一九九巻が現存する点できわめて貴重である。

三　伝来

本経は、応永一二年（一四〇五）には美濃国を離れて、大和国吉野郡黒滝郷（現、奈良県吉野郡黒滝村）河分《かわわけ》大明神に移された。そのことを示す経巻の一例をあげると、仁王般若経巻下の奥書に「奉納河分大明神之／御社頭／応永十二年八月二日」、法華経巻二の奥書に「大和国吉野郡黒滝郷河分／大明神御宝前願主尺大香（花押）／応永十二年八月二日功終畢」、経名未詳断簡五に「応永十二年乙酉八月初一日／勧進沙門大香拝書之」と記されている。

また経箱の桟には、先の経巻と同筆で次の墨書がある。

（華厳経一帙）応永十二乙酉八月初一日
（華厳経六帙）奉施入河分大明神
（法華経）　黒滝郷河分大明神
（涅槃経三帙）応永十二年八月初一日

これらの記載によって、本経は応永一二年八月一日から二日にかけて、大香により黒滝郷河分大明神に奉納され、経箱と経櫃もこの時に作られたことがわかる。

河分大明神は黒滝川と川谷川が合流する、黒滝村中戸字川戸に鎮座する水分の神で、祈雨・祈晴に霊験があると伝えられ、現在は河分神社と称する(14)。社伝によると、現在地への鎮座は承安年間（一一七一～七五）というが、確実な根拠に乏しく、本経は奇しくも黒滝郷と河分大明神の名を確認できる初見史料となった。

ところで、涅槃経巻一九～三〇の一二帖の首題前行には、「為二親奉書写　施主観宗／（花押）」の記載がみられず、しかも紙高は二六・二センチメートル前後、一紙幅は三七・五センチメートル程度で、涅槃経のほかの経巻にくらべると、紙高でおよそ一センチメートル大きく、一紙幅で一・二センチメートルほど短くなっている。また巻一九・二六～二九の首題下には、ほかの経典にはみられなかった梵字「」などが書かれている。巻二七の奥書には、「于時応永十二年　三月八日黒滝郷中村樋口庵／写書了」という記載がみえる。巻二七には「壱十九巻　九」などの版心記載があり、巻二六尾題下には千字文の「體」が書かれている。

これらの事実を総合すると、本経は応永一二年三月に黒滝郷へ移されたのち、この時点で欠本になっていた涅槃経巻一九～三〇が宋版を底本にして新たに書写され、この年の八月、大香により経箱・経櫃とともに一括して河分大明神に奉納されたと考えられる。河分大明神の神宮寺は南光寺（神仏分離のさい廃寺となる）であったから、大香はその僧侶であった可能性がある。涅槃経巻二七が書写された黒滝郷中村樋口庵については、河分神社が鎮座する中戸地区の神社からほど近い所に小字中村があり、何らかの関連があると思われるが、伝承もなく、実態は明らかでない。

応永一二年、河分大明神に奉納される前後の時期、摩訶般若経巻八の奥書に「長泊寺之常住也」、同巻一一の奥書に「三条功（坊）門烏丸長泊寺常住物也　宗□」、涅槃経巻五の外題に「長□（泊）寺」と記されているように、本経は京都三条坊門烏丸の長泊寺に移された。これらの経巻の首題前行にはいずれも、最初の書写を示す「為二親奉書

写　施主観宗／（花押）」と書かれているから、移動にともなって補充されたものではない。

大外記中原師郷は、永享一〇年（一四三八）八月一九日、二条良基の子持基の押小路烏丸殿[15]に伺候し、近火見舞いをしたあと、長伯寺に向かい、長老に謁している（『師郷記』）。押小路烏丸殿は、文明九年（一四七七）一一月一一日、放火により焼失した。翌年正月一〇日、官務壬生晴富は持基の子持通が仮住まいしていた長伯寺で懇談し、三月九日、長伯寺に滞在する持通を再訪したさい、長伯寺の所在地を「押小路三条坊門間烏丸東頬」と書きとめているから（『晴富宿禰記』）、長伯寺は押小路烏丸殿の東に隣接していたようである。その後、押小路烏丸殿は再建されたものの、『宣胤卿記』永正一五年（一五一八）三月三〇日条によれば、関白に就任した内大臣二条尹房は邸宅をもたなかったため、長伯寺に寄宿しており、「以外狭少」の寺であった。

『山城名勝志』巻四によると、長泊寺は初め三条坊門の二条殿境内にあり、円仁作の阿弥陀像を本尊とし、のち下京高辻南烏丸東の因幡堂（平等寺）内に移されたという。また『京都坊目誌』下京十二学区之部によれば、初め二条殿内にあった長伯（泊）寺は、中世に因幡堂内へ移り、天明（一七八一～八九）以後には廃寺になったという。寛政七年（一七九五）一二月の「新義真言宗本末帳」[16]には、平等寺の供僧として長伯寺があげられているから、この頃までは存在していたようである。

こののち本経がたどりついた場所は、遠江国豊田郡阿寺村の六所大明神であった。二、三の例をあげると、大集経巻一の奥書に「遠州阿多古之内阿寺村／陸所之大明神御宝前／本願主玉岩而已」、摩訶般若経巻一一の奥書に「願主玉岩／遠州阿多古之内阿寺村／六所大明神御宝前」と記されているように、時期を明示する記載はみられないものの、玉岩が願主となって阿寺村六所大明神に奉納したことがわかる。

玉岩は六所大明神に程近い同じ阿寺村の洞泉寺過去帳に、「前住方広当山八世中興玉岩和尚東堂」とみえる僧侶と考えられ、元亀三年（一五七二）三月三日に没した七世の鳳山のあとをうけて八世住持となり、荒廃していた洞泉寺を復興して、慶長一一年（一六〇六）七月二八日に没した。この記述にしたがえば、本経が玉岩によって六所大明神に奉納されたのは、元亀三年（一五七二）三月から慶長一一年七月にかけての時期となる。洞泉寺は初め天台宗で、長享元年（一四八七）大火により焼失し、引佐郡奥山（現、浜松市北区引佐町奥山）に方広寺を開いた無文元選の弟子源翁によって再興され、以後臨済宗に改められたという(17)。六所大明神の創建については明らかでないが、永正一五年（一五一八）六月には鰐口が奉納されている(18)。

おわりに

本経は明治初年の神仏分離のさい、六所大明神から洞泉寺に移されたとみられる。この時洞泉寺は無住になっており(19)、以後、本経は檀家の人々の努力によって今日まで伝えられている。

こうして南北朝時代に美濃国新長谷寺とその周辺で書写されたと考えられる本経は、その後、僧俗さまざまな人々の信仰を集めながら、大和国黒滝郷河分大明神・京都長泊寺を経て、遠江国六所大明神へ移され、さらに洞泉寺の所蔵に帰して、ここにようやく故地を離れた流転を終えることになった。天竜市指定文化財に指定された本経は、平成九年（一九九七）五月から五か年をかけて墨中堂によって修理された。

（1）白石克「覆宋版「五部大乗経」類と宋版との関係について㈠――大般涅槃経四十巻――」（『書誌学』復刊新二四・五合併号、一九七四年、二〇頁）。

（2）前掲注(1)白石克「覆宋版「五部大乗経」類と宋版との関係について㈠」二〇頁。

（3）白石克「覆宋版「五部大乗経」類と宋版との関係について㈡――「大方広仏華厳経六〇巻（東晋仏駄跋陀羅訳）」諸版に於ける巻首品目の異同について――」（『書誌学』復刊新二六・七合併号、一九八一年、一三頁）。

（4）新長谷寺文書長禄元年十一月日新長谷寺衆徒勧進帳写（『岐阜県史』史料編　古代・中世一、一九六九年、七四五頁）。

『岐阜県地名大辞典』（角川書店）。『岐阜県の地名』（平凡社）。『新修関市史』通史編　自然・原始・古代・中世（一九九六年、八八一頁）。

(5)『岐阜県史』史料編　古代・中世二（一九八二年、四四七頁）。

(6) 前掲注(5)『岐阜県史』史料編　古代・中世二、四九〇頁。

(7) 前掲注(5)『岐阜県史』史料編　古代・中世二、四九八・五〇七・五〇九・五一〇頁。

(8) 前掲注(5)『岐阜県史』史料編　古代・中世二、五一六頁。

(9)『叡岳要記』下（『群書類従』二四輯）、『門葉記』巻九〇勤行一（『大正新脩大蔵経』図像一二巻、大蔵出版、一九七八年）。

(10)『本朝文粋』一三、『続古事談』四。

(11) 菅真城「北京三会の成立」（『史学研究』二〇六、一九九四年）。上島享「中世前期の国家と仏教」（『日本史研究』四〇三、一九九六年）、のち『日本中世社会の形成と王権』（名古屋大学出版会、二〇一〇年）に改稿収録。

(12)『吾妻鏡』正治二年正月一三日条。

(13) 岐阜県郡上郡八幡町（現、郡上市）新宮神社所蔵。前掲注(5)『岐阜県史』史料編　古代・中世二、五六九頁。『岐阜県史』通史編　中世（一九六九年、七一九頁）。

(14)『黒滝村史』（一九七七年、五三六頁）。

(15) 押小路烏丸殿については、小川剛生『二条良基研究』（笠間書院、二〇〇五年）第一篇第七章参照。

(16)『江戸幕府寺院本末帳集成』中（雄山閣出版、一九八一年、一三八五頁）。

(17)『天竜市史』上巻（一九八一年、八三九頁）。貞享三年（一六八六）正月六日遠州豊田郡阿多古領村々寺社書上帳（『天竜市史』史料編三、一九七六年、四三〇頁）によれば、洞泉寺の開基は長樹で、江戸時代には将軍徳川家光から朱印地七石五斗を与えられ、また六所大明神には永正四年（一五〇七）に一石、翌年に三斗の社領が認められたという。

(18)『静岡県史』資料編七中世三（一九九四年、六八八号）。

(19) 明治三年十月十一日反別取米鐚書上帳（前掲注17『天竜市史』史料編三、一六三頁）。

【参考史料】

首部等のなかで「あり」とは、首題前行に「為二親奉書写　施主観宗／（花押）」が記載されていることを示す。また、／は改行を示す。

大方広仏華厳経

巻数	首部等	奥書等
一	あり （首題下）（異筆）「宴海」	応安第七暦五月中旬書功畢／桑門実舜 （奥裏書）「康暦三年正二日信読了」 （尾題下）「已上十三紙計六千九百」
二	あり	なし
三	あり	なし
四	あり	なし
五	あり	応安第七暦六月上旬□書写／桑門実舜
六	あり	応安第七暦六月十六日／右筆桑門実舜
七	あり	なし
八	あり	応安第七暦七月一日／右筆桑門実舜
九	あり	応安第七暦七月四日／桑門実舜
一〇	あり	応安第七暦七月五日書功畢／桑門実舜五五歳
一一	あり （首題下）（異筆）「宴海」	遠州阿多古之内阿寺村（後欠）
一二	あり（異筆）「吉野郡黒滝郷河分大明神御宝殿」	康暦元年九月廿一日　書写畢 （異筆）「右筆実舜」
一三	あり	なし

（首題下）「周宣」　（尾題下）「十五止」
一四　あり　なし
（尾題下）「十五止」
一五　あり　なし
（上欄）「河分大明神御経」
（二紙目行間）「古花巻十五」
一六　あり　なし
（尾題下）「十一止」
一七　あり　なし
一八　あり　右筆□（頼カ）賢
一九　あり　なし
二〇　あり　なし
二一　あり　なし
二二　あり　なし
二三　あり　なし
二四　あり　なし
二五　あり　永和弐年二月廿八日
二六　あり　永和二年中春上幹於濃州吉田郷政所書之畢／□□（妙本カ）敬書
二七　あり　なし
二八　あり　永和弐年正月日　雄敬白／所致悪筆阿弥陀仏
二九　あり　永和二年正月日
（二紙目行間）「問巻二十九　二」（数か所版心記載あり）
三〇　あり　于時永和丙辰暦青陽初月廿九日／願以大乗力師長及父母無縁与衆生皆共成仏道

三一	あり		願主玉岩／遠州阿多之(古脱)内阿寺村／六処大明神之御宝前
三二	あり		なし
三三	あり		なし
三四	あり		なし
三五	あり		なし
三六	あり		(後欠)
三七	あり		なし
三八	あり		永和二丙辰霜月七日
三九	あり		永和二丙辰十一月十八日
四〇	あり		永和二丙辰十二月十二日
四一	あり	(端)「十一地」	願主玉岩也／遠州阿多之(古脱)内阿寺村／陸所大明神御宝前
四二	あり	(端)「十一地八本」	なし
四三	あり	(端)「十一地十二本在」	応安第七暦十一月十七日書写了／(後欠)
四四	あり		応安第七暦十一月廿九日書功畢／右筆加州学侶実舜
四五	あり	(端)「十地八本」	応安第七暦極月上旬書写了／右筆加州学侶実舜 (異筆)「吉野郡黒滝郷／河分大明神之／御経也」
四六	あり (異筆)「吉野郡黒滝郷／河分大明神御経」		応安第七暦極月上旬書写了／右筆加州学侶実舜 (異筆)「時文安五年丙辰歳三(後修理)月中旬願主大真阿闍梨」

四七	あり（端）「十六地□」	応安第七暦十二月上旬書写了／右筆加州学侶桑門実舜
四八	あり（端）「十一地十六本有」	応安第七暦極月上旬書写了／右筆加州学侶実舜 （異筆）「于時文安五年戊辰歳三月中旬右筆土佐州浄仙」
四九	あり（端）「十一地五本」	応安第七暦極月中旬書写了／加州学侶実舜
五〇	あり（端）「十二地十六本」	応安第七暦極月中旬書写□／右筆加州学侶栄林房実舜五□歳
五一	あり	遠州阿多古之内阿寺村／本願主玉岩／六処大明神御宝前
五二	あり	永和元年十一月上旬書功畢／□□□□（右筆実舜）
五三	あり	なし
五四	あり	なし
五五	あり	永和元年乙卯十二月日書写畢／右筆実舜
五六	あり（表紙）「失火残本」	右筆加州之学侶実舜／永和二年丙辰正月廿二日書功畢
五七	あり	永和二年丙辰正月上旬書功畢（後欠カ）
五八	あり	永和元年書功畢／右筆栄林房
五九	あり	なし
六〇	あり	実舜

梵網経

巻数	首部等	奥書等

上	あり	□□（切断されて読めない） （表紙）「□□／御宝殿／応永十二年八月初一日」
下	あり	（後欠）

大方等大集経

巻数	首部等	奥書等
一	あり	遠州阿多古之内阿寺村／陸所之大明神御宝前／本願主玉岩而已 （表紙裏）「河分大明神／御宝殿／応永八月初二日書之」
二	あり	なし
三	あり	なし
四	あり	なし
五	あり	なし
六	あり	なし
七	あり	（付紙）「奉施入／□（和）州黒滝□／河分大□□／御宝□□（殿カ）」
八	あり	□□書写了
九	あり	永和弐年八月日
一〇	あり	永和二年八月日　書写了□（慶カ）眼
一一	あり	祐尊 （異筆）「遠州阿多古之内／阿寺村六処之大明神／御宝前願主玉岩」
一二	あり	（後欠）
一三	あり	なし
一四	あり	なし
一五	あり	なし

一六	あり	なし
一七	あり	なし
一八	あり	なし
一九	あり	なし
二〇	あり	なし
二一	あり	遠州阿多古之内阿寺村（後欠）
二二	あり	なし
二三	あり	（後欠）
二四	あり	なし
二五	あり	なし
二六	あり	なし
二七	あり	なし
二八	あり	なし
		（二紙目行間）「有二十八巻」（数か所版心記載あり）
二九	あり	（裏）御宝殿／応永十二年乙酉八月初二日
		永和三年　七月五日丁巳書写畢
三〇	あり	（行間）「有三十□十」（数か所版心記載あり）

大方等大集日蔵経

巻数	首部等	奥書等
一	欠本	
二	あり	遠州阿多古之内阿寺村／六処大明神御宝前／願主玉岩
三	あり	なし

四	あり	なし
五	あり	なし
六	あり	なし
七	あり	なし
八	あり	なし
九	あり	なし
一〇	あり	なし

大方等大集月蔵経

巻数	首部等	奥書等
一	あり	阿寺村願主玉岩／遠州阿多古之内六処大明神御宝前
二	あり	なし
三	あり	なし
四	あり	なし
五	あり	なし
六	あり	なし
七	あり	なし
八	あり	なし
九	あり	なし
一〇	あり	（後欠）

菩薩瓔珞本業経

巻数	首部等	奥書等

上	あり	なし
下	あり	康暦元年極月十五酉時書写畢

摩訶般若波羅蜜経（大品般若経）

巻数	首部等	奥書等
一	あり	遠州阿多古之内／阿寺村／六処大明神御宝前／願主玉岩
二	あり	なし
三	あり	なし
四	あり	なし
五	あり	なし
六	あり	なし
七	あり	なし
八	あり	長泊寺之常住也
九	あり	なし
一〇	あり	（尾欠）
一一	あり	三条功（坊）門烏丸長泊寺常住物也　宗□ 「願主玉岩／遠州阿多古之内阿寺村／六所大明神御宝前」
一二	あり	なし
一三	あり	なし
一四	あり	なし
一五	あり	なし
一六	あり	なし
一七	あり	なし

一八	あり	なし
一九	あり	なし
二〇	あり	なし
二一	あり	遠州阿多古之内阿寺村／願主玉岩／六処大明神御宝前
二二	あり	なし
二三	あり	吉野郷群(郡)黒滝郷／河分大明神御宝前／御経
二四	あり	和州吉野郡／黒滝郷河分大明／神御経也
二五	あり	なし
二六	あり	なし
二七	あり	なし
二八	あり	なし
二九	あり	なし
三〇	あり	なし

仏説仁王護国般若波羅蜜経

巻数	首部等	奥書等
上	あり	和州吉野郡河分大明神 (異筆)「六所大明神御宝前／願主玉岩」 (一紙目)「大和州／吉野郡／黒滝郷河分大明神御経」
下	あり	奉納河分大明神之／御社頭／応永十二年八月二日

妙法蓮華経

巻数	首部等	奥書等

巻数	首部等	奥書等
一	あり	なし
二	あり	大和国吉野郡黒滝郷河分／大明神御宝前願主尺大香（花押） 応永十二年八月二日功終畢 （途中）河分大明神御経
三	あり	なし
四	あり	なし （途中）河分大明神御宝前御経
五	あり	なし （二紙目上欄）「河分大明神御経」
六	あり	和州吉野郡黒滝／郷河分大明神御／宝前御経也
七	あり	なし
八	あり	河分大明神／御経也

無量義経

巻数	首部等	奥書等
	あり	遠州阿多(古脱)之内□(阿カ)寺村／六処大明神御［　　］主玉岩

仏説観普賢菩薩行法経

巻数	首部等	奥書等
	あり	なし

大般涅槃経

巻数	首部等	奥書等

一	あり		遠州阿多古之内／阿寺村大明神御宝前／願主玉岩而已
二	あり		住持伝法慧空大師
三	あり		なし
四	あり		なし
五	あり	（小題下）「汀州南寨正将李彦捨庚辰文」	なし （外題）「長□（泊）寺□」
六	あり		なし
七	あり		なし
八	あり		なし
九	あり		なし
一〇	あり		なし
一一	あり		遠州阿多古之内阿寺村／陸所大明神御宝前／願主玉岩而已
一二	あり		なし
一三	あり		なし
一四	あり		なし
一五	あり		なし
一六	あり		なし
一七	あり		なし
一八	あり		なし
一九	なし		なし （四紙目行間）「十九　三」（数か所版心記載あり）
二〇	なし		なし

二一	なし	遠州阿多古之内阿寺村願主玉岩／（以下帖付紙）陸所大明神御宝前／而已
二二	なし	なし
二三	なし	なし
二四	なし	なし
二五	なし	なし
二六	なし	なし
二七	なし	于時応永十二年乙酉三月八日黒滝郷中村樋口庵／写書了
二八	なし	（後欠）
二九	なし	なし
三〇	なし	なし
三一	あり	于時永和第三年三月五日書写畢
		（異筆）「河分大明神御宝前／応永十二年八月二日／造功畢□□（願主カ）□」
三二	あり	なし
三三	あり	河分大明神／御宝殿
		（別紙断片）「□」
三四	あり	なし
三五	あり	なし
三六	あり	于時永和第四五月九日書畢
三七	あり	于時永和第三五月十八日書畢
三八	あり	于時永和第三五月十八日書畢
三九	あり	金剛仏子□（慶カ）眼／書写了
四〇	あり	於于時永和第四五月廿九日書写畢／右筆祐尊
		（異筆）「于時文安五年戊辰歳三月中旬後修理畢」

（行間）「卒　十巻　一一　安挍（撫貫）要侍耶（郎）捨」
（数か所版心記載あり）

大般涅槃経後分

巻数	首部等	奥書等
上	あり	なし
下	あり	なし　（奥裏）「康厂三正十八日□（信カ）読了」

遺教経

巻数	首部等	奥書等
	あり	なし

仏説像法決疑経

巻数	首部等	奥書等
	あり	なし

経名未詳断簡奥書

一　本願力故此□末数行書写畢誠此時節到来□／因縁諸仏証（照カ）覧之擁護世憑哉喜哉釈氏大香／応永十二乙酉初夏初五日積
　烏老眼年々五十三

二　（表紙見返し）黒滝郷河分大明神／御宝殿／応永十二年乙酉八月初二日

三　于時文安五年戊辰歳三月中旬後修理畢

四　永和三年丁巳十一月廿一日　於新長谷寺竹林坊書写畢／金資澄賢

五　（裏表紙）「　」／応永十二年乙酉八月初一日／勧進沙門大香拝書之
六　（表紙見返し）（前欠）□□（滝郷）河分大□（明）神／御宝前／応永十二年乙酉仲秋初一日
七　応永十二年□酉八月初二日
八　（表紙トモ紙裏）「　」／御宝殿／応永十二年乙酉八月初一日
九　遠州阿多古之内／阿寺村本願主玉岩／六所大明神御宝前
一〇　（表紙見返し）遠州阿多古之内阿寺村／陸所大明神御宝前／願主玉岩
一一　右筆桑門実舜
一二　（表紙見返し）河分大明神／御宝前
一三　「　」／陸所大明神御宝前／本願主玉岩而已
一四　（表紙見返し）「　」／御宝殿
一五　（表紙見返し）御宝殿／応永十二乙酉八月初一日
一六　（表紙トモ紙裏）応永□（十）二年乙酉八月「
一七　「　」／応永□（十）二年乙酉八月一日
一八　遠州阿多古之内阿寺村／六処大明神御宝前／本願主玉岩而已
河分大明神／御宝前　（天地逆に書かれている）
一九　（表紙トモ紙裏）（前欠）／宝殿／遠州阿多古之内阿寺□／陸所大明神御宝前／願主玉岩
二〇　（裏表紙）□（為）□（阿）□□□□（之内）□□（寺村）□／六所大明神御宝前／願主玉岩而已

第四章　美濃国薬王寺所蔵大般若経の開板と伝来

はじめに

大般若波羅蜜多経（以下、大般若経と略記）は、唐の玄奘が最晩年の四年足らずの時間をかけて六六三年一〇月に訳了した、仏典中最大の六〇〇巻、およそ五〇〇万字からなる経典である。大般若経は、空の思想を基盤として、智慧の完成と彼岸への到達を目指す般若経を集大成したものである。

わが国では、大宝三年（七〇三）三月一〇日、文武天皇の詔により、大官大寺・薬師寺・元興寺・弘福寺（川原寺）の四大寺の僧一〇〇人によって読誦された（『続日本紀』）ことを史料の初見としているから、玄奘の訳了後四〇年を経ずして輸入されたことになる。

以後、国家安泰や五穀豊穣などの予祝祈願、天災異変の除災、追善・算賀、異国降伏の祈禱や、神前法楽を目的としたほか、村落では虫払や祈雨などの年中行事にも広く活用された(1)。

岐阜県可児市東帷子《ひがしかたびら》の天台宗薬王寺に所蔵される大般若経については、従来、小川栄一氏が「帷子薬師の大般若経(2)」として紹介したにとどまる。その簡略な全文は次の通りである。

可児郡帷子に清涼山薬王寺と言うのがある。この寺の本尊は丈六の薬師坐像にて、行基の作と伝えらる。永禄年中兵火に罹り、寺は焼失した。焼け残りの仏体は池に投げ込む。元禄十二年この仏体の首、池に浮かびしを以て、収めて体軀を作り、元形とし、奈良大仏殿の十分の一の堂を建立して、この像を安置した。この寺に、もと村のうち神明神社に伝わりし大般若経を蔵す。巻四百二十の奥書に

美濃国帷庄　神明宮
応永八年辛巳十月日　　願主　祥琳
　　　　　　　　　　　　　　祥本

とあるものがある。

なお、現在、巻四二〇は欠本となっており、今は小川氏による記述が唯一の記録である。

これまで薬王寺所蔵大般若経（以下、薬王寺本とする）については、その存在にすら気づかれず、本格的に紹介されることも論じられることもなかった。可児市史編纂事業の一環として実施された仏像や建築も含む総合調査の成果にもとづき、本章により、初めてその全容が明らかにされる(3)。

一　形状と構成

折本装の五八六帖が現存する。すべて版本で、写本は含まれない。そのうち完本は五七七帖で、残りは前欠一帖（巻一九三）、中間欠五帖（巻二五・二〇三・二〇四・二七八・四〇六）、後欠三帖（巻九七・一〇三・三一三）となっている。

欠本は、巻一・二〇・九〇・一二四・一二七・四〇五・四二〇・四五一・四六六・五二四・五二五・五四七・五六〇・六〇〇の一四帖である。

前後の表紙はすべて同じで、縦二六・六センチメートル、横九・五センチメートル、杉の薄板を芯にして斜め卍文・雲文などを朱刷した紙が張られている。前表紙には中央、天よりに「大般若波羅蜜多経巻　〇」と墨刷複

郭の題簽（縦一六・八センチメートル、横二・六センチメートル）が貼付されている。土井通弘氏の御教示によれば、この形式の表紙と題簽は、一六世紀以降、京都で量産されたものという。このことは、現在の装訂が行われた時期を考える手がかりとなる。

現存する薬王寺本五八六帖は同一の版木から摺写されたものではない。滋賀県内所在の大般若経調査を主導し、写経・版経研究に数多の新知見を提供した高橋正隆氏は、補経の事実を明らかにする手がかりとして、版心の有無という版式の相違、刊記の区別、料紙の違いの三点をあげている(4)。薬王寺本は、これら版式・刊記・料紙の異なる三種類の経典によって構成されており、いまそれをⒶ類・Ⓑ類・Ⓒ類として分類し、特徴を述べる。

（1）Ⓐ類

茶色薄手の料紙で、三〇五帖が現存する。巻二～巻一九九、巻四〇二～巻五九九に集中している。法量は縦二六・一センチメートル程度、横四八・一センチメートル程度（原則として二紙目を計測。以下同じ）であるが、現在の装訂への改装にあたって、天地が若干切られている。半折の行数は、現在五行であるが、もとは六行折であったことを示す折目が残っている。わが国の折本の折幅は、古くは八行～九行程度を基準としていたが、室町時代には五行を基準とするようになった(5)。

一部に文字のかすれなど刷りの良好でないものがあるが、高橋氏によれば、「大般若経の摺写は、板木の上に継紙を終えた料紙を置いて順次に摺っていったもので」「摺写の時期が乾燥していたか多湿気のときであったかによって刷本の出来具合が異なり、印刷の技術が進むと印刷の安定をはかるために、あらかじめ料紙に湿気を与えることが行われた(6)」という。

この系統の巻には全体に虫損や湿害がみられるが、湿害の多くは五行折部分に認められることから、六行折から五行折に改装された時期以降に水がかかるなどの被害をうけたものとみられる。

巻五一・五二・五四・五六～五八・七三・一九〇・一九九・四〇九を除く巻に、巻次や版木数などを刻した版心がある。千字文函号は、巻一二・一八に「地」、巻三二・三五・四〇に「黄」、巻七二に「荒」があるほかは、記されていない。一紙の平均行数は二六行で、一行一七字、一帖は一八～一九紙からなっており、三系統のなかでは、一紙あたりの行数がもっとも多く、したがって一帖あたりの紙数が少なくなっている。

巻五六四・五七三・五一八には、本文中の文字の左または右に圏点をつけ上欄に文字が書かれ、巻五八〇の七紙目には本文「施」の右肩に「ヒ」を小さく書いて、上欄に「授」が書かれている。

また、巻五二六・五四三・五四九・五六二には、本文中の文字を墨書で修正した箇所がみられることから、校合が行われたことを示しているが、底本については明らかでない。校合箇所の文字は、『大正新脩大蔵経』に収める大般若経とは異なっているものがある。

可児市史編纂室の依頼をうけて紙質分析を行った宍倉佐敏氏（宍倉ペーパー・ラボ）の繊維分析結果によれば[7]、Ⓐ類に属する巻四九九は、地合は溜め漉き風で厚薄があり、萱簀《かやす》跡がみられる。表面は強い打紙が施されて平滑が高く、墨は濃く均一に刷られている。楮一〇〇パーセントの紙に黄檗（キハダ）を塗布したのち打紙処理しており、半流し漉きの檀紙と考えられる。C染色液染めで灰青色に反応した繊維があることから、楮を蒸煮する前に、レチング（醱酵精練）されたと推測される。紙厚は〇・〇七ミリメートル程度である。

また、一平方メートルあたりの重量（グラム）を示す坪量については、可児市史編纂室の依頼をうけた岐阜県製品技術研究所の試験結果によると[8]、六七・六で、三つの系統の経巻のなかでは中間であった。この坪量を、紙厚に一〇〇〇を乗じた数字で割って表される密度は、〇・九六六である。

紙の厚み、坪量、密度について、宍倉氏は次のように述べている。

紙の厚み、坪量、密度が表されると、紙の柔軟度や剛度などが推定でき、大まかな紙の性質が想像でき、原材料の違い、原料の洗滌量、叩解の程度、内部添加剤の有無、打紙処理などの製法の違いも見出すことが可能になる。

具体的には紙の基本性質である坪量が測定できると、紙の大小や形態に関係なく、その紙の一定面積当たりの重量が判り、他の紙との重さの違いが正確に比較できる。同様に厚みの違いも正確にでき、数値を見ただけで紙の厚さを想像できる。密度は数値によって繊維間結合力の様子、内部添加薬品の有無、打紙・瑩紙などの表面加工程度が判断し易くなる。特に紙の基本性質が判ると、次回に使用する紙の選択、補修などの場合に欠かせないデータとして重要である。(9)

この系統に属する経典の多くには、のちにくわしく述べる通り、尾題の前後や下に開板願主などの刊記、美濃国可児郡帷庄神明宮への施入の旨を記した墨書があり、薬王寺本と他本との関連を考える重要な特徴となっている。

(2) Ⓑ類

淡黄色薄手の料紙で、一六四帖が現存する。Ⓐ類が現存しない巻二〇〇番台〜三〇〇番台に集中している。法量は縦二五・一センチメートル程度、横四一・八センチメートル程度である。半折五行で、版心は巻三五五を除く巻にみられる。千字文函号は、ある巻とない巻が混在する。一紙の平均行数は二二行で、一行一七字、一帖は平均二二紙からなっている。刊記と施入墨書はみられない。

この系統に属する巻二二〇を分析した宍倉氏によれば、地合は流し漉き風であるが厚薄があり、竹簀と思われる跡が微妙に残る。表面は打紙が施されて平滑で、墨は濃淡があるものの印字型は良い。楮一〇〇パーセントの紙を打紙して澱粉を塗布した杉原紙類と思われる。紙厚は〇・〇八ミリメートル程度である。

　この系統の巻三一三の坪量は四四・六で、三つの系統の経巻のなかでは、もっとも小さな値を示した。密度は〇・五四四である。

(3) C類

　淡黄色厚手の料紙で、一一七帖が現存する。A類・B類とは異なり、とくに集中する傾向はみられない。法量は縦二六・三センチメートル程度、横四一・五センチメートル程度である。半折五行で、版心は巻二七三を除いてみられない。千字文函号は、すべての巻にある。一紙の平均行数は二二行で、一行一七字、一帖は平均二二紙からなっている。刊記と施入墨書はない。

　宍倉氏によると、この系統の巻三九五の分析結果にしたがえば、厚みがある嵩高の黄色紙で、地合はよく、簀跡はみえない。表面は打紙されていないが平滑で、墨は濃淡があり、部分的に欠部がある。十分に洗滌と叩打をした楮と桑の混合した繊維に、澱粉を加えてトロロアオイで漉いた紙を、動物の牙や平らな石・貝殻などで表面を研いた瑩紙《えいし》と思われ、杉原紙の高級品と考えられる。紙厚は〇・一九三ミリメートルである。

　この系統の巻三九五の坪量は七五・九と、三つの系統の経巻のなかでは最大の数字であり、料紙がもっとも厚いことを示している。密度は〇・八三一である。

　以上の調査所見にもとづき、三系統の版経の関係について論じたい。

　薬王寺本は、刊記と施入墨書のあるA類が本来の形で、B類・C類は補経とみてよい。しかもB類は、巻二〇〇番台〜三〇〇番台に集中しており、通常使われる五〇巻入りの経箱四箱分に相当する。紛失など何らかの理由によって欠本となったのち、補経されたのであろう。C類は一番新しく補経されたとみられるが、その時期について特定できる手がかりは見出せない。

高橋氏は、大般若経の補経にあたり、欠巻の巻数を刊本で充足できる点にわが国の出版文化の特色をみてとり、出版事業にたずさわった職業的集団の存在を想定している[10]。薬王寺本の場合にも、補経にあたって同じ事情を考えてよいであろう。

🄰類のなかには尾題のうしろがわずかに一、二行程度の余白しかなく、後表紙に張られているものがある。また、この系統の巻六八の巻末には、もとの六行折の折り目に続いて糊痕があることから、本来折本で、六行折から五行折に改められ、天地が若干切られたのは、現在の表紙の装訂に改装されたのと同じ時期と考えられる。🄰類に属する巻一三・一五・二四・四七・五〇の前表紙見返しには、🄲類の料紙が補紙として使われており、これは🄰・🄱・🄲類がすべて揃った段階以後、現在の装訂に改装された時か、またはその後の補修のさいに行われた可能性が考えられる。

現存する巻二六は🄲類であるが、🄰類の巻四〇二の後表紙見返し補紙に、「大般若波羅蜜多経巻第二十六　開板願主□□《妙観》」という、巻二六の尾題と刊記がみられる。これは、のちにくわしく述べる、滋賀県朽木村雲洞谷（現、高島市朽木雲洞谷）日吉神社本・大津市常信寺本と同版であり、このことは、薬王寺本には本来🄰類の巻二六が存在したが、改装のさい、何らかの事情により尾題部分が切断されて、補経の🄲類の補修や補強に使われ、本来の巻二六の本文は失われてしまったことを示している。

また、巻二八九・三〇五は🄱類であるが、紙背の補修や補強のために、🄰類の巻次不明の奥書の一部が用いられている。改装のさい、🄰類の奥書部分が切断されて利用されたのであろう。

巻二四の奥裏折り目には、「大般若経巻第四十九」と墨書のある、墨を散らした模様紙が縦二枚に切断されて補強のために貼付されている。ほかの折り目の切れた箇所にも補修のために同じ紙が貼られている。宍倉氏の分析によると、この紙は叩打された楮一〇〇パーセントをトロロアオイで漉き、ドーサ処理したとみられるものである。

また、巻六八の紙背の地の部分にも墨を散らした模様紙が補強のために貼付されている。奥から七紙目の紙背には「第四」という、巻次名の一部とみられる墨書断簡があり、これは先の巻二四の奥裏折り目に貼付された断簡と同じ筆跡である。

さらに、巻四二二の前表紙見返し裏には、墨を散らした模様紙に「大般若経巻第十六」と墨書され、見せ消ちされたものが貼付されており、これも巻二四の奥裏折り目に貼付された断簡と同じ筆跡である。これらは「大般若経」という略経名であることから、A類の摺写された当初の表紙ではないが、現在の装訂に改装される前の旧表紙か包紙類であった可能性がある。

土井通弘氏の御教示によれば、巻三二〇・三二六の料紙は、滋賀県滋賀郡志賀町（現、大津市）樹下神社本と同じという。樹下神社本は六〇〇帖を完存し、料紙は黄檗染めの楮紙で、現装は半葉五行の折本装であるが、本来は巻子装であった。応永九年（一四〇二）よりやややさかのぼった時期に摺写され、この年、勧進沙門全円により長命寺（現、滋賀県近江八幡市）に施入、その後、明応三年（一四九四）までに琵琶湖対岸の小松庄に移され、十禅師社（明治以降、樹下神社と改称）に納められた(11)。

なお、薬王寺本は一二個の経箱に五〇帖ずつ収められている。経箱は当初のものではなく、近世末から近代初頭にかかる可能性がある。全体に朱が塗られ、高さ約四一・八センチメートル、幅約三二・九センチメートル、奥行約三二・九センチメートルであるが、箱によっては歪みが大きい。なかには五段の引き出しがあり、それぞれに一〇帖ずつ収められることになっている。

二　開板の経緯と願主たち

薬王寺本Ａ類の刊記は、巻一九九までは滋賀県高島市朽木雲洞谷日吉神社本[12]と同じ、巻四〇〇番台〜五〇〇番台は大津市常信寺本[13]と同じであることから、現存する刊記だけからいえば、薬王寺本は雲洞谷日吉神社本と大津市常信寺本の混合経ということになる。

雲洞谷日吉神社本は、巻三〇七と巻四九九に二つの年号のある刊記をもつことを特徴とする。巻三〇七の刊記は次の通りである。

洛之慧峰正統庵置大般若印版四百
内焉、比丘求清発誠心、而化有力命工続
造矣、宜哉、印文打就衆人模写、以茲功
勳、普利恩有者也、旹応安甲寅仲秋
日、幹縁比丘求清造之、

これによって、雲洞谷日吉神社本は、応安七年（一三七四）に東福寺正統庵において開板された経巻とされる。これは春日版によったとされている[14]。東福寺正統庵は現存しないが、『東福歴世』の福州六世綱宗了記条にみえる「応安七年四月十七日塔正統院」を指すと指摘されている[15]。

巻四九九の刊記には、のちに述べるように、この巻の願主は、永和二年（一三七六）一〇月一七日、美作国錦織村（現、岡山県久米郡美咲町）光禅庵住持の至脱と記されている。

薬王寺本は巻三〇七を欠いているが、巻四九九は現存し、光禅庵住持至脱を願主とする同じ刊記をもつ。雲洞谷日吉神社本は、嘉慶二年（一三八八）、京都東山信光禅寺住持宗俊によってこの寺に迎えられ、応永三年（一三九六）雲洞谷に移されて、康正三年（一四五七）、神社に納められたという。[16]料紙は楮紙を加工した上質のもので、当初から折本装であり、江戸時代の二度の修復のさいに補写された以外は、嘉慶二年（一三八八）の原状を保っている。刊記には応安七年（一三七四）・永和二年（一三七六）とあるが、実際はそれから一〇年余りを経た嘉慶二年に作成されたもので、薬王寺本の成立を考える手がかりとなる。

これとは系統を異にする大般若経で、巻六〇〇の刊記に、康暦元年（一三七九）八月七日、近江守護六角佐々木氏頼（崇永）が願主となって施入したとするものがある。これはこれまで川瀬一馬氏らにより、崇永によって開板された「崇永版」と考えられていたものであるが、[17]滋賀県内の大般若経調査の成果などにもとづいた近年の研究では、「崇永版」という版経の存在は否定され、崇永による開板ではなく、既存の板木、春日版を利用したものと指摘されている。[18]しかし、刊記をみれば、願主たちはこの摺写事業を開板と意識していたことがわかり、「開板」の意味に注意する必要がある。

鎌倉中期に作成された春日版について分析した稲城信子氏によれば、全部でおよそ八四〇〇面の版木を必要とする大般若経全六〇〇巻の雕造には二四年を要したとみられるから、[19]大般若経を新たに開板するのは大事業であった。

高橋氏は、「東福寺版」と「崇永版」の識別の根拠として、巻六〇〇と巻三〇七のほか、刊記に「願主実尊」「願主宗印」とあるものと、「開板源満房」との違いをあげている。[20]なお、「願主宗印」は巻三〇〇番台にみられるが、薬王寺本は刊記をもたない別系統の版本であるから、比較できない。「崇永版」の巻四〇〇番台にある「開板源満房」は、薬王寺本にはなく、また薬王寺本の巻四〇〇番台から巻五〇〇番台にかけては「願主実尊」「阿闍梨実尊」がみえており、薬王寺本が「東福寺版」に属することを示している。

近年、これらと同じ刊記をもつ、滋賀県近江八幡市福圓寺本、[21]愛知県蒲郡市赤日子神社本[22]などが明らかにされつつある。また、香川県東かがわ市の若王寺や近くの水主神社に所蔵される写本の大般若経には、薬王寺本にもみえる大中臣行広・赤松顕則・星野高範らの刊記が書写され、東福寺版を底本としたことが指摘されており、[23]版経の広がりとその影響について広範に検討されるべき状況にある。

薬王寺本の刊記に願主が明らかなものは八二巻あり、三八名におよぶ僧俗の開板願主を確認できる（表1参照）。川瀬氏は、巻二三の刊記「元光」、巻四六の「廬山寺」は、崇永版がもとづいた春日版の原刊記をそのまま模刻した可能性を指摘している。[24]

試みに薬王寺本ともっとも近い雲洞谷日吉神社本の願主を書き上げたものが、表2である。六〇名を越す願主たちを摺写事業に結縁させたのは、多く名をみせる僧の宗印や実尊らによる勧進の可能性があり、また京都に住む武士やその一族とみられる人々を中心とする願主たちを結ぶネットワークが想定される。しかし、これらの願主のほとんどは事績が明らかでなく、五四巻にみえる宗印や、三四巻にみえる阿闍梨実尊でさえ、活動を知りうる明証を欠いている。以下、関連史料のある願主について検討し、今後の分析をまちたい。

（1）　赤松顕則

巻四四〇と四四九の刊記に「赤松前出羽守源朝臣顕則」としてみえるが、両者の字体は異なる。顕則の父は、足利尊氏を支えて赤松氏発展の基礎を築いた則村（法名円心）の次男貞範である。貞範（法名世貞）は尊氏に随い、箱根竹下合戦での功によって丹波国春日部荘を与えられたことから、その家系は春日部と称され、赤松氏の有力な庶流となり、延文元年（一三五六）から貞治元年（一三六二）にかけて美作守護をつとめたこともある。[25]

顕則は生没年ともに未詳で、明らかにできる事績に乏しいが、『尊卑分脈』には顕範とされ、『続群書類従』巻第一三六（第五輯下）に収める「赤松系図」には、「五十一歳逝去。号陽岩寺殿。法名道春。」と記されている。

表1　薬王寺本の巻数と願主

巻数	願　　主
31	(阿闍梨)実尊
7	正四位下行左京大夫大中臣朝臣行広
2	(沙弥)祖妙、赤松前出羽守源朝臣顕則、即空正心禅尼、沙弥正阿、小瀬十郎左衛門入道法名源清橘朝臣信治、和田大浜沙弥道弘、法智禅尼
1	邏慶、元光、源重、廬山寺、菅野信真、若願、二郎三郎、蓮乗、妙観、越前権守経遠、沙門念曇、沙弥寿阿、伊達手左近将監入道藤原朝臣沙弥行勝、見月、明寿禅尼那仏御局、天梁道渓、美作国垪和築《(筑)》前権守為次、伊勢因幡入道心光、光厳、兼阿、三河国星野刑部少輔高範、源氏久、三河国和田大浜修理亮入道沙弥道弘息女加喜子、作州錦織村光禅庵住持比丘至脱、沙門本月庵主、藁科新左衛門入道良清、沙弥道恵、沙弥持宗、沙弥道安、沙弥明善

表2　滋賀県高島市朽木雲洞谷日吉神社本の巻数と願主

巻数	願　　主
54	宗印
34	(阿闍梨)実尊
13	正四位下行左京大夫大中臣朝臣行広
5	和田大浜沙弥道弘
4	沙弥道安、左衛門尉平忠顕
3	見月(禅尼)、沙弥正阿、法智禅尼
2	沙弥永誕、明性禅尼、明功禅尼、即空正心禅尼、小瀬十郎左衛門入道法名源清橘朝臣信治、作州錦織村光禅庵住持比丘至脱、美作国垪和築《(ママ)》前権守為次
1	教念、邏慶、元光、源重、道賀、妙観、廬山寺、菅野信真、世恩女、若願、明心、三郎二郎、蓮乗、孫二郎、比丘求清、見正善女、比丘持法、尼了善、沙弥照禅、尾張守義清、左衛門尉則元、沙弥永通、源康春、照山源光、石清水八幡宮経所、越前権守経遠、赤松前出羽守源朝臣顕則、沙門念曇、沙弥寿阿、伊達手左近将監入道藤原朝臣沙弥行勝、明寿禅尼那仏御局、天梁道渓、伊勢因幡入道心光、光厳、兼阿、三河国星野刑部少輔高範、源氏久、祖妙、三河国和田大浜修理亮入道沙弥道弘息女加喜子、宵仏、藁科新左衛門入道良清、沙弥道恵、沙弥持宗、沙弥明善、近江守国経

別の「赤松系図」には「法名祐泰。号安峯。」とあり、法名が一致しない。

これまで高坂好氏の見解(26)に依拠することが多かった貞範以後の系譜だが、顕則が貞範の子であることは疑いないものの、顕則から満則にいたる系譜については、諸史料を駆使して考証した高坂氏の努力にもかかわらず、疑問の多いことが指摘されている(27)。高坂氏は、貞範の嫡子顕則は子がなかったため、弟の頼則が跡を継ぎ、満則・持貞兄弟にいたったと指摘するが(28)、なお今後の検討を要する。

なお、顕則は表2の願主にみえる通り、越後守の前は出羽守であった。顕則の官途が出羽守から越後守にかわったのは、渡邊大門氏によれば、永和五年三月二五日（三月二二日康暦改元）から康暦二年（一三八〇）八月二五日のあいだという(29)。

顕則の没年や法名を知る手がかりとなるのは、奥に「応永二十七庚子稔三月廿日」という日付の記された某院領年貢・公事書上である(30)。これによれば、赤松越州（持貞ヵ）が瑞岩寺殿安峰の菩提を弔うために播磨国竹万庄栗原村四町二段余りを、また安峰の日霊供料米として播磨国神戸庄片島の年貢五斛を寄進している。後者は、奥の日付より前の応永二二年（一四一五）八月二二日に寄進されたものであった。『兵庫県史』編者は、瑞岩寺殿安峰に（赤松顕則）、赤松越州に（持貞ヵ）の傍注をつけている。安峰という道号は「赤松系図」にみえ、瑞岩寺殿という諡号は「赤松系図」に陽岩寺殿とみえる記載と似ている。瑞岩寺殿を顕則の諡号とする根拠は明らかでないが、『兵庫県史』にしたがうならば、竹万庄栗原村と神戸庄片島の年貢は(31)、持貞が父顕則の追善のために寄進した可能性が考えられるし、顕則が没したのは、明徳三年（一三九二）正月二四日から応永二二年（一四一五）八月二二日までのあいだということになる。

顕則の諡号とされる瑞岩寺については知りえないが、顕則が父貞範から継承した播磨国春日部庄棚原にあった臨済宗瑞岩寺（廃寺）が参考になる(32)。

康安元年（一三六一）七月、山名時氏は出雲・伯耆・因幡三か国の兵を率いて美作を攻めた。この時、迎え撃つ美作の赤松勢のなかに、貞範、弟の則祐らとともに「筑前五郎顕範」がいたことを、『太平記』（巻第三六、山名伊豆守落美作城事付菊池軍事）は伝えており、これは顕則のこととされている。

永和四年（一三七八）一一月、橋本正督が紀伊に挙兵したため、幕府は鎮圧軍を送ったが、そのなかに赤松出羽守顕則がいた(33)。

翌五年の顕則の活動を知りうる史料として、岡山県立博物館所蔵赤松（春日部）家文書に、足利義満袖判下文とされるものがある。

（花押）

下　赤松出羽守顕則

可令早領知尾張国藤江郷事

右、為勲功之賞、所宛行也者、守先例、可致沙汰之状如件、

永和五年三月十五日(34)

本文書は縦三一・八センチメートル、横五二・一センチメートルで、掛幅装に仕立てられている。袖判はこれまで足利義満とされているが、虫損箇所に補筆とみられる墨書が加えられ、文書全体の下半部に文字擦れとしみがあって、花押が不鮮明になっており、足利義満の花押とするにはなお慎重な検討を要する。

この史料は、永和五年（一三七九）三月、赤松出羽守顕則が勲功賞として、尾張国藤江郷（現、愛知県知多郡東浦町）を宛行われたことを示している。

同じ年の七月二五日（三月二二日康暦改元）、『花営三代記』には、将軍義満の拝賀にさいして、「布衣馬打」にての随行者のひとりに、「赤松越後守顕則」があげられており、将軍近習としての顕則の活動を知ることがで

きる。

明徳二年（一三九一）、一族あわせて一一か国の守護職をもって勢威をふるった山名氏の勢力をそぐため、将軍足利義満が山名氏清らを挑発しておこった明徳の乱のさい、赤松越後守顕則は義満の命によって、今川泰範らと東寺に陣している。[35]高坂氏は、顕則は嘉慶二年（一三八八）までは在世としているが、[36]次に掲げる足利義満御判御教書や『明徳記』によれば、さらに降って明徳三年（一三九二）の事績が明らかである。

顕則は明徳三年正月二四日、足利義満から美作国委(倭)文荘地頭職と公文職を宛行われた。

(押紙)「義満将軍」
(足利義満)(花押)

美作国委文庄地頭職・同公文職事、□(所)宛行赤松越後守顕則也者、守先例、可致沙汰之状如件、

明徳三年正月廿四日[37]

美作国委文荘公文職は、委文安房守跡であったものを、延文五年（一三六〇）三月一四日、顕則の父で美作守護の貞範が将軍足利義詮から勲功賞として、信濃国捧荘・駿河国服織荘の替地として宛行われたものであった。[38]その後、応安七年（一三七四）に六九歳で没したとされる貞範から顕則に、地頭職とともに譲られたのであろう。美作国委文荘は、寿永三年（一一八四）四月二四日源頼朝下文案[39]に賀茂別雷社領としてみえ、以後、その神主一族が領家職と預所職を相伝した。岡山県久米郡久米町（現、津山市）を東西に流れる倭文川流域の油木や神代一帯を含む荘園で、周辺には公文などの地名が残る。

（2）伊勢心光

巻四七七の刊記に、「伊勢因幡入道心光」とみえる。この心光については、『尊卑分脈』伊勢氏系図のうち、盛

経の子経久に次の記述がある。

修理亮
平左衛門尉
因幡肥前守
経久
法名心光
再度関東使節
紀州同前

因幡守を称し、法名が心光であることから、伊勢因幡入道心光は経久のことと考えてよいであろう。伊勢氏は足利氏の根本被官で、経久の父盛経は駿河国手越河原合戦で討死したと伝え、弟の貞継は一一年以上にわたって政所執事をつとめた[40]。

（3）　大中臣行広

巻四六四・四七六・五一六・五二一・五二七・五二八・五三〇の刊記に、「正四位下行左京大夫大中臣朝臣行広」とみえる。これは彰考館所蔵の『一万首作者』に「兵部少輔大中臣行広朝臣」と名を連ねている人物であろう。『一万首作者』のもとになった一万首の催しは、貞治三年（一三六四）夏秋頃、足利義詮・二条為明・冷泉為秀・二条良基らの発企によって行われたとされ、行広の娘も名を連ねている[41]。

（4）　菅野信真

巻四九の刊記にみえる。観応の擾乱のさい、観応二年（一三五一）の播磨国光明寺合戦で、足利尊氏にしたがう赤松則祐方の軍勢に、菅野五郎左衛門景文がいる[42]。

（5）垪和為次

巻四七一の刊記に、「美作国垪和築（筑）前権守為次」とみえる。美作国垪和《はが》荘を本貫とする武士であろう。垪和荘は岡山県久米郡旭町（現、美咲町）東垪和・中垪和・西垪和から、南接する中央町（現、美咲町）大垪和西・大垪和東一帯を含む荘園で、荘域の真言宗の古刹両山寺に立てば、はるかに奥深く広がる中国山地を望むことができる。皇室領で、安元二年（一一七六）の八条院領目録では歓喜光院分とされ、鎌倉時代の地頭職は足利氏が保持した(43)。

観応の擾乱のさい、備中での合戦に勝利し、播磨に向かう高師泰と、美作・播磨の国境の杉坂で戦った「美作ノ住人芳賀(44)」は垪和一族であろう。東寺領備中国新見荘地頭新見九郎清直の代官垪和為清の名が、応永（一三九四～一四二八）頃の新見荘領家方所務職請負関係史料に散見するが(45)、巻四七一の刊記にみえる為次の一族であろうか。

（6）星野高範

巻四八五の刊記にみえる「三河国星野刑部少輔高範」は、三河国星野荘（現、愛知県豊川市）出身の武士と考えられる。『尊卑分脈』に三河守蔵人星野（千秋）政範の子と記された左衛門大夫高範のことであろう。醍醐寺文書康暦元年（一三七九）六月二二日足利義満御判御教書(46)に、「参河国下和田庄六条八幡宮寄進・同国星野跡」とみえる星野は一族であろう。『太平記』に、「星野刑部少輔」（巻第二四、天竜寺供養事付大仏供養事）、「三河ノ星野」（巻第三五、新将軍帰洛事付擬討仁木義長事）、「星野」（巻第三五、尾張小河東池田事）など、一族と思われる人物が登場する。

（7）和田大浜沙弥道弘

巻四五〇・五一八の刊記に「和田大浜沙弥道弘」とみえ、巻四八九には「三河国和田大浜修理亮入道沙弥道弘息女加喜子」と、娘の加喜子も名をみせ、父娘がともに開板願主になっている。

愛知県碧南市の称名寺文書に、康暦二年（一三八〇）の二通の和田道弘（宗基）浜寄進状がある。

奉寄進
　大浜御道場西浜地子事
右、以此寄進、可有御訪毎月道弘某期《忌》日者也、為後日寄進状如件、
　康暦二年卯月廿一日　　道弘《和田宗基》（花押）

奉寄進
　大浜御道場西浜地子事
右、上者中松下迄、下者自堀尻南八町、以此寄進、毎月可訪命日者也、仍而為後日状如件、
　康暦二年卯月廿一日　　道弘《和田宗基》（花押）(47)

大浜道場は暦応二年（一三三九）に建立され、延文四年（一三五九）、和田前遠江守源親平（法名誓阿弥陀仏）が大願主となって新造された(48)。

（8）藁科良清

巻五二六の刊記に「藁科新左衛門入道良清」とみえる。駿河国安倍郡藁科を本貫とする武士と考えられる。貞治六年（一三六七）三月一八日、後光厳天皇が長講堂に行幸したさい、将軍足利義詮に随行した武士のなかに藁

科新左衛門尉家治がいた(49)。

次に薬王寺本と同版のものとして、岡山県立博物館に所蔵される巻四九九があり、調査する機会を与えられたので、その概要を記しておく。

もと半折五行の折本で、現在は巻子本に改装されている。縦二五・七センチメートル、横四四・七センチメートル、紙数二〇枚、一紙二四行（第二紙目の法量）、一行一七字である。天地は改装にあたって少し切られている。料紙の幅は薬王寺本より短く、そのため薬王寺本が一紙二六行程度であったのに対し、岡山県立博物館本は二四行程度で、紙数も前者が一九枚、後者が二〇枚となっている。

漆塗りの表紙には、朱の打付書で「大般若経《永和版》」と記されている。刊記と、版心の「一　吉」「十一　性」「十五畠」という板木数と略号を示す文字は薬王寺本と同じであり、同版であることを示している。薬王寺本より全体に印字がよい。一部不鮮明な文字に補筆がみられる。巻末に、印文「寶玲文庫」（単郭陽刻）と印文「月明荘」（単郭陽刻）の朱印二顆があり、蒐書家として著名なフランク・ホーレーを経て、反町弘文荘が入手し、さらに岡山県立博物館の所蔵に帰したものである。『弘文荘古版本目録』に、「永和二年　美作国光禅庵版　諸書未載孤本」として、「この本、『日本古刊書目』『日本古印刷文化史』その他の諸書未載の珍書。山陽道美作国の僻遠の山地に、すでに南北朝時代に、この種の文化事業の行われた史実を証する唯一の遺品である(50)」と紹介されているものである。しかし、これは『弘文荘古版本目録』に記された「美作国光禅庵版」や、また岡山県立博物館本の箱書きに記された「美作版大般若経」とすることはできない。

尾題次行以後に、薬王寺本と同じ次の刊記がある。

伏願、開此巻功勲回向、無上菩提、

開明心地、永成般若智林、仏種不断、

法燈不絶、治隆三宝上報四恩、下
資三有、法界証同円種智耳、
南瞻部州大日本国作州錦織村
光禅庵住持比丘至脱
永和歳在丙辰十月十七日誌謹

この刊記によると、永和二年（一三七六）一〇月一七日、美作国錦織村光禅庵住持の至脱が願主となっている。錦織村は現在の岡山県久米郡美咲町錦織で、『倭名抄』錦織郷の遺称地とされている。光禅庵は、この地にある高野山真言宗興禅寺の前身と伝える。光禅庵住持の至脱が願主になった経緯は明らかでないが、巻四四〇・四四九の刊記にみえる赤松顕則や、巻四七一の刊記の垪和為次と関わる可能性がある。赤松顕則の所領倭文荘は光禅庵のあった錦織から南西へ倭文川沿いに三キロメートルもさかのぼれば荘域にたっし、そこからさらに南西に道をたどれば、垪和為次の本貫と考えられる垪和荘にいたる。至脱・赤松顕則・垪和為次の三人を結びつける確証はないのであるが、その可能性を指摘しておきたい。

京都大学附属図書館にも薬王寺本と同系統の版経五巻が所蔵されている（貴重書　一二三／タ／九、表3）。これらは鈴恭三七氏旧蔵書で、昭和六年（一九三一）一二月一四日、京都大学附属図書館に購入されている(51)。折本装五帖を収める帙の題簽と背には、「大般若波羅蜜多経　五冊」と墨書されている。巻一〇五・二四四・三五四・四一四・四七七の五帖には、いずれも摺写後に銀界が引かれ、見返し絵がある。千字文函号はない。帙の表面・内面と前表紙には、金銀切箔・砂子が散らされている。巻四七七の帙には紐の残欠があり、それ以外の巻の紐は失われ、紐穴の痕跡がある。それぞれの経巻を包む帙には、中央よりやや下に「大般若波羅蜜多経巻第二百四十四」のごとく外題が、また経巻の前表紙には中央の天よりに、「五百内二帙四」のごとく巻次を表す数字が

表3　京都大学附属図書館本

巻次	現状	紙数	法量（縦×横）	行数	半折行数	界高／界幅	版心	刊記	墨書	備考
105	完本	20	26.0×44.9（3紙目）	24	5	21.0／1.8	有	—	(首題下)「池奥常住」(尾題前行)「旹永徳癸亥六月二十八日也　願主能登」	見返し絵あり 紙背に花押あり
244	完本	23	26.1×44.5（3紙目）	25	5	21.4／1.9	有	—	(首題下)「池奥龍興庵常住」(尾題前行)「旹永徳癸亥夏六月念八日也」(帙裏見返し)「奉施入大般若経一部　大乗寺」	見返し絵あり 紙背に花押あり
354	完本	24	26.2×44.3（3紙目）	24	5	20.9／2.0	有	「明性」版心の末尾に「□」「泉」あり	(首題下)「池奥常住也」(尾題前行)「旹永徳癸亥六月廿八日　結縁主高野」	見返し絵あり 紙背に花押あり
414	完本	22	26.1×44.8（3紙目）	24	5	20.5／1.8	有	「越前権守経遠」版心の末尾に「莫」「長」あり	(首題下)「池奥常住」(尾題前行)「永徳癸亥夏六月念八日也」	見返し絵あり 紙背に花押あり
477	完本	21	26.1×46.5（3紙目）	25	5	20.3／1.8	有	「伊勢因幡入道心光」版心の末尾に「長」「定」あり	(首題下)「池奥龍興庵常住」(尾題前行)「旹永徳癸亥六月廿八日」	見返し絵あり

単位：センチメートル

書かれている。

巻四一四の刊記「越前権守経遠」と四七の刊記「伊勢因幡入道心光」は薬王寺本と同じである。薬王寺本には巻三五四の同系統を欠くが、刊記の「明性」は雲洞谷日吉神社本・大津市常信寺本にみえ、巻四一四・四七七の刊記も同じであることから、京都大学附属図書館本は雲洞谷日吉神社本・常信寺本の系統とみることができる。

首題下と尾題前行の墨書によれば、永徳三年（一三八三）六月二八日、願主能登と結縁主高野により、池奥龍興庵の常住物になったことがわかる。池奥龍興庵については明らかでないが、滋賀県東浅井郡浅井町（現、長浜市）池奥の可能性がある。

巻二四四の帙裏見返しには、「奉施入大般若経一部　大乗寺」と記されている。池奥龍興庵を離れたのち、大乗寺の所蔵に帰したものであろう。大乗寺は兵庫県城崎郡香住町（現、香美町）にあり、円山応挙が修行時代にこの寺の僧から援助をうけた恩に報いるため障壁画を描いたことなどから、一般に応挙寺として知られている。大乗寺には大般若経が所蔵されているとのことであるが、調査がおよばなかった。

京都大学附属図書館本と同じく見返し絵があり、池奥常住であったことを記す大乗寺本と思われる同系統の経巻は、龍門文庫に巻一一一・一四九・二三六・二六七・二八〇・三三九・三八〇・四五一・四七一・五一〇・五五二・五八四の一二帖が所蔵され、(52)さらに兜木正亨氏が巻三七二を、(53)弘文荘が巻一二七を所蔵していたほか、(54)香川大学図書館神原文庫に巻一八九、鶴見大学に巻二三三、竹僊堂に巻三七五が所蔵されているとのことであるが、調査にいたっていない。

三　伝来と活用

巻六〇の奥書に、

美濃国　可児郡　帷庄　神明宮
　応永八年辛巳十月日　願主　祥琳
　　　　　　　　　　　　　　祥本

と記されるように、薬王寺本は応永八年（一四〇一）一〇月、祥琳と祥本が願主となって、美濃国可児郡帷庄神明宮に奉納したものであった。巻一〇・四〇・一一〇・一三〇・五三〇・五七三にも同様のことが記述されている。さらにⒶ類のほとんどの経巻に、帷庄神明宮や祥琳・祥本の名が記載されている。祥琳・祥本については、明らかにできる史料がなく、また、彼らによる大般若経奉納の願意も記されていない。

巻次未詳の奥書断簡に、

　　井塞祥琳
　願主
　　田縁祥本

とみえるが、井塞・田縁ともに名字とするには不自然な名乗りである。

このほか、巻四六〇・五四六に願主祥宥禅尼、巻五五二には願主祥汝禅尼が名を連ねており、法名の「祥」の一字が共通することから、祥琳・祥本の一族と考えられる。

薬王寺本と類似する滋賀県雲洞谷日吉神社本は、先に述べた通り応安七年（一三七四）に東福寺正統庵で開板され、京都東山信光禅寺を経て、応永三年（一三九六）雲洞谷に移されたものであったから、薬王寺本もほぼ同じ頃と考えれば、摺写後二〇年余りを経て帷庄神明宮にもたらされたことになる。

帷子荘は、『吾妻鏡』建久元年（一一九〇）四月一九日条に、造太神宮役夫工米未済領所のひとつとしてあげられている美濃国の「椎加納」が初見史料とされている。帷庄神明宮の鎮座の時期と由緒については不明の点が多いが、伊勢内宮領であったことにより、勧請されたのであろう。松平君山の『濃陽志略』には、「神明祠、為帷子七郷総社、毎年五月五日祭祀、駆馬射弓名曰流鏑馬、祠官玉木氏」と記されている。帷子七郷とは中切・古瀬・菅刈・善師野・石原・茗荷・塩の地域を指し、神明宮の鎮座する中切はそれらの「本邑」と『濃陽志略』は記している。帷子七郷が帷子荘のおよその荘域を指しているとみられる。また樋口好古の『濃州徇行記』には、「帷子の庄は昔天子に帷子を奉りける故に名付しかとや、七郷ありて中切を親村とせり、神明の社祠官を玉置刑部大夫と云う、七郷の神事を主る」と記されている。中切は帷子荘の中心村落であり、帷子七郷の総社である神明宮は帷子庄鎮守の役割をはたしていたものと考えられる。昭和三四年（一九五九）まで流鏑馬祭りが行われていたという。古くは薬王寺が神宮寺であったらしい(55)。

帷庄神明宮に奉納された大般若経は、手ずれの跡をとどめ、改装や折り目には補修・補強が施されている。祥琳・祥本らによって奉納されたさい、同時に設定されたであろう大般若田からの費用によって、祥琳・祥本一族の追善供養をはじめ、さらには荘民のさまざまな願意をこめて転読されたことは疑いない。

榎原雅治氏は荘郷内における鎮守の機能について、百姓の共同性を体現する場であり、荘郷内の安穏と五穀豊穣、百姓たちの現世安穏・後生善処が祈願されるとともに、より重要なことは荘郷鎮守における宮座が名主層によって営まれるなど、荘郷鎮守が荘郷内における身分秩序の確認の場であった、と指摘している(56)。

荘鎮守は荘園内に暮らすさまざまな階層の人々の生産から消費にいたる全過程、およびそれらに多大な影響を与える精神生活や種々の儀礼を規定する役割をはたした。かつて中切村にあり、薬王寺の山号として名をとどめている清涼寺や、薬王寺周辺に地名として残る瑞光寺や吉養寺が神明宮と関わりをもっていた可能性があるが、その実態は不明なところが多く、今後の可児市史の調査に期待したい。

元禄年間（一六八八～一七〇四）から始まった薬王寺の堂宇の再建や仏像の修理は少しずつ続けられ、宝永五年（一七〇八）にいたって、平安時代中期の作とされる薬師如来坐像などを納める薬師堂が建立された。そのさいに行われた供養にあたり、大般若経について注目すべき記事が可児市中切の亀ケ井家文書にみられるので、その関係部分を抄録する。[57]

奉願御事

一当村薬師再興之儀（再興之ゝゝ供養之儀）、当秋御願申上相叶出来仕候、就夫来丑二月八日ゟ三七日之内、為入仏供養五三人之僧を集、大盤〔般〕若をくり申度奉願候、村中納得ニ而何方ニも故障無御座候間、願之通相叶申様ニ寺社御奉行所へ被仰上被下候ハヽ、難有可奉存候、以上、

宝永五年

子ノ十一月

濃州可児郡

中切村願主

半七判

三宅善八殿

右半七御願被申上候通り、少も相違無御座候間、相叶申様ニ被仰上被下候ハヽ、難有可奉存候、以上、

右村庄や

半十判

権十印

紋右衛門印

一右之通り御願申上願之通り被仰付候、丑ノ二月八日ゟ当村東光寺、古瀬村福田寺、善師野村禅徳寺、石原村瑞松庵、塩村大儀寺、長洞村禅林寺、室原村（以下欠）

右之寺々二月八日ゟ三月朔日迄大大（衍）はんにやくきやう（ママ）御くり被下候事、

右之通り御願相叶小野村（以下欠）

右之通り御願相叶、濃州賀茂郡小野村徳岩寺隠居唯恵大和尚御弟子和尚五人はん僧達四拾人、丑二月七日半七方へ御入、二夜御とまり被遊入仏被遊被下候御事、其節かい鳥之す丶め弐百羽名古屋ゟ買候て、二月八日ニ御きやう相済申候時はなし申候、

入仏供養之節、御出家衆百弐拾人御寄被遊候、くわんさんはそう（関山派僧カ）□□とも、右之通り内□和尚達［　］十人（以下欠）

これによると、宝永八年（一七一一）二月八日から三月一日まで、中切村東光寺・古瀬村福田寺・石原村瑞松庵・塩村大儀寺・長洞村禅林寺・善師野村禅徳寺の僧ら一五人によって大般若経の読誦が行われた。初めの五か村は現在の可児市内、善師野村はその南西に接する尾張国丹羽郡のそれと考えられ（禅徳寺は現愛知県犬山市の禅徳寺であろう）、これらの寺院はいずれも臨済宗妙心寺派に属した。

妙心寺開山の関山慧玄は、一時美濃国伊深（現、岐阜県美濃加茂市）の山中に韜晦《とうかい》していたことがあり、妙心寺派にとって美濃は深い由縁をもつ地であった。この時の読誦は人数と期間からみて、真読の可能性がある。このさいに使われた大般若経については明記されていないが、ほかの場所から運ばれたと考えるより、すぐ近くの神明宮のものが利用された可能性が高い。

さらに二月八日、小野村徳岩寺隠居唯恵(58)の弟子五人と伴僧四〇人による入仏供養の読経が終了したのち、名古屋で買い求めていた飼い雀二〇〇羽を放した、とあるのは注目される。放鳥は慈悲行である放生のひとつで、葬儀や病気平癒・所願成就・追善供養などのために行われた。放生は仏典にも説かれており、たとえば、『金光明経最勝王経』巻第九長者子流水品(59)に、流水長者が瀕死の魚を救い、さらに経を説き聞かせたので天に生まれたとされ、また『梵網経』巻下に、「以慈心故行放生業、一切男子是我父、一切女人是我母、我生生無不従之受生、

故六道衆生皆是我父母」[60]と、一切の生類はわが父母であるから、殺したり食べたりせず放生することを勧めている。『日本霊異記』上巻第三〇には、「放生する者は、北方无量浄土に生れむ」と、捕われの生き物を放す功徳について、北方の普賢菩薩の浄土に生まれることを記している。

近世には、亀や鰻などを放すことがよく行われたが、薬王寺薬師堂再興供養の二〇年ほど前の貞享元年（一六八四）四月に刊行された、井原西鶴の『諸艶大鑑』（『好色二代男』）巻八には、「三拾文、はなし鳥三羽」という記述がみられる。この「はなし鳥」三羽で三〇文を基準にすると、薬師堂の放鳥に使われた二〇〇羽は二貫文ということになる。

おわりに

薬王寺本がいつ神明宮から薬王寺の所蔵に帰したかについては明らかでない。明治維新の神仏分離にともなう可能性が考えられるが、薬王寺に所蔵される明治二〇年（一八八七）五月の明細書取調書には、「拾六善神　画像　二幅」は書き上げられているものの、大般若経は記されていない。また、それをもとに記述されたとみられる大正五年（一九一六）六月の寺院所有物明細帳には、「十六善神　一幅」が記されており、この時期までは、大般若経を受持し、読誦する者を守護する十六善神像が所蔵されていたが、今は伝わらない。先の取調書と明細帳に、大般若経はあげられていないが、十六善神像がみえることから、セットで伝えられることの多い大般若経も所蔵されていた可能性が考えられるものの、なお確定するにいたらない。

（1）　稲城信子「神仏習合資料としての大般若経」（『中世村落寺社の研究調査報告書』元興寺文化財研究所、一九八九年）、のち『日本中世の経典と勧進』（塙書房、二〇〇五年、一二頁以下）に収録。

（2）小川栄一「三乃国虫見聞百話」（『岐阜史学』二〇、一九五七年、五四頁）。
（3）大般若経の法量などについては、『可児市史調査報告書第一集　薬王寺――仏像　建築　大般若経――』（可児市教育委員会可児市史編纂室、二〇〇六年）参照。
（4）高橋正隆「版本の大般若波羅蜜多経の流布について――いわゆる「東福寺版」と「崇永寺（ママ）版」――」（『文芸論叢』三五、一九九〇年、三四頁）。
（5）高橋正隆「杤飯八幡神社所蔵刊本『大般若波羅蜜多経』について」（『大谷学報』六八―四、一九八九年、一九頁）。
（6）前掲注(4)高橋正隆「版本の大般若波羅蜜多経の流布について」三五頁。
（7）前掲注(3)『可児市史調査報告書第一集　薬王寺』一〇八頁。
（8）前掲注(3)『可児市史調査報告書第一集　薬王寺』一〇七頁。
（9）山本信吉・宍倉佐敏編『高野山正智院伝来資料による中世和紙の調査研究』（特種製紙株式会社、二〇〇四年、一四頁）。
（10）前掲注(4)高橋正隆「版本の大般若波羅蜜多経の流布について」四〇頁。
（11）川瀬一馬「樹下神社蔵佐々木崇永開版の大般若経――附、同蔵春日版五部大乗経ほか――」（『かがみ』二〇、一九七六年）、のち『続日本書誌学之研究』（雄松堂書店、一九八〇年）に収録。土井通弘「佐々木崇永版大般若経について――正禅寺蔵本と樹下神社蔵本を中心に――」（『近江地方史研究』一四、一九八一年、四～五頁）、『滋賀県大般若波羅蜜多経調査報告書』二（滋賀県教育委員会、一九九四年、五八五頁）、藤田励夫「『崇永版』大般若波羅蜜多経の研究」（『仏教芸術』二七六、二〇〇四年、五六～五八頁）。
（12）前掲注(11)『滋賀県大般若波羅蜜多経調査報告書』二、九二〇～九三三頁。高橋正隆『大般若経の流布』（善慶寺、一九九五年、九〇～一一三頁）。
（13）前掲注(11)『滋賀県大般若波羅蜜多経調査報告書』二、四四九～四六七頁。木宮泰彦氏は、この刊記によって、「従来大般若経の開版といへば、殆ど春日版に限られてゐたのに、禅院に於て開版せられたのは珍とすべきであらう」（『日本古印刷文化史』冨山房、一九三二年、二三九頁）とし、東福寺による新たな開板とみなしているが、再考を要する。
また木宮氏は、奈良律宗戒学院本八巻の刊記を収めているが（同書五八四頁）、これらは滋賀県東近江市黄和田日枝神社本と雲洞谷日吉神社本の混合経である。

(14) 高橋正隆「『洛之慧峰正統庵置大般若印版』云々刊記の『大般若波羅蜜多経』について」(『文芸論叢』三二、一九八九年、八七頁)。

(15) 高橋正隆「朽飯八幡神社所蔵刊本『大般若波羅蜜多経』について」(『大谷学報』六八―四、一九八九年、一五頁)。

(16) 高橋正隆「雲洞谷日吉神社・黄和田日枝神社蔵の版本大般若経について」(『大谷学報』七二―三・四合併号、一九九三年、四四頁)。前掲注(11)『滋賀県大般若波羅蜜多経調査報告書』二、九二〇～九二二頁。

(17) 川瀬一馬「安土町正禅寺蔵佐々木崇永開版の大般若経について」(『かがみ』二三、一九七八年)、同「樹下神社蔵佐々木崇永開版の大般若経――附、同蔵春日版五部大乗経ほか――」(『かがみ』二〇、一九七六年)、同「阿波勝浦町妙音寺蔵佐々木崇永版大般若経について」(『かがみ』二二、一九七七年)、同「尾道西国寺の佐々木崇永版大般若経について」(『かがみ』二三、一九七八年)、同「伊予市伝宗寺蔵の崇永版大般若経」(『かがみ』二三、一九七八年)。いずれも、のち『続日本書誌学之研究』(雄松堂書店、一九八〇年)に収録。

(18) 高橋正隆『和紙の研究――続・藍の華――』(近代文芸社、一九九五年、二二六頁)。前掲注(12)高橋正隆『大般若経の流布』八五頁。前掲注(11)藤田励夫「『崇永版』大般若波羅蜜多経の研究」七〇頁。

(19) 稲城信子「鎌倉期における経典印刷と流布――春日版大般若経を中心に――」(『国立歴史民俗博物館研究報告』七二、一九九七年。のち前掲注1『日本中世の経典と勧進』に収録、二六九～二七〇頁)。

(20) 前掲注(4)高橋正隆「版本の大般若波羅蜜多経の流布について」三八頁。

(21) 『近江八幡市鷹飼町福圓寺所蔵大般若波羅蜜多経調査報告書』(福圓寺護持会・宮寺管理委員会・鷹飼町自治会、一九九九年)、河内美代子・高木叙子「近江八幡市鷹飼町福圓寺所蔵の大般若経について」(『滋賀県立安土城考古博物館紀要』八、二〇〇〇年)。

(22) 『愛知県史』資料編九中世二(二〇〇五年、一二六～一二七頁)、矢満田道之「愛知県内の大般若経調査について」(『愛知県史研究』八、二〇〇四年、一四四頁)。

(23) 萩野憲司「讃岐国水主神社所蔵『外陣大般若経』と『北野社一切経』について」(『一切経の歴史的研究』佛教大学総合研究所、二〇〇四年、二三〇～二三一頁)。

(24) 前掲注(17)川瀬一馬「尾道西国寺の佐々木崇永版大般若経について」八八〇頁。

(25) 佐藤進一『室町幕府守護制度の研究』下（東京大学出版会、一九八八年、九三頁）。

(26) 高坂好『赤松円心・満祐』（吉川弘文館、一九七〇年、一七五頁以下）。

(27) 渡邊大門「赤松春日部家の基礎的研究」（『皇學館論叢』三三―六、一九九九年）、のち『戦国期赤松氏の研究』（岩田書院、二〇一〇年）に収録。『上郡町史』第一巻本文編Ⅰ（二〇〇八年、四八七～四八八頁、三宅克広氏執筆）。

(28) 高坂氏は、「貞範の遺跡は一たん長男の顕則が相続したが、子無く歿したので（嘉慶二年（一三八八）までは在世）、遺領は頼則に移った、と考えねばならない」（前掲注26高坂好『赤松円心・満祐』一八〇頁）と指摘しているが、『中世の播磨と赤松氏』（臨川書店、一九九一年、一六二頁）では、顕則には満貞・頼則・持貞らの子がいた、と記していて混乱がみられる。

(29) 前掲注(27)渡邊大門「赤松春日部家の基礎的研究」一二三頁。

(30) 尼崎市教育委員会所蔵文書応永二十七（庚子）稔三月廿日某院領年貢・公事書上、『兵庫県史』史料編中世九古代補遺（六二四頁）。某院については、天龍寺塔頭の寿寧院の可能性が指摘されている（前掲注27『上郡町史』第一巻本文編Ⅰ、四三七～四三八頁、三宅克広氏執筆）。

(31) 顕則の子持貞は、将軍足利義持の近習として信任厚かったにもかかわらず、応永三四年（一四二七）に義持から切腹を命じられたが、これについては、森茂暁「赤松持貞小考――足利義持政権の一特質――」（『福岡大学人文論叢』三三―二〈二〇〇一年〉、のち『中世日本の政治と文化』〈思文閣出版、二〇〇六年〉に収録）にくわしい。

(32) 今井林太郎監修『兵庫県の地名』（平凡社、一九九九年、六二四～六二五頁）。

(33) 『保暦間記』（『群書類従』第二六輯、一〇〇頁）。

(34) 『岡山県史』第二〇巻（一九八六年、七〇頁）、『兵庫県史』史料編中世九古代補遺（九頁）。

(35) 『明徳記』上（『群書類従』第二〇輯、二四一頁）。

(36) 前掲注(26)高坂好『赤松円心・満祐』一八〇頁。

(37) 友淵楠麿氏旧蔵赤松（春日部）文書明徳三年正月二十四日足利義満御判御教書（『兵庫県史』史料編中世九古代補遺、一六頁）。同文の足利義満御判御教書が富田仙助氏所蔵文書にもある（『岡山県史』第一九巻、八二〇頁）。

(38) 友淵楠麿氏旧蔵赤松（春日部）文書、延文五年三月十四日足利義詮下文（『兵庫県史』史料編中世九古代補遺、一四頁)。富田仙助氏所蔵文書延文五年三月十四日足利義詮下文(『岡山県史』第一九巻、七八二頁)。
(39) 賀茂別雷神社文書(『平安遺文』四一五五号)。
(40) 宮崎隆旨「室町初期における伊勢氏の動向――貞継を中心として――」(『史泉』五〇、一九七五年)、山家浩樹「室町幕府政所と伊勢貞継」(『室町時代研究』一、二〇〇二年)。
(41) 井上宗雄『中世歌壇史の研究　南北朝期』(明治書院、一九八七年改訂新版、六〇五頁以下)。
(42) 『太平記』巻第二九、光明寺合戦事付師直怪異事。
(43) 『講座日本荘園史九　中国地方の荘園』(吉川弘文館、一九九九年、六三頁、三好基之氏執筆)。
(44) 『太平記』巻第二九、越後守自岩見引返事。
(45) 東寺百合文書応永九年十一月二日坍和為清新見庄領家方所務職請文案(『岡山県史』第二〇巻、一二八八頁)、応永十四年十二月日東寺雑掌重申状案(同、一三六八頁)。
(46) 『兵庫県史』史料編中世七(三九二頁)。
(47) 『新編岡崎市史』史料編古代中世(一九八三年、一〇四四~一〇四五頁)。
(48) 称名寺文書大浜道場建立次第(『新編安城市史』五資料編古代・中世、二〇〇四年、二八九頁)。
(49) 『太平記』巻第四〇、中殿御会事。『永享以来御番帳』の四番と『文安年中御番帳』の四番にみえる「藁科彦六」は一族であろう。
(50) 『弘文荘古版本目録』(弘文荘、一九七〇年、三四頁)。
(51) なお、京都大学附属図書館本には、旧蔵者鈴恭三七氏による次の覚書があり、伝来とその後の経路を示している。

古刊大般若経

頃日、坊間に古刊大般若経一十三折を獲、但馬国香住なる大乗寺(俗称応挙寺)に伝ふる所なり、各巻に永徳三年癸亥六月廿八日の墨書あり、巻首に同一の仏画あるを珍とすべし、猶各巻年記の外ニ願主を刊写するもの多し、次の如し、

第百五　(墨)願主能登

第百廿六　(墨)願主衛門

第百廿九　（〃）願主衛門大郎
第百卅六　（〃）願主妙□戒
第百七十八　（〃）願主遠藤七郎
第二百廿七　ナシ
第二百四十四　ナシ
第二百八十七　（墨）願主大別当
（刊）開板源□
第三百五十　（墨）願主長覚
第三百五十四　（〃）結縁主高野
（刊）明性
第四百十四　（刊）越前権守経遠
第四百七十七　（刊）伊勢因幡入道心光
第五百六十　（刊）長雅楽大夫信俊
猶また此の板経十三折中、同好に頒ちたるもの左のごとし、
第百廿六　山鹿誠之助氏
第百廿九　西　　繁　氏
第百卅六　禿氏祐祥　氏
第百七十八　水原尭栄　氏
第二百廿七　吉沢義則　氏
第二百八十七　藤堂祐範　氏
第三百五十　清水　泰　氏
第五百六十　家　　蔵
後日の参考として、一筆かくの如し、

昭和六年十一月　　鈴恭三七

巻二八七の刊記「開板源□」は「開板源音」と考えられ、巻五六〇の刊記「長雅楽大夫信俊」とともに常信寺本と同じである。

なお、京都帝国大学の関係者らに譲られた七帖と、鈴恭氏家蔵の一帖の計八帖については所在がわからない。

(52) 川瀬一馬編『龍門文庫善本書目』(阪本龍門文庫、一九八二年、二一六～二一七頁)。
(53) 石田茂作『日本版画美術全集』第一巻古代版画(講談社、一九六三年、一一八頁)。
(54) 反町茂雄編『弘文荘古版本目録』(一九七〇年、三五～三六頁)。
(55) 『可児町史　通史編』(一九八〇年、一一二八～一一二九頁)。
(56) 榎原雅治「中世後期の地域社会と村落祭祀」(『歴史学研究』六三八、一九九二年)、のち『日本中世地域社会の構造』(校倉書房、二〇〇〇年、三七五～三七六頁)に収録。
(57) 前掲注(3)『可児市史調査報告書第一集　薬王寺』一五四～一五七頁。
(58) 徳願寺は現在の関市小野の徳厳寺で、唯恵は中国僧隠元隆琦に師事して、道号と法諱の安名をうけた惟慧道定と考えられることについては、前掲注(3)『可児市史調査報告書第一集　薬王寺』の第二章注(49)参照。
(59) 『大正新脩大蔵経』第一六巻(四四八頁以下)。
(60) 『大正新脩大蔵経』第二四巻(一〇〇六頁)。

補論2　伊豆国国柱命神社所蔵大般若経

一　概要と奥書

伊豆半島の南西海岸に位置する静岡県賀茂郡松崎町岩科の国柱命神社には、鎌倉・南北朝期に書写された大般若経が所蔵されていて、しかも注目すべきことに、神仏分離によってほかの地域では多く廃絶したと考えられていた神前での大般若経の転読が、別の新しいものを使ってではあるが現在もなお絶えることなく、年に一度、七月一六日に同じ地区の五か寺の僧侶と氏子らによって行われている。

松崎町の中心部から南へ二キロメートルほどに位置する山口地区のうち、岩科川の支流沿いのやや高台に鎮座する国柱命神社は式内社といわれ、大山祇神を祭り、近世には岩科村の総鎮守の地位にあって、従来神明宮と称していたものを、明治一八年（一八八五）、現在の社号に改称したとされている。宮司は代々壬生氏が世襲したといわれ、同社に所蔵される天文一一年（一五四二）の棟札には「大禰宜壬生之久吉」、また天正九年（一五八一）のものには「大禰宜壬生久吉」と記されている。

この神社に所蔵されている大般若経は、書写年代や体裁などを異にする二つの系統からなる。一つは折本装の形式で、破損によって巻次未詳のもの二巻を含む八五巻が現存し、そのほとんどは巻五〇〇番台に集中している（それらの詳細は表参照）。天地は二五・一～二五・四センチメートル程度、墨界がひかれ、界高一九・〇～二一・〇センチメートル、界幅一・九センチメートル程度である。

これらは初め巻子本で、おそらく江戸時代になって現在の折本の形に改装されたとみられ、そのさいに板刷の外題が貼付された包がつけられたものと思われる。現在、八五巻のほかに、巻次のわかる包のみ残って経典の散逸したものが五点ある。八五巻のうち、次の二巻に奥書がある(1)。

巻五六〇　執筆僧宥憲

巻五七〇　建久九年十二月七日書了、／

執筆永賢

もう一つは巻子本の大般若経で、巻次のわかるものは、六二・六三・六五・六六・六□(七カ)・六八・七〇の七巻で、概して保存状況は悪く、ほかに巻次不明の断簡が相当数ある。天地はほぼ二七センチメートル程度、墨界で、界高二〇・二〜二〇・五センチメートル、界幅一・七センチメートル程度と、法量からみても先の折本装の形式のものとは系統が異なる。奥書があるのは次の四巻である。

巻六二　永和三年六月十九日、雲水客僧書写畢、

巻六五　永和三年六月廿八日、雲水客僧書写畢、

巻六六　永和三年七月二日、雲水客僧書写畢、

巻七〇　於悪筆雖文字誤錯多、任本書写畢、／旹永和四禩南呂(八月)十四日、雲水客僧真堯

国柱命神社所蔵の折本装大般若経一覧

	現存	明治18年7月目録
巻次	179,1□注1 391,392,395 502,508,509 511,513,517 521～530 531～540 541～550 551～553,555,556,558～560 566～570 571～577,579,580 581～590 591～600	199注2 391,392,395 502,508,509 511,513,517 521～530 531～540 541～550 551～553,555～560 566～570 571～577,579,580 581～590 591～600
未詳	2巻	
計	85巻	83巻
包のみ	196,406,515,554,557	

注1：巻次の部分が破損して読めないが、100番台でただ1つ包が現存する196の可能性がある。

注2：179の誤記の可能性がある。

二　従来の調査

これらの大般若経の存在は、今回初めて明らかになったのではなく、すでに秋山富南が寛政一二年（一八〇〇）の『豆州志稿』で、

永和中蔵ムル大般若経アリ、

と記して、簡単な記載ながら、初めて永和の巻子本大般若経の存在についてふれた。

また、天保年間（一八三〇～四四）に成立した『掛川誌稿』には次のように、奥書の一部も記述している。

大般若経残欠二巻あり、第七十跋云、永和四禩南呂十四日、雲水客僧真堯

これらではまだ建久の折本装大般若経についてはふれていないが、萩原正平と子の正夫は、『増訂豆州志稿』で、

尚建久九年十二月七日執筆永賢ト録シタル大般若経残欠本（中略）ヲ蔵ム、

と、秋山富南以後の調査成果を述べ、初めて建久の大般若経の存在を明らかにした。

このの ち、大正一三年（一九二四）に刊行された『南豆風土記』で、足立鍬太郎は大般若経についてふれたものの、

大般若経一部、欠本数十巻（中略）を蔵す、

ときわめて簡略な記述を行うにとどまった。

また、地方史研究所による西伊豆・南伊豆地区の総合調査を経て刊行された『伊豆南西海岸』には、松崎町岩科宮畑国柱神社の大般若経は建久九（一一九八）年に書写がはじまり、一四世紀後半にまで追筆修補がつゞいている。(2)

という記述がみられるのみで、現在にいたるまで詳細は報告されないままになっている。

このように、大般若経の存在そのものは近世後期には知られており、その後いくつかの報告も公表されたが、これまでその詳細は明らかにされておらず、昭和六〇年（一九八五）一〇月一八日と翌六一年五月一六日に実施した静岡県史編纂のための調査によって全容が判明したので、概要を紹介する。

国柱命神社には、明治一八年（一八八五）七月に作成された「建久九年古写大般若経目録」がある。これは国柱命神社と同じ岩科地区の常在寺・普音寺・天然寺・永禅寺・天正院の五か寺の住職とおそらく氏子と考えられる人々が立会人になって、建久九年（一一九八）の大般若経を「於神明真前調査」したものである。この目録に書き上げられたものと、現存するものとを比較するため一覧にしたものが前掲の表である。

目録には巻次の明らかなもののみが記載されており、また表の注に記した通り、目録には誤記の可能性があることを考慮に入れれば、目録に記載されていて現存しないものは巻五五七で、これは現在、包のみが残されている。

三　国柱命神社所蔵大般若経の社会的背景

これらの大般若経が国柱命神社に伝えられるにいたった経緯については、今のところ、直接の手がかりはない。また建久九年の大般若経を書写した宥憲と永賢、および永和四年（一三七八）の真尭についても、いずれも詳細は明らかでない。ただこのうちの宥憲は、法名からみて真言系の僧侶のように思われる。松崎町域の寺院の多くは、現在臨済宗建長寺派に属している。しかし、そのなかには、はじめ真言宗であったと伝えられるものが多い。

古く伊豆全体の宗教世界に強い勢力を張ったと考えられるのは、伊豆半島のつけねに位置し、押えとしての地位にあった伊豆山（走湯権現）である。国柱命神社にかつて所蔵されていた（盗難にあい所在不明）文永一〇年

（一一七三）八月一〇日の年紀をもつ鰐口には、(3)「奉施入白山権現並伊豆筥根両所権現」の銘文があった。

松崎町門野富貴野の宝蔵院には笈《おい》が残され、また西伊豆から南伊豆にかけては修験道の行場が多く、下田市三穂ヶ崎の海蝕洞窟では、室町中期から江戸初期にかけて伊豆山の修験者が修行していた。(4)さらに近世には、伊豆の海岸線沿いは伊豆峯次第として、伊豆山修験道の巡拝地となっていた。(5)

このように国柱命神社の周辺には伊豆山の勢力が強くおよんでいたと考えられ、大般若経の書写もまたそれと深い関わりをもつと推測されるのである。

建久九年（一一九八）の大般若経に関係して注目したいのは、山をはさんで国柱命神社から北西およそ二キロメートルの所にある建久寺である。鎌倉初期の年号を寺号とするこの寺は、現在はわずかに一堂を残すのみであるが、『掛川誌稿』には、

本堂六間、本尊観音、建久中起立と云、古物旧記伝らず、安山和尚を開山とす、蓋中興なり、寛延四年重修の棟札云、那賀郡曹源山建久寺者、建久九戊午念之建立而、経歴日月大凡五百有余歳と、現住昌峯、

と記され、奇しくも国柱命神社の大般若経と同じ建久九年の開創と伝えられている。

建久寺の旧地で実施した現地調査のさいに、調査委員前田利久氏が表面採集した布目瓦は、早くみても平安ないし鎌倉初期のものと推定され、(6)建久寺の建久九年開創伝説はあながちに無理なものではなく、立地条件から考えてもかなり広大な規模をもった寺院であった可能性がある。

両者に共通してみられる建久九年という年号の背後に、これまで知られなかったいかなる関連があるか、またあるとすれば、それはいかなる意味をもつか、などについての検討は、古代以来、西伊豆地方の中心であったと考えられる松崎地域の宗教の実態とそれを支えた在地社会構造の究明に一条の光をあてるものとなろうが、これらの検討は今後に委ねたい。

さらに永和四年（一三七八）の大般若経に関わって指摘しておきたいのは、松崎町に南接する南伊豆町伊浜の普照寺の南北朝期に書写された大般若経で、そのうち永和四年のものがもっとも年次が早い。これは国柱命神社のものと同じ年次であり、今後の調査を俟たなければ、確定したことはいえないが、ここでも両者の関連に注意しておきたいと思う。(7)

これらの指摘はいずれもいまだ推測の域を出るものではないが、これからの検討の心覚えとして、少なくとも西伊豆から南伊豆にかけての寺社を個別に考えるだけでは十分でなく、地域としてのまとまりのなかでその位置と役割とを究明する作業が必要であることは認められるであろう。

さらに、国柱命神社の永和四年の大般若経にみえる「雲水客僧真堯」が廻国聖と考えられることからすれば、伊豆南西海岸における宗教と海上交通との関わりについても検討を進めなければならないであろう。

(1)　巻五六六の包には、次のような裏書がある。
　　建久九年九月廿日、執筆有憲、明治十□《八カ》年七月改ム、
(2)　地方史研究所編『伊豆南西海岸』（一九六五年、二九四頁）。
(3)　『静岡県史料』第一輯（一九三二年、一二頁）。
(4)　地方史研究所編『伊豆下田』（一九六二年、一三四頁）。
(5)　『熱海市史』上巻（一九六七年、六五五頁）。
(6)　原秀三郎氏・市原壽文氏の御教示による。
(7)　普照寺大般若経の調査は、本論を書き終えたのちの一九八六年九月一二日から一四日にかけて実施された。奥書は、『静岡県史』資料編六中世二（一九九二年、九三一号）に収録された。普照寺の大般若経は、奥書によって大半が南北朝期の永和四年（一三七八）から至徳二年（一三八五）にかけて書写されたとみられる四九四巻（同じ巻次が二巻ずつあるものが七巻あって総数五〇一巻）が現存している。そのうちの巻七七の奥書に記された「于旹永和四禩七月廿七日

僧真堯」の文字は、国柱命神社大般若経巻七〇の奥書にみえる真堯の筆跡と同じである。

また界高・界幅もほぼ同じで、しかも国柱命神社に現存する永和四年の年紀をもつ巻次は、すべて普照寺大般若経の欠脱した部分にそっくり収まる。つまり、両者はもともと一具のものであったと考えるべきである。

普照寺の大般若経には、書写した人物や場所・願主などを明記したものが多く、きわめて注目すべき内容をもっている。はじめ一具であった大般若経が分離されるにいたった経緯をも含めた詳細な考察は、機会を改めて報告したい。

補論3　駿河国清見寺所蔵大般若経

静岡市清水区興津にある清見寺は、もと天台宗であったと考えられるが、鎌倉時代初め、禅宗に改宗され、臨済寺（現、静岡市葵区）とともに、臨済宗妙心寺派の名刹として知られる。

清見寺に所蔵される大般若経は、折本装に仕立てられ、巻一四三と二一二の二巻が欠本になっていて、五九八帖が現存している（ただし、巻四八八は室町時代と江戸時代の写本の二帖があり、総数は五九九帖になる）。

これらは大きく二つの系統に分けられる。一つは鎌倉時代初期に書写された一二五帖（全体の約二〇・九パーセント）で、ほかに同系統の写本の欠損部分を江戸時代に補写したものが五八帖（全体の約九・七パーセント）である。もう一つは、江戸時代の享保八年（一七二三）から同一三年にかけて書写された四一四帖（全体の約六九パーセント）である。これらとは別に、南北朝時代の貞治三年（一三六四）に書写された巻二〇五と、室町時代に書写された巻四八八がある。

鎌倉時代に書写されたものには墨界がひかれている。巻一二一の奥書には治承四年（一一八〇）一二月八日、巻一二五の奥書には治承四年一二月一一日の校了年月日が記されているが、書写の年月日、書写した人物・場所や目的は明記されていない。校正にあたった人物として、巌岳寺の義円房・定誠房・蓮印のほか、寺名の記されていない円如房・聖円房・花蔵房がみえる。巌岳寺については明らかでないが、清見寺の周辺にはみられず、また奥書に清見寺の名を見出せないことから、鎌倉時代に書写された大般若経はもともと清見寺にあったものではなく、のちに当寺に移されたものであろう。

巻四二〇の奥書には、建長六年（一二五四）八月一〇日に弁慶を勧進聖とし、庄司入道善仏と伴氏を檀那として修理されたことが記されている。弁慶・善仏・伴氏の名は、巻一一〇・一二〇・一七〇・二八〇にもみえている。こののち、寛正二年（一四六一）には乗詮を勧進聖として修理されたことが、巻一一二の奥書に記されている。

巻一九七の奥書によると、たびたびの修理にもかかわらず、読経しがたいほどに破損したため、文明一二年（一四八〇）一一月上旬から翌年正月下旬にかけて、折本に仕立てなおして修理が行われた。この時の檀那は大坂に住む大石五郎左衛門尉藤原助吉で、作者は寂照であった。これによって、鎌倉時代に書写された大般若経は初め巻子本で、文明一二年一一月上旬から翌年正月下旬にかけての修理のさい、折本に改装されたことがわかるとともに、この時期には大坂周辺に存在したことが考えられる。

巻二〇五の奥書には、「貞治第三甲辰林鐘下浣未午時書写了、右筆金吾惟氏」と記され、貞治三年（一三六四）六月下旬に衛門督の惟氏という人物が書写したものであった。南北朝時代に書写されたものはこの一巻だけで、書写の経緯や伝来についてはわからない。

室町時代に書写されたものは巻四八八である。なお、巻八二・八三の奥書には、応永一一年（一四〇四）五月に頼教を願主とし、下野国日光山西谷の二位頼清という僧侶が、北条観音院で書写して八幡大菩薩に施入したことが記されているが、これは別巻の尾題と奥書部分を切断して、江戸時代に書写されたものに貼付したもので、この二巻の奥書はほかのものと系統が異なる。

巻一の奥書には、享保八年（一七二三）三月吉辰に、大鵬禅良が願主となり、みずから書写して清見寺に寄納したことが記されており、江戸時代に書写されたもののなかではもっとも早い時期のものである。さらに巻二の奥書によると、清見寺現住の陽春が徒衆に書写させたものであり、七一歳の大鵬禅良が願主となり書写したものでもあった。陽春とは、芝岸治霊の跡を嗣いで正徳五年（一七一五）八月に清見寺住持となった陽春主諾のことで、また大鵬禅良とは陽春が若き日に得度をうけ、安名《あんみょう》の師となった庵原村の大乗寺（現、静岡市清水区草ケ谷）の住持であった。陽春は『人天眼目臆説』を上梓するなど学識深く、また偈に長じており、清見寺に今も『陽春和尚語録』三巻などが残されている。陽春は享保二〇年（一七三五）五月一日に没した。

清見寺の住持になった陽春は、破損の甚だしかった大般若経の修理・補写と、欠巻の新たな書写の事業を発願した。奥書によれば、この作業は享保八年（一七二三）三月に着手され、同一一年（一七二六）一〇月上旬までに大半が書写され、同一二年一二月中旬に巻五二〇、翌年正月二九日に巻三一一、二月一五日に巻三一二が書写されて完了した。料紙には無界のものと押界のものがある。鎌倉時代書写の経巻の修理と補写の作業は、享保九年（一七二四）一〇月下旬から始められ、この年の一二月上旬に終了している。

これらの書写事業に加わった人のなかには、先にあげた大乗寺の大鵬禅良をはじめとして、陽春の弟子でのちに陽春の跡をうけて清見寺の住持となった性海慧丈もみられる。また駿河では、清水の梅蔭寺や久能寺、沼津の耕雲寺などの僧侶や、駿府の山内入道半隠などの陽春に帰依した居士も多く書写に参加している。遠江では、岡崎の長光寺、小山の能満寺、宇布見の弘忍寺などの僧侶の名が奥書にみられる。このほか、相模・武蔵・甲斐・美濃・丹波・讃岐の僧侶も加わっている。

注目されるのは、九州の僧侶が書写に参加していることで、豊後鶴崎の龍興寺の祖蛻は一八巻を書写しており、同じ豊後光吉の吉祥寺や肥後求麻の瑞祥寺、筑後久留米の徳雲寺、日向佐土原の大光寺などの僧侶の名も奥書に見出すことができる。施主としては、桂岩智香や清水の田中甚五兵衛らの名がみられる。巻五〇八の奥書によれば、巻五〇一から巻六〇〇にいたる一〇〇巻の表紙は妙心寺献珠院の祖牧がかけたものであった。

このように陽春の発願によって始められた大般若経の修理・補写事業は、駿河の僧侶や居士を中心に、関東から九州にいたる広い地域の人々の結縁により、享保八年三月から五年の歳月を費やして完成をみた。

こののち、嘉永七年（一八五四）二月に西河内川合野村（現、静岡市清水区）の深沢清右衛門が施主となり、先祖代々の菩提のために裏打されたことが巻一四七などの奥書に記されている。

また巻四八一の裏表紙に記されたところによると、昭和一一年（一九三六）の二・二六事件にさいして、「皇国安全の祈願の為」、二月二八日にこの大般若経の真読と修理が行われていることも、近代における大般若経の効用として興味深い。

第二篇　地域社会と寺社

第五章　覚海円成と伊豆国円成寺——鎌倉禅と女性をめぐって——

はじめに

鎌倉幕府の滅亡は、北条氏一族ゆかりの女性たちにもさまざまな悲劇をもたらした。ある者は子を連れて深き淵に身を沈め、またある者は刀を胸に突き立てて夫のあとを追い、さらに道に食を乞い、食を得ずしてのたれ死にした女房もあったことを『太平記』は伝えている。

最後の得宗となった北条高時の母覚海円成もまた、この危機に際会したひとりであった。吉川英治は、『私本太平記』のなかで、奇矯の子高時が東勝寺で果てて二日後、その知らせを聞き届けた円成が、法弟の春渓尼とともに、東慶寺から移っていた円覚寺の一院で心を安んじて自害した、と描いた。

しかし、円成は生き延びたのである。いやむしろ、得宗貞時の妻であり、高時の母であったからこそ、一族の女性たちの扶持をみずからの運命とし、苦悩を抱きつつ生きぬかなければならなかったといえよう。そして円成が生きることを許された場は、北条氏の本貫の地伊豆国北条であった。

円成は、鎌倉禅の世界にもっとも深く親しんだ女性のひとりであり、その政治的立場ゆえに禅林でも重きをなしたことから、これまで十分には解明されていない鎌倉禅と女性との関わりを考えるための好個の人物だといえる。

本章は、断片の史料をつづり織りしながら、とくに円成と鎌倉禅との関わりについて検討し、さらに円成が北条の地に開いた円成寺の歴史を明らかにすることを意図している。(1) これは円成というひとりの女性を通して、鎌倉幕府滅亡前後の激動期をとらえ直してみようとする試みでもある。

まず、円成の人生に大きな影響を与えたふたりの人物、夫の貞時とその母覚山志道について論じることから始めよう。

一　覚海円成の周辺

(1)　北条貞時

貞時は文永八年（一二七一）一二月二日、時の執権時宗と安達義景の娘とのあいだに生まれた。『鎌倉大日記』（生田本）によれば、時宗は弘安七年（一二八四）三月一八日病に倒れ、それから二週間ほどのちの四月四日に没した。まだ三四歳の若さであった。この時、一四歳の貞時が執権になる七月七日までおよそ三か月ものあいだ、執権が在任していなかったことは、執権の歴史のなかではじめてのことであり、貞時の執権就任をめぐって幕府内部に何らかの政治的対立があったことを示唆している。

貞時は正安三年（一三〇一）八月二二日、執権を辞して婿の師時に交代し、翌日、出家して法名を崇暁、のち崇演と改め、最勝園寺入道と号した。(2) しかし、応長元年（一三一一）一〇月二六日、四一歳で没するまで、得宗として政務の中枢にあった。

貞時が執権となって以後の政治や社会の動きを年表風に追ってみると、執権就任の翌年一一月、安達泰盛一族が得宗御内人として勢威を振るっていた平頼綱に滅ぼされる霜月騒動がおこった。泰盛は御恩奉行をつとめ、将軍権力の確立をめざしたが、一方で、泰盛は執権貞時の母覚山志道の兄にあたり、得宗権力とも深い関わりをもっていた。霜月騒動は単に御家人と御内人との対立によってひきおこされたものではなく、将軍権力と得宗権力をめぐる御家人層内部の複雑な意識と対応とが反映した事件であった(3)。

正応六年（一二九三）四月、執権に就任して一〇年、二三歳になっていた貞時は、ますます専横をきわめるようになっていた平頼綱の一党を滅ぼし、政治の実権を掌握するにいたった。この年、霜月騒動の折に失脚した泰盛の婿金沢顕時、妹婿宇都宮景綱が復帰しており、一族の安達時顕が復権したのもこの頃と考えられている(4)。その前月、貞時は博多に鎮西探題を設置している。

永仁五年（一二九七）三月には、御家人の困窮を救うため、質券売買地のとり戻しなどを内容とする永仁の徳政令が発せられた。また、文永・弘安の役以後も異国警固のための海防や寺社への祈禱命令などの備えと、恩賞地の配分が継続して行われている。

蒙古襲来を契機とする政治危機が進行する過程で、幕府の安泰と繁栄の祈念をもっとも重要な機能とした関東祈禱寺は、永仁六年四月に西大寺以下三四か寺が、続いて正安元年（一二九九）一〇月には室生寺以下一三か寺が認定されて急増しており、これらも貞時執権の時期に行われたことであった(5)。

引付廃止・越訴奉行廃止・所領処分の抑圧という三つの政策は、文永三年（一二六六）から翌四年の時宗執権の時期にみられ、続く貞時以後の得宗権力に継承されたが、これらは執権政治のもとで御家人社会に培われてきた法的慣習に対する、得宗権力からの挑戦であった(6)。

貞時の生きた一三世紀後半から一四世紀前半にかけての時期は、激しい変動期であり、佐藤進一氏の表現を借りれば、「およそ執権にせよ得宗にせよ、貞時ほどの強権を握った人は、鎌倉幕府史上誰もなかった(7)」のである。

鎌倉の各所に多くの禅宗寺院が造営された直接の契機は、蘭渓道隆が貞時の祖父時頼の招きで寛元四年（一二四六）に来日し、建長寺を開いたことであった。続いて貞時の父時宗は、弘安二年（一二七九）に無学祖元を招き、弘安五年（一二八二）に円覚寺を創建した。前者の法系は大覚派、後者は仏光派と呼ばれ、得宗家の帰依をうけて鎌倉禅の二つの拠点になった。

三〇名ちかくの禅僧たちが来日した一三世紀半ばからの約一〇〇年間を、村井章介氏は「渡来僧の世紀」と呼び、渡来僧が日本の思想界になした貢献として、朝廷に対して武家政治が思想的自立性を培うことに寄与したことをあげている[8]。権力指向の性格を強くもつ宋朝禅は、北条氏得宗とその一門に密着することによって発展をとげた。

貞時もまた、祖父時頼と父時宗にならって、禅の世界に理解を示した。玉村竹二氏は、貞時に影響を与えた禅僧として、渡来僧では東明慧日・一山一寧、日本人僧では桃渓徳悟・無為昭元・南浦紹明の五人をあげ、貞時は禅宗教団・寺院の統制や人事に対する干渉を行う一方で、禅宗と禅僧の価値を深く理解しており、従来の日本禅林が臨済宗に偏っていたため、曹洞宗宏智派に属する東明慧日を招いたと述べている[9]。また今枝愛眞氏は、貞時が道元とその教団のほかに別系統の曹洞禅があることを聞き、その禅風を知ろうと企て、宏智派のなかで俊秀の誉れ高い東明慧日が選ばれた、と推測している[10]。

貞時は、三一歳になった正安三年（一三〇一）八月二二日に執権を辞し、翌日出家して、法名を崇暁と名乗り、のち崇演と改めた。翌年九月一四日には貞時の創建になる最勝園寺の開堂供養が行われた。これには将軍久明親王も列席し、勝長寿院別当源恵が導師をつとめている（『保暦間記』『北条九代記』）。

以後、貞時は最勝園寺禅閤・最勝園寺入道と呼ばれることが多くなった。最勝園寺は宗旨・所在地ともに未詳であるが、鎌倉の山ノ内にあった可能性が指摘されている[11]。貞時出家の理由と導師については明らかでない[12]。

応長元年（一三一一）一〇月二六日の子刻、貞時はまだ四一歳の若さで、波乱に満ちた人生を閉じた。その葬礼にあたって秉炬《ひんこ》仏事を行ったのは、貞時がもっとも篤い帰依をよせていた東明慧日であった[13]。貞時の墳墓は、父時宗と母覚山志道の眠る円覚寺仏日庵に設けられた(14)。またこの時、起龕《きがん》仏事を修したのは大慶寺の秋澗道泉であり、秋澗は安達時顕らの求めによって拈香《ねんこう》仏事も修している(15)。

正安元年（一二九九）元より来朝した一山一寧は、貞時に迎えられて建長寺・円覚寺の住持となり、また貞時に「即心即仏」の法語を授けるなど、貞時の篤い帰依をうけていたが、貞時の逝去にあたり、

天生英明東国主、四十年間民父母、威恵兼行六十州、功成還向率陀去(16)、

という賛を贈った。

一時、東明慧日に学んだこともある中巌円月は、貞時が没した日のことを、

其朝日無光而色赤似血、予年少而先見此怪、甚奇(17)、

と、朝日に光がなく、あたりが赤く染まるという怪異現象がおこったことを、一二歳の少年時代を思いおこして記している。

ところで、貞時の信仰が、禅宗にばかり向けられていたのではないことは注意を要する。徳治二年（一三〇七）一〇月、貞時は前年の一〇月九日に没した母覚山志道の一周忌にあたり、説法の名手として知られていた天台僧安居院覚守を導師として招き、法要を営んだ(18)。また、覚守は、貞時の妻覚海円成を施主として、貞時百日忌の表白《ひょうびゃく》を草している(19)。さらに貞時は真言宗醍醐寺とも深い関わりをもっていた(20)。

貞時が開基となった寺院としては、最勝園寺のほか、禅宗の東慶寺が知られている。また、長谷にあったという万寿寺は、弘安九年（一二八六）に貞時が亡父時宗のために創建したと伝えられ、東明慧日もここに入寺したことがある(21)。さらに覚園寺は、貞時の帰依した智海心慧を開山として、永仁四年（一二九六）に大倉薬師堂を改めて寺としたもので、現在は古義真言宗であるが、もとは四宗兼学の寺院であった(22)。

(2) 覚山志道

建長四年(一二五二)七月四日、安達義景の妻が女子を出産した。堀内殿と称されたこの女性は、のちに出家して覚山志道、また潮音院殿とも呼ばれた。母は北条政子の弟時房の娘であった。弘長元年(一二六一)四月二三日、一〇歳の堀内殿は一つ年上の北条時宗と結婚した。義景の跡をついで安達氏惣領となった泰盛は、堀内殿と二二歳もはなれた兄であった(23)。

頼朝を助けて幕府創業の功臣となった安達盛長の後裔たちは、北条氏得宗や北条氏一門、さらに小笠原氏などの有力御家人と婚姻関係を結ぶことによって勢力を強化した(24)。安達氏と北条氏とのあいだに直接の関わりが生まれたのは、安達景盛の子義景が北条時房の娘を妻とし、さらに娘(松下禅尼)が北条泰時の子時氏と結婚した時に始まる(系図参照)。

時氏と松下禅尼とのあいだには、経時・時頼が生まれている。松下禅尼は堀内殿の父義景の妹であるから、両者は叔母と姪という血縁関係にあるとともに、堀内殿が時宗と結婚するにおよんで、松下禅尼は義理の祖母にあたるという間柄になった。

松下禅尼は『徒然草』(一八四段)に、障子の破れをみずから繕うという倹約ぶりを示して、吉田兼好が、

天下を保つほどの人を子にて持たれける、まことにたゞ人にはあらざりけり、

と評したことでよく知られている。北条時宗と堀内殿の結婚にあたっては、北条泰時の弟重時の娘を妻にしていた安達泰盛が時宗を得宗後継者と評価して、時頼と合意があったことに加えて、松下禅尼の存在も大きく作用した(25)。

時宗と堀内殿とのあいだに、文永八年(一二七一)一二月二日、貞時が生まれた。この時、堀内殿は二〇歳になっていたが、この間の堀内殿の事績はほとんどわかっていない。弘安七年(一二八四)四月四日、時宗が三四

北条氏・安達氏関係略系図（大三輪龍彦編『中世鎌倉の発掘』有隣堂、一九八三年、三四頁を改編）

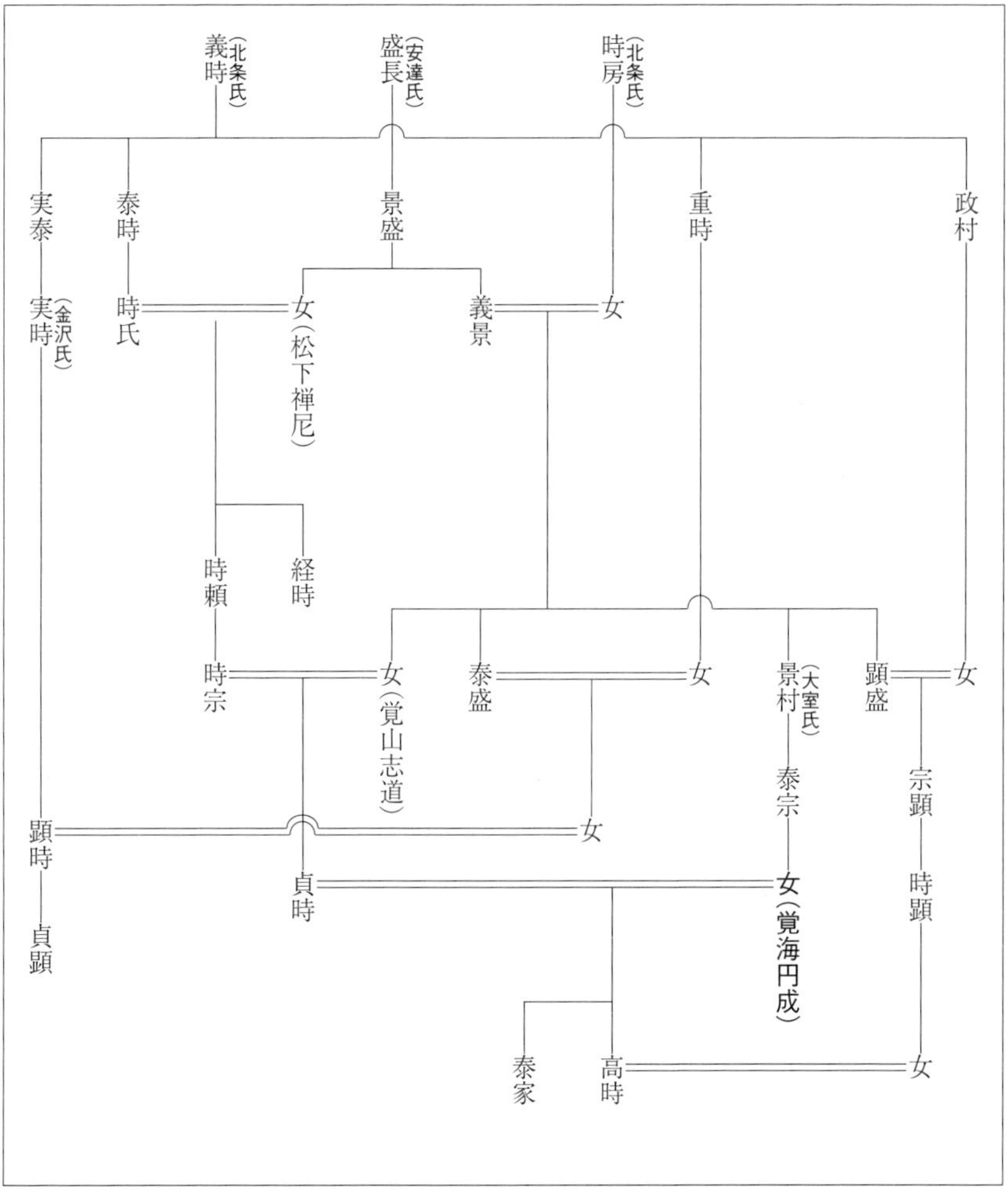

歳の若さで亡くなった。時宗の葬儀の導師は、時宗が弘安五年（一二八二）に円覚寺の開山としていた無学祖元がつとめた。時宗は死を前にして、無学祖元に請うて落髪付衣し、道杲の法名を授けられ、法光寺殿と号された。そして、妻堀内殿も無学祖元にしたがって落髪し、志道の諱を与えられている。(26)この時、時宗の一族とともに安達泰盛も出家し、覚真と号した。

安達泰盛の娘と伝えられ、京都景愛寺の開山となった無外如大も無学祖元の法を嗣いでおり、(27)渡来僧たちの活動を中軸として、禅の精神は女性たちのあいだにも確実に広まっていた。女性と禅宗との関わりについて、従来の禅宗史では十分視野に収められていなかったため、解明されていない部分が多く、今後の検討が望まれる。

時宗の亡くなった翌年弘安八年（一二八五）、志道は山ノ内にのちに縁切寺として知られる東慶寺を開いたといわれ、開基は子の貞時と伝える。(28)こののち、時宗の三回忌にあたる弘安九年四月、志道は無学祖元のすすめによって追善のために華厳経八一巻をみずから書写しており、この時には「覚山大師」「覚山上人」と呼ばれている。(29)堀内殿が出家にあたって、無学祖元から覚山志道という字と諱とを同時に授けられたかどうかはわからない。

いまの円覚寺黄梅院の地に、弘安年中（一二七八〜八八）に建立された三重の華厳塔は、志道が時宗追善のために書写した華厳経を納めるために造営したもので、無学祖元も仏舎利と袈裟を納めたと考えられている。(30)

弘安二年（一二七九）、無学祖元に同行して来日した鏡堂覚円は、「既是明見本性了、還更作工夫看公案否」と問うた覚山志道に対し、修行の必要を説く警策の法語を与え、志道を「雖是女流、却有丈夫之志、自幼年間、深信此道」と評した。(31)鏡堂覚円は、正安二年（一三〇〇）一二月に鎌倉から京都建仁寺に遷ったから、この法語はそれ以前のものである。

北条一門の出身と考えられている無象静照は、建長四年（一二五二）に入宋したのち、無学祖元と親密な交わりをむすび、帰国後、弘安二年に来日した無学祖元と旧交を温めつづけた。無学祖元は弘安九年（一二八六）九月三日に没する直前、法衣を無象静照にあずけ、無象静照はこれを覚山志道に渡した。この法衣は無学祖元の法を嗣いだ高峯顕日に授けられたのち、さらに夢窓疎石に伝えられたという[32]。

このように、覚山志道は無学祖元・鏡堂覚円・無象静照らの禅僧と深い関わりをもちつづけ、禅の世界に親しんだ女性であった。こうした覚山志道の信仰が、子の貞時とその妻覚海円成に影響を与えたであろうことは大いに注目してよい。

嘉元四年（一三〇六）三月二八日、覚山志道は丹波国成松保を、深く帰依した無学祖元の塔である建長寺正続庵に寄進した。成松保は得宗貞時の母覚山志道の所領であったと考えられる[33]。また、遠江国笠原荘地頭職は、安達泰盛のあとを妹の覚山志道が継承し、さらに安達時顕に譲られたとみられる[34]。これらは、得宗領には含まれない、志道自身の所領であったことに注意しておく必要がある。

覚山志道は、嘉元四年一〇月九日、五五歳の生涯を閉じた。そのおよそ半年前に丹波国成松保を建長寺正続庵に寄進したのは、みずからの菩提に資するための遺言としての意味をもっていたのであろう。覚山志道の墓堂は、夫時宗の眠る円覚寺仏日庵に設けられ、慈氏殿と呼ばれる塔もたてられた。

嘉暦二年（一三二七）一〇月一日に北条高時の定めた円覚寺制符[35]によると、彼岸中日・二月一五日（仏涅槃忌）・四月八日（仏誕会）・盂蘭盆両日のほか、時宗の毎月四日の忌日とその妻覚山志道の毎月九日の忌日、二人の子貞時の毎月二六日の忌日には、とくに比丘尼と女性の入寺が許されている。覚山志道の忌日に比丘尼らの入寺が許されたのは、仏日庵に墓所が営まれたことによるのであろう[36]。現在、東慶寺に覚山志道の墓と木像がある。

二　覚海円成という女性

円成とは、『保暦間記』に「泰家・高時母儀（貞時朝臣後家、城大室太郎左衛門女、）」とみえている女性のことである。『尊卑分脈』に

は、安達義景の子の景村の系図に、

景村（大室三郎）――泰宗 太郎左衛門尉――女子 貞時朝臣母

と記されており、円成の父の城大室太郎左衛門とは、「大室三郎」と名乗った景村の子泰宗である。(37)

安達氏は承元（一二〇七～一一）以前のある時期から上野守護職を有しており、これは景盛から子の義景を経て孫の泰盛に伝えられ、霜月騒動で泰盛一党が滅びたのち、得宗の手中に収められた(38)。大室は上野国大室荘のことと考えられ、泰盛の兄景村が大室を名字としたのは、安達氏がこの荘の地頭職を所持していたことによるものと思われる(39)。

『清拙和尚語録』に、円成が鎌倉万寿寺の三重塔や大日如来などの諸像を修造し、大日経の書写を行い、「先妣親妙寂禅尼」の三三回忌にあたる三月五日に先立つ二月二〇日に、亡夫貞時の追善を兼ね、清拙正澄を請じて供養を営んだことが記されている。これによって円成の母の法名が妙寂であったことがわかる。この時の供養は、『北条九代記』嘉暦二年（一三二七）の記事に、「今年二月廿日、万寿院塔供養、導師清拙和尚」とみえるものをさしていると考えられる。円成の母妙寂の三三回忌にあたる嘉暦二年三月五日から逆算すると、妙寂は永仁三年（一二九五）三月五日に没したことになる。しかし、その出自と生年は明らかでない。

円成の生年と実名を知りうる史料は見出せないが、のちに結婚することになる北条貞時は文永八年（一二七一）に生まれているから、円成の誕生もこの頃を目安としてよいであろう。

円成と貞時との結婚の時期を確定することはできないものの、この結婚には安達氏惣領の泰盛とその妹で貞時の母覚山志道の意向が強く働いたことはまず疑いない。覚山志道は円成にとって祖父の妹という血縁関係にあり、円成が貞時と結婚したことによって、同時に姑にもなるといういっそう深い関わりをもつことになった。

霜月騒動で泰盛一党が滅びたのち、得宗貞時の母覚山志道と嫁覚海円成という安達氏出身の二人の女性にとって、幕政における安達氏の復活は大きな課題になった。泰盛の弟顕盛の孫時顕が復権をはたし、娘を貞時と覚海円成とのあいだに生まれた高時の妻として得宗家と姻戚関係を結び、内管領長崎高綱（円喜）とともに幕政の中枢にあった要因のひとつは、覚山志道と覚海円成の働きに求めてよいであろう[40]。『秋澗泉和尚語録』によると、時顕は貞時の没後、貞時の像をつくり、秋澗道泉に依頼して点眼の仏事を修している。このことは、貞時に対する謝恩とともに、得宗と深い関わりをもつことによって築き上げた時顕の政治的威信の表明でもあった。

正応四年（一二九一）四月、貞時は京都東山法観寺の塔の修造のさい、みずから般若心経と最勝王経天女品を書写して塔心柱の下に納めたが、いまだ功ならず、その後感夢を得た円成の助力によって完成した。円成の帰依をうけた清拙正澄は、「山城州東山法観禅寺仏舎利塔記」のなかで円成を「大檀度達法者也」と評している[41]。円成は、嘉元元年（一三〇三）に高時を生んだ。円成三〇歳前後のことであった。

嘉元三年（一三〇五）三月二一日、貞時は山内亭に移った（『北条九代記』『鎌倉年代記裏書』）。この時、円成も行動をともにしたようで、円成が山内禅尼と呼ばれるようになったのは、この居所の名によっている。すでに述べた通り、嘉元四年三月、覚山志道は丹波国成松保を円覚寺正続庵に寄進したが、貞時は徳治二年（一三〇七）一二月にこれを安堵している[42]。さらに、円成も正和五年（一三一六）四月、両者の書状に任せて安堵している[43]。

応長元年（一三一一）一〇月二六日、貞時は四一年の生涯を閉じ、まだわずか九歳の高時が跡をついで得宗となった。これ以後、母の円成は大方殿と呼ばれるようになった。大方殿・大方様とは、本来貴人の母の尊称であったが、『鏡堂和尚語録』に貞時の母覚山志道を大方殿と呼んでいる例がみえるから[44]、おそらくは得宗専制の進行と照応して、幕府内部では得宗の生母を指す用語として定着していったのであろう。貞時の百か日の仏事にあたり、円成の依頼によって安居院覚守が表白を草したことは前述した通りである。

貞時の葬儀にあたって、秉炬仏事を行ったのは、貞時の招きによって来日し、この時円覚寺に住山していた東明慧日であった。円成の出家の時期は明らかでないが、妻が夫の四十九日の法事前後に出家することは、摂関期末以降、しだいに慣習となっており[45]、円成の姑覚山志道も夫時宗の死を契機に出家していたから、円成もまたその例にならったとみるのが妥当であろう。そして、出家の導師も東明慧日で、この時に円成という諱を授けられた可能性が高い[46]。

東洲円郢らの編集した『東明和尚語録』には、貞時一三回忌にあたってその冥福を祈るため、「大檀那海山大師」が建長寺に華厳塔を建立したことが記されている[47]。貞時一三回忌は元亨三年（一三二三）一〇月二六日にあたるが、それにさきだって、円成は貞時の菩提を弔うため、前年の二月から建長寺の三重華厳塔の再建にとりかかり、一年半余を費やして貞時一三回忌にあたる一〇月に完成させた。この時の説法供養は建長寺住持の東明慧日が行い、供養疏には「鎌倉県山内居住奉三宝弟子菩薩戒尼円成」と記されている[48]。これによって円成という諱がはじめて確認できるとともに、この頃円成が山内の邸宅に住んでいたこともわかる。

「大師」とは、『仏光国師語録』に覚山志道を「覚山大師」「志道大師」、また無外如大を「如大大師」と呼んでいる例がみられるように、仏門に入った女性に対する尊称として用いられており、時期と建長寺華厳塔の建立という内容から推し量ると、「海山大師」とは円成を指していると考えられる。このことから、円成が出家のさい、字と諱とを同時に授けられたかどうかはわからないが、少なくとも元亨三年の貞時一三回忌までには、海山という字を授けられていたことになる。安名の師はおそらく東明慧日で、「海山」は姑の「覚山」に因んだ字と思われる。

ところで、円成の字は一般に覚海が知られている。覚海という字は、春屋妙葩が文和二年（一三五三）に編集した『天龍開山夢窓正覚心宗普済国師年譜』の文保二年（一三一八）の条に、「鎌倉都元帥平公母覚海大夫人」とみえるのが最初である(49)。この安名の師は、のちに述べる通り、幕府滅亡後も円成が帰依した夢窓疎石の可能性がある。覚海という字は、夫貞時が覚賢、姑志道が覚山であったことに因むものであったことを想定してよい(50)。

円覚寺で行われた貞時の一三回忌供養は盛大をきわめ、一〇月二六日の当日には、法堂の右簾中に施主の円成、左に高時が座し、円覚寺住持霊山道隠を導師として、建長寺の三八八人を筆頭に三八か寺から二〇〇〇人をこす僧侶が参列した。その夜には、貞時の墓塔のある無畏堂で円成を施主として、霊山道隠による拈香と諷経が行われた(51)。

ここで、東明慧日以外の円成が信仰をよせた禅僧についてみておくことにしよう。

すでに述べたように、円成は嘉暦二年（一三二七）二月二〇日に母妙寂の三三回忌と夫貞時の追善のため、万寿寺の三重塔などを修造し、清拙正澄を請じて供養を行った。西尾賢隆氏によれば、清拙正澄は大友貞宗によって日本に招聘され、嘉暦元年八月博多に到着し、翌年正月上洛したのち、北条高時の招きによって鎌倉に下り、二月一〇日に建長寺入寺の要請をうけ、三月一二日、中国禅林の儀式にしたがって入寺した(52)。万寿寺の塔供養は、二月二〇日に行われているから、円成は鎌倉に下ってまもない清拙正澄を導師として請じたことになる。

現在、静岡県伊豆の国市韮山の本立寺にある元徳四年（一三三二）四月二六日製作の鐘は、はじめ鎌倉東慶寺に吊されていたものである。この鐘の造立にあたっては、円成が大檀那となり、円覚寺住持の清拙正澄が銘文を撰んでいる(53)。幕府滅亡のおよそ一年前のことであった。

京都東山法観寺五重塔の修造を援助した円成を、清拙正澄が「大檀度達法者也」と評したことはすでに述べた通りである。幕府滅亡を機に、円成が伊豆国北条に移り、また清拙正澄が後醍醐天皇の命によって上京して以後、両者の直接の交渉を示す史料は見出せないが、清拙正澄に対する円成の帰依は深いものがあったと思われる。

円成の信仰を考えるうえで、もう一人重要な人物は夢窓疎石である。『天龍開山夢窓正覚心宗普済国師年譜』によれば、文保二年（一三一八）、円成は正和五年（一三一六）一〇月二〇日に没した高峯顕日の遺嘱をうけて、京都北山に寓居していた夢窓を関東に招こうとしたが、夢窓はこれを避けて土佐に逃れた。無学祖元の法は高峯顕日に嗣がれ、さらに高峯から夢窓に伝えられた。円成が高峯からうけた遺嘱とは、高峯が開いた下野国雲巌寺への請住であったと考えられるが(54)、遺嘱をうけた背景には、高峯に対する円成の帰依とともに、得宗の母円成の勢威を頼った高峯の配慮があったのであろう。

元応元年（一三一九）四月、円成は使者を土佐に遣わして、夢窓の関東下向をうながした。夢窓はやむなく鎌倉に下って、勝栄寺に寓した。しかし、高峯顕日の高弟太平妙準が円成を通じて依頼した下野国雲巌寺への請住は固辞している。のち、夢窓は北条高時の招きをうけて、鎌倉浄智寺・円覚寺に入った。のちに述べるように、夢窓に対する円成の帰依は、円成が伊豆国北条に移ってからも続いた。

塔の修造などとして表れた円成の信仰を支えた財政基盤は、得宗の母大方としての円成の立場とともに、みずからの所領にあった。中世の初頭、多くの女性が仏事の作善や結縁のためにみずからの財産を提供している(55)。幕府滅亡後、足利尊氏に与えられた常陸国北郡は、「大方禅尼」つまり円成の旧領であった(56)。もと称名寺領であった常陸国北郡は、元亨元年（一三二一）になって円成に寄進されたようである(57)。

金沢文庫所蔵『宝寿抄』の紙背文書の一つに、次のような金沢貞顕書状がある。

　　毎度引返〳〵可承候、
先日承候流失材木事、令申尾藤左衛門入道候之処、難治之由令申候、大方殿御領之間、彼公文所へ可申旨被申候、無左右公文所へ申候ハむ事もいかゝと存候、故実之仁内々申合可相計候、其間も無心本おほしめされやし候らんと存候程に(58)、この書状は資料解説によれば、称名寺金堂の資材とするための材木が、六浦津へ向う途中、大方殿（円成を指す）の所領内に流入したことに関して、その引き取りをめぐる金沢貞顕と得宗被官尾藤左衛門入道演心との交渉などを内容としている。本文書に登場する円成の所領が相模国のどこか具体的に知りえないのは残念であるが、注目すべき点は、得宗の母である大方殿が公文所をもち、その所領が得宗家公文所の支配から独立していた可能性があることである(59)。

今のところ、円成の所領として知りうるのは以上の二例にとどまるが、円成による造塔・造仏などの作善を支えた財政基盤はほかにもあったはずであり、今後、得宗の妻や母の所領の実態を究明することが重要である。

円成はわが子高時の愛妾常葉前が正中二年（一三二五）に男子を生んださい、慣例を破って産所へ参賀に出向いており(60)、高時に対して母としての優しい心遣いをみせている。

貞時の跡をついだ高時は、正中三年三月一三日、病気のため出家した。この時、執権職は弟の泰家にではなく、金沢貞顕に譲られた。泰家の執権就任を妨害したのは、内管領を子の長崎高資に譲ったのちも、隠然たる勢力を保っていた長崎高綱（円喜）であった(61)。『保暦間記』によると、高時・泰家兄弟の母円成はこの措置を憤って、同一六日に泰家を出家させ、関東の多くの武士がこれにならって出家したという。誅伐を恐れた貞顕は、わずか一か月で出家に追い込まれている。この顚末は、得宗貞時の後家で、高時の母でもあった円成の勢威のさまを物語っている。

三　円成寺の開創と展開

（1）円成寺の開創

元弘三年（一三三三）五月の幕府滅亡により、この時六〇歳前後であった円成は、人生最大の困難に直面することになった。戦いに敗れて次々に討死したり、自害してはてた男たちとは別に、生き延びる苦難の道を選んだ得宗高時の母円成にとって、生き残った多くの女性を扶持し、女児たちを養育することが重大な責務となった。

幕府滅亡後、御家人・得宗被官の母や妻や娘たちがどのような人生をたどったかについてはほとんど明らかにされていないが、北条氏一族に対する処分の一環として、みずからの所領を没収された円成の落ち着く場所は、結局北条氏ゆかりの伊豆国北条しかなかったものと思われる。

この年の七月二三日官宣旨により、北条高時与党以外の当知行地が安堵された。(62) つまり、高時に与した者は朝敵とされ、当知行地が安堵されなかったことになるが、二五日、足利高氏（八月、尊氏に改名）に宛てて発給された後醍醐天皇綸旨写が、真珠院（伊豆の国市中條）所蔵の『祇樹林歴鑑録』に収められている。

伊豆国北条宅高時

上総国畔蒜《アヒル》庄領家□可知行之由、可被仰山内禅尼者、

天気□□（如此カ）仍而執啓如此、

元弘三年七月廿五日　　　左少弁（中御門宣明）□□

謹上

左兵衛督（足利高氏）殿(63)

これは良質の写とはいえず、信憑性になお検討の余地が残されているものの、奉者の左少弁は蔵人中御門宣明、充所の左兵衛督は足利高氏であることが『公卿補任』によって明らかであり、文書様式にも大きな問題はないから、史料として用いるのに支障はないであろう。『祇樹林歴鑑録』には、後醍醐天皇綸旨写がもう一通収められている。

上総国畔蒜庄事、止濫妨可全所務之由、可被伝仰山内禅尼之旨、

天気所候也、仍而執啓如件、

十月二日　　　　宮内経季(卿脱)

謹上左兵衛督(足利尊氏)殿

奉者の中御門経季は、『公卿補任』によれば、元弘三年（一三三三）九月一〇日、宮内卿・蔵人頭に任じられているから、この綸旨も元弘三年のものとみてよいであろう。これら二通の綸旨は、後醍醐天皇がこの時期に伊豆の国主であり守護職をあわせもっていた足利尊氏(64)に対して、山内禅尼すなわち円成に伊豆国北条宅と上総国畔蒜荘の給与と安堵を命じたものである。つまり、円成は高時の母であるにもかかわらず、朝敵には加えられなかったのである。

円成に与えられた「伊豆国北条宅高時」とは、一体いかなるものであったろうか。その遺称と考えられるものが、天文八年（一五三九）の伊豆国霊松院雲版銘(65)に「伊豆州北条宅中条郷」、天文二二年（一五五三）の天童覚和尚法語奥書(66)に「豆州北条宅於真珠禅院丈室」とみえている。北条氏の邸宅は、狩野川東岸に沿った標高一〇〇メートルほどの守山（伊豆の国市寺家）の北麓一帯にあったと考えられている。これに対して、中条郷や真珠院は守山の南麓に位置していた。この地域までもが北条宅に含まれていたということは、「北条宅高時」とは、たんに高時の旧宅にとどまらず、守山周辺の居館を中心とする北条氏の支配のおよんだ広い領域を意味しているのであろう。

北条氏の本貫の地である北条宅は得宗が支配していた。幕府滅亡にさいして、たとえ北条氏ゆかりの女性であろうとも、女性たちの多くは命を奪われることなく生き延びたのであって、多数の寡婦や子どもたちを引き連れて鎌倉を去らざるをえなかった円成は、得宗の母であったからこそ、これらの人々とともに生活する場として、北条宅の領有を認められ、責任を負うことになったのである。

夢窓疎石の和歌集『正覚国師集』に、幕府滅亡後、円成が伊豆国北条に住み、夢窓と和歌のやりとりをしていたことがみえている。これは円成の詠歌として知られている唯一のもので、円成はこれからのみずからの人生をはるかに続く山路にたとえて詠んでいる。

相州高時禅門の母儀、伊豆の北条にすみける時、よみてたてまつられける、

あらましにまつらん山ぢたえねただそむかずとても夢の世の中

この歌は、世をそむく我があらましの行末にいかなる山のかねてまつらん、とよみ給ひたりしを思ひ出でられたるにや、

御返し、

夢の世とおもふうき世をなほすてて山にもあらぬ山にかくれよ(67)

円成は伊豆隠退後も、京都の臨川寺や天竜寺に住する夢窓の教えをうけていた。金沢文庫所蔵の『禅宗法語』に「答北条大方殿」という一節がある。これは夢窓が円成に書信で「詠歌の工夫を通して、安心立命と真実道心のあり様うを平易委細に説示(68)」した法語である。なお、この法語の最後には、先の『正覚国師集』に収められた和歌二首が添えられている。

伊豆国北条宅とともに円成に与えられた上総国畔蒜荘は、現在の千葉県君津市東部、木更津市東部から袖ヶ浦町東南部一帯を荘域としたと推定され、北部は北荘、南部は南荘と呼ばれた(69)。南荘内亀山郷は、弘安六年（一二八三）北条時宗により将軍家祈禱所として円覚寺に寄進されていることから、得宗領であったと考えられるが、円成にこの荘園が与えられたのは、このことと関わりをもつのかもしれない。ただ、先に掲げた二通目の後醍醐天皇綸旨は、円成による畔蒜荘の支配が円滑に進まなかったことを示しており、以後も円成と畔蒜荘との関係を示す史料は見出せないから、所領としての実質は早く失われたものと考えられる。

近年実施された伊豆韮山の江川文庫調査により、円成寺関係史料がみつかったが、そのなかのひとつに、暦応二年（一三三九）の足利直義寄進状写がある。

寄進　伊豆国円成寺

同国北条五箇郷原木・山木・肥田中条・南中村　駿河国金持庄内沢田郷幷沓屋郷地頭郷司事

右、円成寺者入道貞時朝臣後室（覚海円成）比丘尼建立尼院也、彼親戚之女児、其種類之寡婦、多入釈門止住当寺、是則扶持単孤無頼窮人之依処也、将亦救済元弘以来亡魂之浄場也、旁有因縁、何不随喜、是以施入数箇田園、遥約尽未来際、仰願善根滋蔓、普覃六種之群萠、法炬熾盛遍照三途之幽暗、寄進之儀旨趣如件、

暦応二年四月五日　（足利直義）左兵衛督源朝臣（花押）[70]

この文書は、北条寺（伊豆の国市南江間）や、『祇樹林歴鑑録』『豆州志稿』にも写があって、それぞれ字句に若干の異同がみられるが、江川文庫の新出史料はこれまで知られていた写の不備を補う良質の写である。

円成寺文書の一部を伝えている北条寺は、北条義時を開基と伝える臨済宗建長寺派の寺院で、境内には義時夫妻の墓といわれる石塔がある。秋山富南は『豆州志稿』の北条寺の項で、「北条長氏ノ禁牓及ヒ氏綱・氏康・氏政ノ文書六章アリ、皆作宝成寺二段六畝歩」と記し、円成寺文書についてはふれていないから、円成寺文書の一部が北条寺に移された時期は、『豆州志稿』が刊行された寛政一二年（一八〇〇）以降のことであるが、その理由は明らかでない[71]。

円成寺の名をはじめて確認できる先の足利直義寄進状は、創建の由緒が詳細に過ぎて、検討の余地があるようにも思われる。しかし、直義はこの時期、山城国桂宮院にも同じような形式の文書を発給しており[72]、寺院側からの申請の文言がそのまま引用されたと考えれば、文書の信憑性にとくに疑いをさしはさむ必要はないであろう。

前に述べたように、円成は正和五年（一三一六）四月、丹波国成松保を円覚寺正続庵に安堵した。建長寺の大

喜法忻は、丹波国成松保に関する文書五通を書きあげた注文で、この文書を「一通　北条円成寺殿状[73]」と記している。諱を寺号とする円成寺という名称は異例のように思われるが、法忻が没した応安元年（一三六八）九月二四日以前には、円成の開いた寺は円成寺と呼ばれていたことは確実である。

先の足利直義寄進状によれば、円成寺は円成が建立した尼寺であり、円成の親戚の女児や寡婦など寄るべない女性たちを扶持するとともに、元弘以来の戦火に倒れた人々の魂を鎮める場として、北条五か郷などが寄進されたのであった。円成寺が新たに建立されたものか、あるいは北条氏のもとの邸宅を利用して寺院としたものかはわからない。

円成寺が元弘以来の戦死者の鎮魂の場でもあったことから、関連してすぐに想起されるのは、安国寺・利生塔である。安国寺・利生塔は、今枝愛眞氏によれば、元弘以来の戦没者に対して深い悔恨の情を抱いていた足利尊氏・直義兄弟が、夢窓疎石のすすめもあって発願し、中国の天寧禅寺や報恩光孝禅寺、インドのアショカ王が建立したという八万四〇〇〇の舎利塔に模して、建武四年（一三三七）に計画され、翌五年ごろから貞和年間（一三四五～五〇）にかけて各国ごとに建設された[74]。

すでに尊氏は建武二年（一三三五）には、丹波国光福寺に日向国石崎郷地頭職を寄進し[75]、また高時の鎌倉の旧居に建てられた円頓宝戒寺に相模国金目郷を寄進して、高時らの怨霊救済を行っていた[76]。今枝氏によって明らかにされたように、安国寺・利生塔の発案・企画から設置にいたる実務にあたったのは直義であった。円成の夫貞時の妹は、直義の父貞氏の妻のひとりであり、円成の立場を気遣った直義が、円成に所領を寄進して援助の手をさしのべることは十分にありうることであった。

そして、尊氏・直義に安国寺・利生塔の設立をすすめたのが夢窓であったことを考えれば、先にあげた円成と夢窓との交流を示す法語や和歌の贈答が行われたのは、元弘三年（一三三三）五月以降、直義の寄進状が発給された暦応二年（一三三九）四月以前のことであり、所領寄進の背景には夢窓の仲介があった可能性が高いのである。新出の江川文庫所蔵年欠七月二日足利義詮書状写によれば、義詮は「北条円成寺住持職」について、国師（夢窓疎石）の定めにしたがい、門徒相承を命じており、これによっても円成寺と夢窓との深いつながりを知ることができる。

それに加えて、注意しておく必要があるのは、のちに述べる通り、円成は上杉氏の帰依した夢窓疎石とともに高峯顕日の高弟であった天岸慧広やその弟子虎渓玄義を通じて伊豆守護上杉氏（尊氏・直義兄弟の母は上杉清子）とも関わりをもっていたことである。直義による所領寄進は、円成をとりまく夢窓ら仏光派の禅僧や伊豆守護上杉氏の働きかけ、さらに直義自身の配慮がさまざまに作用した結果であろう。(77)

円成が円覚寺や建長寺に入った禅僧に帰依していたことから考えて、円成寺が当初から禅宗寺院であったことは疑いない。その構造と規模についてはわかっていないが、おそらく円成の親しんだ鎌倉禅林の世界と構造とを色濃く反映した場所であったろう。御所之内遺跡の第一三次調査（一九九二年・一九九三年）のさい、守山北麓で検出された土塁や溝からは、一四世紀以降の瀬戸窯の香炉などの遺物が出土しており、円成寺に関連した遺構の一部と考えられている。(78)その後、宝珠形水晶や室町期の礎石・池跡などの遺構が確認されており、今後の発掘によって、構造と規模がしだいに明らかになるものと思われ、その成果に期待したい。

ところで、円成の没年はこれまで明らかにされていないが、『常楽記』(79)にその手がかりを見出すことができる。『常楽記』は、醍醐寺報恩院の釈迦院において書き継がれたもので、醍醐寺を中心とした一種の過去帳である。(80)その康永四年（一三四五）八月一二日条に、「北条大方殿他界」と記されている。この時期に「北条大方殿」と呼ばれる可能性のある女性は円成をおいてほかに考えられない。

報恩院は源頼朝の護持祈禱を行った勝賢の弟子成賢が開き、以後、憲深・実深・覚雅・憲淳・隆勝と相承された。報恩院は「関東護持」の院家であり、憲淳は執権北条貞時から「関東御祈禱」の勤仕を安堵されている[81]。そして釈迦院はその弟子隆勝が開いたと伝える[82]。『常楽記』には、貞時をはじめとする北条氏一族や得宗被官の死没年月日が記されており、貞時の妻円成の死没記事が収められても何ら不思議ではない。

こうして、得宗専制から幕府滅亡を経て、伊豆国北条に隠退してのちも激動の時代を生きぬいた円成は生涯を閉じた。この時、七〇歳をこしていたと思われる。

夢窓疎石とともに高峯顕日の高弟であった天岸慧広は、上杉氏の帰依僧であった。足利直義は母上杉清子の信仰の影響をうけ、建武以前の鎌倉在住の時に天岸を受戒師として出家したとみられ、以後も天岸をはじめとする仏光派に帰依した[83]。天岸は元徳元年（一三二九）に元から帰国したのち、伊豆国香山寺に住したことがある。香山寺は、のちに上杉重兼が建立して天岸が開山となった鎌倉報国寺の末寺になっている。

また天岸は、上杉憲顕による伊豆国国清寺開山の招請を固辞して、同門の無礙妙謙を推している。報国寺の由緒や年課などを記した『報国寺記』[84]は、宝徳（一四四九〜五二）頃のものとされているが[85]、そのなかに天岸が伊豆国香山寺を弟子の虎渓玄義に譲ったことを記したのちに、次のような一節がある。

八月十二日、檀那忌、一衆晩炊、献粥点心熱麵、斎会一番座了鳴堂前鐘、僧衆赴円成寺開山塔総持院諷経、此時沙喝年中之活楽也、

香山寺は山木兼隆が建立した密教寺院であったといわれ、のちに上杉氏の帰依をうけた天岸慧広が復興し、弟子の虎渓玄義に譲られたもので、円成寺址から北北東に二・五キロメートルほどのところにある。先の記述は、八月一二日の檀那忌に僧衆が円成寺開山塔総持院に出向いて諷経を行ったことを示している。

八月一二日を忌日とする檀那とは、康永四年（一三四五）八月一二日に没したとみられる円成を指しているのではなかろうか。この推測が成り立つならば、円成の謚号は総持院であり、しかも円成は香山寺の檀那でもあっ

たことから、天岸らの仏光派とかれらを支えた伊豆守護上杉氏とも深い関わりをもったと考えられるであろう。
報国寺の塔頭休耕庵領を書きあげた宝徳三年（一四五一）の注文[86]に、「伊豆州山城内末寺香山寺分」とともに、「上野州大室内蛭沼郷」があげられているのは、円成の祖父景村が上野国大室荘を所領としていたことと関わりがあるように思われる。

（2）上杉氏と円成寺

円成亡きあとの円成寺は大きな支柱を失い、危機を迎えることになった。しかも、鎌倉公方足利基氏と伊豆守護上杉国清との対立は、それにいっそう拍車をかけることになったと考えられる。

関東執事として基氏を補佐していた国清は、康安元年（一三六一）一一月、基氏に背いて鎌倉より伊豆に走り、城郭を構えて基氏に抵抗した。基氏は国清討伐のための軍勢をしばしば派遣し、翌年八月にはみずから出陣して、九月国清・義深兄弟を降参させた。次の史料は、この時期に円成寺も戦乱にまきこまれたことを示している。

北条円成□（寺）事、可停止軍勢甲乙人乱妨之由、度々仰遣了、仍於□（寺カ）内者、雖為無為之儀、至寺領民屋者、致追捕放火云々、甚無謂、招其科歟、重加厳制、可注進狼藉人交名之由、可被加下知之状如件、

康安二年二月十三日　義詮（足利）（花押）

左兵衛督殿（足利基氏）[87]

この文書は、基氏と国清との対立により、円成寺にも軍勢が入って乱妨をはたらき、たびたびの停止命令によって寺内は平穏になったものの、寺領の民家では放火が行われたり、住民が捕えられたりしているため、将軍義詮が基氏に対して、厳制を加え、狼藉人の名前を注進するよう命じたものである。

円成寺領の駿河国沢田郷に賦課される役夫工米は、従来京済を認められていたにもかかわらず、使者が直接と

りたてを行うようになった。そのため、円成寺雑掌は幕府に訴え、嘉慶元年（一三八七）九月、幕府は駿河守護今川泰範にとりたての停止を命じた。(88)

沢田郷は暦応二年（一三三九）四月、足利直義が円成寺に寄進した所領で、応永三年（一三九六）三月、幕府は円成寺長老に対して、段銭と守護役を免除している。(89)しかしこの後、正長元年（一四二八）一〇月になると、沢田郷は武田信重に与えられているから、(90)この頃には円成寺領としての実質は失われていたものと思われる。

また沢田郷とともに足利直義から円成寺に寄進された駿河国沓屋（谷）郷は、永享一一年（一四三九）八月には地頭職が朝比奈妙光に、(91)さらに天文一二年（一五四三）九月には今川義元から朝比奈又八郎に安堵されており、(92)このの地頭方・郷司方ともに三年に一度、駿府浅間社の流鏑馬役をつとめているから、(93)一五世紀以後は円成寺の支配がおよんでいなかったのであろう。

室町時代の円成寺について知りうる材料が上杉氏系図にある。数種知られている上杉氏系図には相互に若干の異同がみられるが、いま『続群書類従』六下に収められた浅羽本によって概要を示すと、次のようになる。

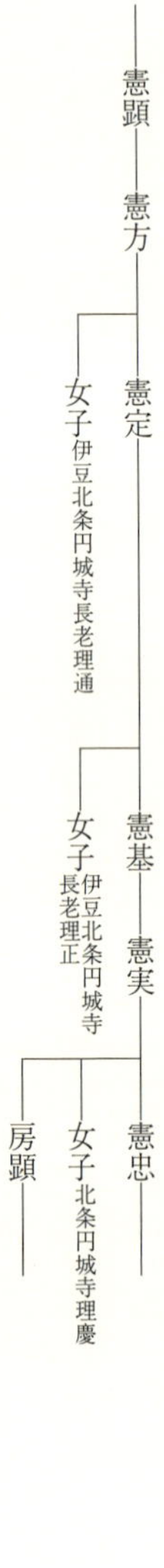

憲顕を祖とする山内上杉氏の三人の女性が入った「伊豆北条円城寺」とは、地名からみて円成寺のことと考えてよく、『寛政重修諸家譜』に収める上杉氏系図にはいずれも「円成寺」と記されている。憲方は建武二年（一三三五）に生まれ、応永元年（一三九四）一〇月二四日に六〇歳で没し、その子憲定は永和元年（一三七五）に生まれ、応永一九年（一四一二）一二月一八日に三八歳で没しているから、憲定の姉妹の理通もおよそ一四世紀後半から一五世紀前半にかけて生きたことになる。

山内上杉氏の女性が円成寺に入った背景として、国清寺との関係を考えておく必要があろう。国清寺は上杉憲顕が父憲房の七回忌にあたる暦応五年（一三四二）正月に開創した可能性が高いとされており、山内上杉氏の氏寺であるとともに、伊豆における上杉氏の軍事的本拠地として強大な勢力をもっていた(94)。

円成寺から北東に四キロメートルほどの奈古谷の地に建立された国清寺が勢威を振るう一方で、円成の没後、しだいに衰えはじめた円成寺に、復興のため上杉氏が一族の女性を入院させたと考えられる。上杉氏出身の理通がいつ円成寺に入ったかは明らかでないが、先に述べた応永三年（一三九六）に幕府より駿河国沢田郷の段銭と守護役の免除をうけた円成寺長老とは、理通を指していると思われ、遅くとも一四世紀後半には上杉氏の勢力がおよんでいたようである。

上杉氏の理通・理正・理慶が継続して円成寺の住持になったことにより、円成寺は上杉氏の尼寺へと性格をかえ、寺院として整備され、国清寺の末寺になったのであろう。円成寺は、天明六年（一七八六）一一月の『禅宗済家鎌倉五山円覚寺末寺敗壊改派寺院牒(95)』に、もともと国清寺の末寺としてあげられており、ただし「今属于曹洞宗」と、この時期にはすでに臨済宗から曹洞宗に宗旨を改めていた。

寛正六年（一四六五）正月四日、将軍足利義政のもとに、円成寺より御器と海苔が進上された(96)。とりついだのは幕府奉行人諏訪忠郷で、「任例旧冬可有京着之処、依坂本路物忩滞留云々」とあることから、歳暮として円成寺からの海苔などの進上が恒例となっていたようである。この年の四月二四日には、義政の返礼として、政所執事伊勢貞親が倉奉行籾井氏からうけとった扇と貞親の書状が忠郷の子貞通に託されて、円成寺に送られた(97)。貞通は円成寺の北に隣接していたと考えられる堀越公方に出入りする活動に関連して、円成寺への幕府の使節をつとめていた。そしてこの時の円成寺住持は、享徳三年（一四五四）一二月二七日に鎌倉公方足利成氏によって誘殺された憲忠の姉妹である理慶の可能性がある(98)。これによって、円成寺がこの時期にも上杉氏の尼寺として、将軍と進物の贈答を行うほどの格式を保っていたことを知りうる。この年の八月には、円成寺からの進物の椎茸と書状が諏訪忠郷によって、蜷川親元のもとに届けられている(99)。

山内上杉氏は、房顕が文正元年（一四六六）武蔵国五十子の陣で病没したのち、越後上杉顕定が家督を継いだが、しだいに衰えた。また、堀越公方も足利政知が延徳三年（一四九一）四月三日に没し、跡を継いだ茶々丸が伊勢長氏（北条早雲）に討たれて終わりを告げた。これによって支持基盤を失った国清寺が荒廃するとともに、円成寺もまた衰退の道をたどることになった。

おわりに――その後の円成寺――

天正一八年（一五九〇）四月、豊臣秀吉は小田原城攻撃の前哨戦として、北条氏規の守る韮山城を包囲したさい、周辺の郷村や寺社に条規を定めたが、先にあげた『祇樹林歴鑑録』には円成寺に発給された「軍勢甲乙人等濫妨狼藉」の禁止など三か条の禁制が収められており、円成寺がなお命脈を保っていたことを示している。

江戸時代に入って、寛永一〇年（一六三三）五月の『曹洞宗末寺帳』(100)に、実山永秀門派の相模国津久井の功雲寺末としてあげられている「山屋敷斗　豆州北条之内　円城寺」とは円成寺のことであり、遅くとも近世初期には宗旨を臨済宗から曹洞宗に改めていた。

実山は、『日本洞上聯燈録』『祇樹林歴鑑録』によると、相模国の松田氏の出身で、春屋宗能に師事し、大雄山最乗寺の輪住をつとめ、文明一二年（一四八〇）に伊豆国中条真珠院の住持となり、長享元年（一四八七）九月九日に没した。真珠院は実山の入寺により、密教系から曹洞宗に改宗され、第二世了忍大寧以後、霊山寺（沼津市香貫）や明徳寺（伊豆市市山）、円成寺など近隣の名刹を改宗して末寺に組み込んでいった(101)。

円成寺は中世末期には真珠院の末寺になったと考えられている(102)。上杉氏の支援を失って衰えはじめた円成寺に、ほどなく曹洞宗の教線がおよんで、寺院としての姿をとどめていたのであろう。現在真珠院境内にある建武二年（一三三五）三月銘の三基の五輪塔と宝篋印塔[103]は、円成寺から移されたものと伝えられており[104]、菩提を弔われた貴喜丸や尼世阿は、円成とともに北条に移り住んだ人たちであったのかもしれない。

寛政九年（一七九七）の寺家村明細帳[105]によると、寺家村は「御産所円成寺」を北の境としていた。そして、円成寺は曹洞宗真珠院末で、「無旦、当時破壊、寺号計」という状況であり、すでにこの時、壊れて檀家もなく、寺号ばかりをとどめるというありさまであった。『祇樹林歴鑑録』には、円成寺の火災が記されているが、寺家村明細帳にみえる円成寺の破壊が火災によるものであったとすれば、この火災は寛政九年以前であったことになる[106]。秋山富南も寛政一二年（一八〇〇）の『豆州志稿』で、「廃円成寺、守山ノ北ニ在リ、近年廃ス」と、守山の北にあった円成寺が廃寺になっていたことを記述している。

こうして、円成寺はおよそ四六〇年にわたる波乱の歴史を閉じ、以後再建されることもなく、かろうじて文書と伝承のなかにその名をとどめることになったのである。

（1）円成と円成寺に関する論考として、以下のものがある。
三浦吉春「北条貞時後室覚海円成尼について——伊豆国円成寺の創建とその時代的背景——」（『地方史静岡』五、一九七五年）。『韮山町史』三巻中（一九八六年、二一九～二二六頁）。『韮山町史』四巻（一九八八年、三五七～三六五頁、尾形禮正氏執筆）。牛山佳幸「中世の尼寺と尼」（大隅和雄・西口順子編『尼と尼寺』シリーズ女性と仏教1、平凡社、一九八九年）。『韮山町史』一〇巻（一九九五年、五五〇～五五四頁・六二六～六二八頁、小和田哲男氏執筆）。

（2）貞時の出家日について、『武家年代記裏書』は八月二三日丑刻、『尊卑分脈』『鎌倉大日記』（生田本）『将軍執権次第』は八月二二日、『関東開闢皇代并年代記』『北条九代記』『帝王編年記』『鎌倉年代記』は八月二三日とする。

（3）村井章介「安達泰盛の政治的立場」（中世東国史研究会編『中世東国史の研究』東京大学出版会、一九八八年）、のち

『中世の国家と在地社会』（校倉書房、二〇〇五年）に収録。
（4）『金沢文庫資料図録』書状編一（神奈川県立金沢文庫、一九九二年、二四四頁）。
（5）拙稿「関東祈禱寺の展開と歴史的背景――鎌倉幕府の宗教政策についての一考察――」（『人文論集』静岡大学人文学部、二八―二、一九七七年）、のち『日本中世の政治権力と仏教』（思文閣出版、二〇〇一年）に収録。
（6）村井章介「執権政治の変質」（『日本史研究』二六一、一九八四年）、のち『中世の国家と在地社会』（前掲注3）に収録。
（7）佐藤進一『日本の中世国家』（岩波書店、一九八三年、一五六頁）。
（8）村井章介「渡来僧の世紀」（石井進編『都と鄙の中世史』吉川弘文館、一九九二年）、のち『東アジア往還』（朝日新聞社、一九九五年）に収録。
（9）玉村竹二「北条貞時の禅宗帰嚮の一断面――曹洞宗宏智派の日本禅林への導入について――」(上)(下)（『金沢文庫研究』一二五・一二六、一九六六年）、のち『日本禅宗史論集』下之二（思文閣出版、一九八一年）に収録。
（10）今枝愛眞「曹洞宗宏智派の発展と朝倉氏」（『中世禅宗史の研究』東京大学出版会、一九七〇年、四八四頁）。
（11）貫達人・川副武胤編『鎌倉廃寺事典』（有隣堂、一九八〇年、三八頁）。
（12）奥富敬之氏は、貞時出家の理由を、北条時基に嫁していた十代になったばかりの貞時の長女が、正安三年正月二二日に夭折したことを悲嘆したことによるものと推測している（奥富敬之『鎌倉北条一族』新人物往来社、一九八三年、二四二頁）。なお、貞時長女の没日を、『興福寺略年代記』は正月一四日、『武家年代記裏書』は正月二一日とする。
（13）『東明和尚語録』（玉村竹二編『五山文学新集』別巻二、東京大学出版会、一九八一年、五七頁）。
（14）『鎌倉市史』社寺編（一九五九年、三七〇頁）。
（15）『秋澗泉和尚語録』（玉村竹二編『五山文学新集』六巻、東京大学出版会、一九七二年、六二・六五・七一・七二・七八・八〇頁）。
（16）『一山国師語録』（『大正新脩大蔵経』八〇巻、大正新脩大蔵経刊行会、三三〇頁）。
（17）『仏種慧済禅師中岩月和尚時歴譜』（『続群書類従』九輯下、六一一頁）。
（18）『拾珠抄』五（『天台宗全書』二〇巻、第一書房、二一二頁）。多賀宗隼「安居院僧都覚守――金沢文庫本「式事」そ

の他に因みて――」(上)(下)(『金沢文庫研究』七九・八〇、一九六二年)、のち『論集中世文化史』下　僧侶篇(法蔵館、一九八五年)に収録。
(19) 前掲注(18)『拾珠抄』五(『天台宗全書』二〇巻、二〇七頁)。
(20) 多賀宗隼「北条執権政治の意義」(『鎌倉時代の思想と文化』目黒書店、一九四六年、三一〇頁)。
(21) 前掲注(11)貫達人・川副武胤編『鎌倉廃寺事典』二二六頁。
(22) 前掲注(14)『鎌倉市史』社寺編、一六四頁。
(23) 結城錦一氏所蔵安達氏系図には、堀内殿(覚山志道)と考えられる女子に、「貞時朝臣母儀以妹為養子」という注記があり、泰盛は妹堀内殿を養子にしたとする(『群馬県史』通史編三中世、一九八九年、二〇四頁)。また、『系図纂要』北条氏系図の貞時の項に、「母秋田泰盛女弘安八年十九卒、潮音院覚山志道」(八冊、名著出版、一九七四年、三〇九頁)と記され、堀内殿を泰盛の娘としている。なお、没年を弘安八年とするのは、嘉元四年の誤りである。
(24) 川添昭二「安達泰盛とその兄弟」(『棲神』五三、一九八一年)、のち『日蓮とその時代』(山喜房仏書林、一九九九年)に収録。
(25) 前掲注(24)川添昭二「安達泰盛とその兄弟」二五頁。
(26) 『仏光国師語録』巻四(『大正新脩大蔵経』八〇巻、一七四頁)。
(27) 無外如大については、バーバラ・ルーシュ『もう一つの中世像』(思文閣出版、一九九一年、八頁以下)、山家浩樹「無外如大の創建寺院」(『三浦古文化』五三、一九九四年)参照。
(28) 井上禅定『駈入寺――松ケ岡東慶寺の寺史と寺法――』(小山書店、一九五五年、一〇頁)。
(29) 『仏光国師語録』巻三(前掲注26『大正新脩大蔵経』八〇巻、一六四頁)。前掲注(28)井上禅定『駈入寺』一三頁。
(30) 前掲注(28)井上禅定『駈入寺』二三頁。
(31) 『鏡堂和尚語録』(前掲注15玉村竹二編『五山文学新集』六巻、四七〇頁)。
(32) 前掲注(15)玉村竹二編『五山文学新集』六巻、一一二四頁。
(33) 相州文書所収円覚寺文書嘉元四年三月二十八日覚山志道寺領寄進状(『神奈川県史』資料編二古代・中世(二)、一九七三年、一五二七号)。貫達人「建長寺正続庵領丹波国成松保について」(『白山史学』二、一九五六年)。

（34）中山文書年月日欠笠原荘一宮記（『静岡県史』資料編五中世一、一九八九年、四八七号）。中山文書文保二年十一月二十日安達時顕裁許状（『静岡県史』資料編五中世一、一六七七号）。笠原荘については、『袋井市史』通史編（一九八三年、三七六～三七九頁、湯之上隆執筆）、『静岡県史』通史編二中世（一九九七年、六八～七四頁、筧雅博氏執筆）参照。

（35）前掲注（33）『神奈川県史』資料編二古代・中世（二）、二六四三号。

（36）前掲注（14）『鎌倉市史』社寺編、三七〇頁。

（37）『尊卑分脈』に、泰宗の女子に「貞時朝臣母」と記されているのは、頭注にもある通り、「貞時朝臣妻」の誤りである。『系図纂要』には「景村――泰宗大室三郎――女平貞時母」（三冊、名著出版、一九八三年、九四頁）と記されている。結城錦一氏所蔵安達氏系図には、「景村――泰景太郎左衛門――女子」と記され、景村の子を泰景とする（前掲注23『群馬県史』通史編三中世、二〇四頁）。

（38）佐藤進一『増訂鎌倉幕府守護制度の研究』（東京大学出版会、一九七一年、九〇頁）。

（39）前掲注（23）『群馬県史』通史編三中世、二二七頁。

（40）田中稔「秋田城介時顕施入の法華寺一切経について」（『大和文化研究』五―六、一九六〇年）、のち『鎌倉御家人制度の研究』（吉川弘文館、一九九一年）に収録。前掲注（4）『金沢文庫資料図録』書状編一、二四四頁。

（41）『禅居集』（上村観光編『五山文学全集』一巻、帝国教育会出版部、一九三五年、四九三頁）。

（42）円覚寺文書年欠十二月十一日北条貞時書状（前掲注33『神奈川県史』資料編二古代・中世（二）、一六〇二号）。

（43）円覚寺文書正和五年四月二十三日円成書状（前掲注33『神奈川県史』資料編二古代・中世（二）、二〇二一号）。

（44）前掲注（15）玉村竹二編『五山文学新集』六巻、四七〇頁。

（45）勝浦令子『女の信心――妻が出家した時代――』（平凡社、一九九五年、一〇八頁）。

（46）玉村竹二氏は、東明慧日の弟子の法諱に系字「円」の多いことを指摘している（前掲注9「北条貞時の禅宗帰嚮の一断面」一二七頁）。

（47）前掲注（13）玉村竹二編『五山文学新集』別巻二、二六頁。

（48）建長寺文書元亨三年十月二十一日建長寺華厳塔供養疏（前掲注33『神奈川県史』資料編二古代・中世（二）、二三六三号）。

(49) 前掲注(16)『大正新脩大蔵経』八〇巻、四八七頁。
(50) 貞時の法号が最勝園寺覚賢であることは、『系図纂要』（八冊、三〇九頁）に記載されている。これについては山家浩樹氏の御教示による。覚海が覚山に因む安名と考えられることについては、前掲注(28)井上禅定『駈入寺』三七頁に指摘されている。
(51) 円覚寺文書北条貞時十三年忌供養記（前掲注33『神奈川県史』資料編二古代・中世(二)、一三六四号）。
(52) 西尾賢隆「日元における清拙正澄の事績」（『日本歴史』四三〇、一九八四年）、のち「清拙正澄の事績」と改題して『中世の日中交流と禅宗』（吉川弘文館、一九九九年）に収録。
(53) 前掲注(33)『神奈川県史』資料編二古代・中世(二)、三〇〇五号。
(54) 玉村竹二『夢窓国師』（平楽寺書店、一九五八年、四九頁）。
(55) 高木豊「中世の妻女と後家と後家尼」（『月刊百科』二四〇、一九八二年）。
(56) 『静岡県史』資料編六中世二（一九九二年、二九号）。
(57) 金沢文庫文書元亨元年六月二十二日将軍家寄進状案（前掲注33『神奈川県史』資料編二古代・中世(二)、二二六七号）。
(58) 前掲注(4)『金沢文庫資料図録』書状編一、二九五頁。
(59) 前掲注(4)『金沢文庫資料図録』書状編一、二九六頁。
(60) 金沢文庫文書（正中二年）十一月二十二日金沢貞顕書状（前掲注33『神奈川県史』資料編二古代・中世(二)、二四四八号）。
(61) 筧雅博「道蘊・浄仙・城入道」（『三浦古文化』三八、一九八五年、九頁）。
(62) 総持寺文書元弘三年七月二十三日官宣旨（『大日本史料』六—一、一四四頁）。
(63) のちに円成寺の本寺となる真珠院に所蔵される『祇樹林歴鑑録』に、「円成寺一件」として、四通の円成寺関係文書の写が収められており、この綸旨はそのうちの一通である。これらの文書は、編者の注記に、
　当寺火災前、安久村秋山文蔵伊豆史編集之ため、古書写行候ニ付、此度此方江写取申候、
とあるように、秋山文蔵（富南）による『伊豆史』編纂の過程で書写されたものを、さらに写したものであった。「当寺火災」の当寺とは、円成寺を指すものと考えられる（前掲注1三浦吉春「北条貞時後室覚海円成尼について」二二

頁）。後述するように、円成寺の火災は寛政九年（一七九七）以前のことで、正文はおそらくこの時に失われたのであろう。

(64) 佐藤進一『室町幕府守護制度の研究』上（東京大学出版会、一九六七年、一一七頁）。
(65) 『静岡県史』資料編七中世三（一九九四年、一四九一号）。
(66) 前掲注(65)『静岡県史』資料編七中世三、二二一八五号。
(67) 『新編国歌大観』七巻　私家集編Ⅲ（角川書店、一九八九年、七〇五頁）。
(68) 『金沢文庫資料全書』一巻（神奈川県立金沢文庫、一九七四年、二八〇頁）。
(69) 『講座日本荘園史五　東北・関東・東海地方の荘園』（吉川弘文館、一九九〇年、一九六頁、伊藤喜良氏執筆）。『角川日本地名大辞典一二　千葉県』畔蒜荘の項（角川書店、一九八四年）。
(70) 『江川文庫古文書史料調査報告書二』古文書（一）（静岡県教育委員会、二〇〇七年）。前掲注(56)『静岡県史』資料編六中世二、二二二八号は、北条寺文書から採録している。
(71) 牛山佳幸氏は、「伊豆円成寺は静岡県田方郡伊豆長岡町南江間に現存する北条寺が、その後身と考えられる」（前掲注1「中世の尼寺と尼」二二六頁）と述べているが、この見解を立証する根拠は見出せない。
(72) 広隆寺文書暦応二年十二月二十七日足利直義寄進状（『大日本史料』六―五、八四七頁）。
(73) 続燈庵文書年月日欠大喜法忻丹波国成松保文書注文（『鎌倉市史』史料編三・四、一九五八年、一七三頁）。
(74) 今枝愛眞「安国寺・利生塔の設立」（前掲注10『中世禅宗史の研究』）。
(75) 安国寺文書建武二年三月一日足利尊氏寄進状（『大日本史料』六―二、三〇九頁）。
(76) 相州文書所収宝戒寺文書建武二年三月二十八日足利尊氏寄進状（『大日本史料』六―二、三五六頁）。
(77) 三浦吉春氏は、円成寺への所領寄進の要因として、⑴北条氏のもっていた伊豆を引き継いだ尊氏にとって、円成寺への所領寄進は伊豆国経営上得策であったこと、⑵足利氏と北条氏とは深い姻戚関係にあったこと、⑶元弘以来の戦没者の霊をとむらうという政策の一環であったこと、の三点をあげている（前掲注1「北条貞時後室覚海円成尼について」三〇～三一頁）。
(78) 『伊豆韮山円成寺遺跡――御所之内遺跡第一三次調査――』（韮山町教育委員会、一九九五年）。

(79)『群書類従』二九輯。
(80)川瀬一馬「中世に於ける伝記資料「常楽記」の原本」（『日本書誌学之研究』大日本雄弁会講談社、一九四三年）。
(81)永村眞「醍醐寺報恩院と走湯山密厳院」（『静岡県史研究』六、一九九〇年）。
(82)『醍醐寺新要録』巻五、釈迦院篇（『醍醐寺新要録』上、法蔵館、一九九一年、三〇八頁）。
(83)玉村竹二「足利直義禅宗信仰の性格」（『仏教史学』七―三、一九五八年）、のち『日本禅宗史論集』下之二（思文閣出版、一九八一年）に収録。
(84)『神奈川県史』資料編三古代・中世(三上)（一九七五年、三三〇四号）。本史料は田辺久子氏の御教示によって知った。
(85)前掲注(14)『鎌倉市史』社寺編、二三四頁。
(86)報国寺文書宝徳三年三月二十七日休畊庵寺領注文（前掲注84『神奈川県史』資料編三古代・中世(三上)、六一一九号）。
(87)剣持文書康安二年二月十三日足利義詮御判御教書（前掲注56『静岡県史』資料編六中世二、六三五号）。
(88)北条寺文書嘉慶元年九月二十三日管領斯波義将奉書（前掲注56『静岡県史』資料編六中世二、一〇五六号）。
(89)北条寺文書応永三年三月三日管領斯波義将奉書（前掲注56『静岡県史』資料編六中世二、一二〇七号・一二〇八号）。
(90)『満済准后日記』正長元年十月二十三日条（前掲注56『静岡県史』資料編六中世二、一七一一号）。
(91)蠹簡集残編永享十一年八月二十四日某書下（前掲注56『静岡県史』資料編六中世二、一九七〇号）。
(92)朝比奈文書天文十二年九月十九日今川義元判物（前掲注65『静岡県史』資料編七中世三、一六五四号）。
(93)村岡大夫文書天文十八年八月十一日駿府浅間社社役目録（前掲注65『静岡県史』資料編七中世三、一九三三号）、静岡浅間神社文書永禄元年八月十三日今川氏真朱印状（前掲注65『静岡県史』資料編七中世三、二六四四号）。
(94)田辺久子「国清寺と上杉氏――伊豆国奈古谷と相模国鎌倉と――」（『静岡県史研究』五、一九八九年）。
(95)寺院本末帳研究会編『江戸幕府寺院本末帳集成』中（雄山閣出版、一九八一年、二一一六頁）。
(96)『親元日記』寛正六年正月四日条（前掲注56『静岡県史』資料編六中世二、二四六一号）。
(97)『親元日記』寛正六年四月二十四日条（前掲注56『静岡県史』資料編六中世二、二四六六号）。
(98)家永遵嗣『室町幕府将軍権力の研究』（東京大学日本史学研究室、一九九五年、二八〇頁）。山家浩樹氏の御教示による。

(99)『親元日記』寛正六年八月九日条（前掲注56『静岡県史』資料編六中世二、二四七三号）。
(100) 寺院本末帳研究会編『江戸幕府寺院本末帳集成』上（雄山閣出版、一九八一年、三二一頁）。
(101) 前掲注(1)『韮山町史』四巻、二五六～二五八頁。
(102) 前掲注(1)『韮山町史』四巻、三六五頁。
(103) 前掲注(56)『静岡県史』資料編六中世二、六六～六八号。
(104) 前掲注(1)『韮山町史』四巻、二七九頁。
(105)『韮山町史』五巻(上)、一九八九年、四八〇頁。
(106) 三浦吉春氏は、円成寺の火災を寛政一〇年（一七九八）頃としている（前掲注1三浦吉春「足利貞時後室覚海円成尼について」三二一頁）。

第六章　中世仏教と地方社会——六十六部聖を手がかりとして——

はじめに

仏教諸宗派の祖師や、名僧・高僧らとその周辺の僧侶らによって、鮮やかに、あるいは厳かに彩られた中世仏教教団の周縁に身をおき、日本六六か国の聖地巡礼を目指して、旅を続けた六十六部聖を手がかりに、中世仏教と地方社会とを結ぶ、みえにくい糸を探りあてようとする点に、本章のねらいがある。

民間信仰の担い手である勧進遊行聖の一つとして廻国聖を位置づけた堀一郎氏は、「廻国聖は一に六十六部又は六部ともいひ、法華経を書写し、全国六十六箇所の霊場を巡つて奉納する行脚修行僧を指す」と述べ、廻国聖と六十六部聖は同じ宗教者の別の表現と指摘した。(1) しかし、厳密にいえば、廻国聖と六十六部聖をまったく同じ宗教者とみることは妥当でなく、前者が何らかの宗教的な目標をもって、諸国の聖地を行脚修行する僧侶を指す広い概念であるのに対し、後者はそれと重なりをみせつつ、平安時代の法華経を受持読誦する持経者を源流とし、親族の追善とみずからの逆修を主な目的として、日本六六か国の聖地への納経（とくに「諸経の王」と呼ばれた法華経）巡礼の修行を目指した聖であったところに重要な特色がある。

聖が隠遁性、苦行性、遊行性（回国性）、呪術性、世俗性、集団性、勧進性、唱導性という性格をもつ宗教者であったことは、すでに五来重氏によって指摘されている。(2)

中世の六十六部聖は、東北から九州にいたる日本列島の聖地をめぐり往きて、異郷の地に果て、あるいは幸いにも故郷に還ることのできた者もいたであろう。かれらはみずからの活動の記録を文字として残すことが少なかった。六十六部聖の宗教活動は、たんに庶民信仰や民間信仰の枠には収まらない複雑な要素をもっており、文献史料のみならず、説話、経筒銘などの金石文、絵画資料などにまで視野をひろげ、乏しい史料の断片を紡ぎながら、かれらの活動の実態とそれを支えた社会的背景、加えてかれらに信仰を託した人々の世界にまで、丹念に奥深く見極め、総合して考察する必要がある。

一　源頼朝の前世

人間としての生命を終えたのち、もし生まれ変わることができるとしたら、なにになりたいか――この問いに対する答えは、各人の人生観や宗教観・世界観を色濃く反映したものになるであろう。これに対して、歴史上著名な人物の前世について作り出された物語は、作成する側の宗教的な観念をともない、場合によっては政治的な意図が働くこともあるであろう。

たとえば聖徳太子を、隋の天台智顗の師である南岳慧思の転生したものとする説が奈良時代には生まれ、中国にも知られていたらしい(3)。

また平清盛は『平家物語』（巻六　慈心房）では、比叡山中興の祖とされる良源の再誕とされ、閻魔王から慈心房尊恵に、「件の入道はたゞ人にあらず、慈恵僧正の化身なり。天台の仏法護持のために日本に再誕」したという夢告があった、と表現されている。

「事之草創」の気宇をもって挙兵し、武家政権を興した源頼朝の前世は、六十六部聖の頼朝房であったとする説話が六十六部縁起に右大将殿縁起として叙述されており、中世の作とみられる次の三点が現在知られている。

①　称名寺所蔵・神奈川県立金沢文庫保管

わずかに料紙一枚（縦三二・五センチメートル、横四七・三センチメートル）の断簡で、紙背文書がある。これまでこれらは、『金沢文庫古文書』七輯五二四五号に「社寺交名」、九輯六七七九号に「法華堂縁起」として別々に収録されて以来、いずれもこの史料名が通用されてきた。

この史料を初めて詳細に分析した入間田宣夫氏は、前者の「社寺交名」を「関東御祈禱所のリスト」であるとし、「日本六十六ケ国のそれぞれの国ごとに一ケ所の社寺名を記した注文または交名（名簿）」と指摘した。[4]しかし、旧稿ⓐ[5]で明らかにした通り、入間田氏の見解は妥当ではなく、後者の「法華堂縁起」という史料名をつけられたものは、第一次文書として書かれた六十六部縁起であり、紙背に「社寺交名」と呼ばれてきた六十六部納経所交名が書かれたものである。わずか一枚の断簡の性格が解明されたことによって、六十六部聖に関する文字史料は、これまでよりはるかに豊かになり、頼朝房説話や六十六部納経所の分析作業を進めるにあたって、関連史料を結ぶ糸口をみつけることができるようになったのである。

②　日光輪王寺天海蔵

料紙六枚からなる巻子本。縦三〇・五センチメートル、全長三六五・九センチメートル、朱界線が引かれ、界高二六センチメートル、界幅三・五〜三・七センチメートルである。旧稿ⓑで分析したように、①と②は、語句や体裁に若干の異同がみられるが、内容はまったく同じであり、称名寺本が多数の字句の挿入を含み、一行の字数も不定の草稿であるのに対し、天海蔵本は一行一一〜一二字程度の清書本である。称名寺本が祖本の一つとなり、それが転写されていく過程で、天海蔵本が成立したと考えられる。

③　叡山文庫真如蔵

『法則集』に「六十六部縁起之事」として収められている。平家により先祖伝来の所領を召し上げられた伊豆国の新平三の話から始まることは、①②と共通している。出雲大社参籠にさきだつ熊野権現への参籠は①②にみられず、また文章表現の異なる部分もある。しかし、頼朝の前世を六十六部聖の頼朝房とし、法華経との結縁により、所領回復をはたした、という筋の展開は同じである。

本書を初めて紹介した牧野和夫氏によれば、「(①・②)両本に対する異本の位置にあ」り、「(法則集は)おそらく、常陸国吉田郡にゆかりの天台寺院にて成立した表白類を中心にして書き留められたもの、と考えてよく、ここに紹介する『六十六部縁起』もまた、常州吉田郡の西光寺あたりに伝来したもの、と推定できる(6)」という。

さらに牧野氏は、「頼朝房の登場する六部縁起は、鎌倉末期の頃にはすでに関東に成立し、おそらく『埋経』などの信仰と表裏をなして東国の諸寺院(天台宗が主流か)を中心に流伝をみたものではなかったか、と臆測することもできる(7)」と指摘している。

以上三点の六十六部縁起に引用された右大将殿縁起は、頼朝房という六十六部聖が、法華経の書写と奉納の功徳によって、将軍源頼朝に生まれ変わったとするところに基調がある。

六十六部縁起の作成者は明らかでないが、①を所蔵する称名寺では審海ら著名な天台学者が輩出され、②の日光山は関東天台の中心の一つであり、さらに③が比叡山に伝えられたことを考えあわせると、東国の天台宗に関わる人物であったと思われる。そしてその背景には、法華経奉納の功徳を説き、化他の勧進唱導活動を行う聖集団の存在が考えられる。六十六部聖は主体的独自性の表明として、法華経に帰依し、鎌倉幕府を開いた源頼朝を六十六部聖の転生したものとする唱導説話を作り出したのである。

室町時代前期の成立と推定され、牛若(源義経)の未来はすべて前世の宿業によるという主意の判官物『天狗の内裏(8)』には、「らいてふ、ほふでう、けいじ坊」のほか、「けいじ坊」の笈に入っていた「あかねずみ」が六十余州を回った功力によって、源義経に生まれ変わった、という話が語られている。

さらに謡曲『沼捜』には、「頼朝は、六十六府の聖なりしが、五畿七道へ納め給ひし、其法華経の功力により、今又天下の重祚たり」という記述にみられるように、頼朝転生譚は中世文芸の世界に語りつがれていた。

六十六部聖の転生譚は近世にもみられる。一例をあげれば、丹波国の『成相寺旧記』に、同寺の僧秀寛が同国岩滝村にある高国上人の墓について、次のような伝承を聞いたことが書きとめられている。すなわち、高国という上人が六十六部納経の修行を終え、岩滝村に帰って供養を遂げた。そののち諸人に語っていうには、我が願いはすでに成就したので、近日中に海中において水定の行に入る、と。用意がことごとく整って、いよいよ水定に入る日、高国は舟に乗って海に出たが、はなはだ後悔の念を催し、なかなか海中に入ろうとしないので、ある者が無理に海中に押し入れた。その後、高国は納経の功力によって、京極丹波守高国に、無理に海中に押し入れた男は高国の悪代官岩滝五右衛門に生まれ変わった、という話が伝えられていた。

京極高国は丹後国宮津藩主高広の長男で、承応三年（一六五四）に家督を嗣いだ。父の厳しい藩政に替わって、治世の当初は善政に励んだが、次第に悪政を重ねるようになったため、寛文六年（一六六六）、父が幕府に無道の由を愁訴した。幕府は高国が親族と和順せず、封地の仕置も良くないことを理由に、宮津藩領を没収、一族も処分した。結局、高国は盛岡藩に預けられ、延宝三年（一六七五）一二月二四日、盛岡において六〇歳で没した。

先の伝承によれば、高国上人は本来、法華経六十六部納経の修行にもとづく功徳の力により、迷界を離れてさらに高次の転生が可能であったにもかかわらず、往生のきわになって、みずから宣言した水定を後悔したため、再び人間界に生まれ変わって丹波国の太守京極高国となった。この伝承の背景には、高国が次第に虐政を重ねるようになった理由について、妄念をおこして臨終を迎えたことに求める、という発想があるように思われる。

また宝永二年（一七〇五）に完成し、のち補筆された小笠原氏歴世の系譜「笠系大成」の宗康の項には、次のような記述がある。(9) 小笠原政康の子宗康の前世は、忠岳という六十六部聖であった。ある時、忠岳は政康が五、六〇〇騎を随え、行粧厳重に善光寺へ参詣する様子をみて、人間の栄華に感嘆した。それに対し、いまの自分は、頭陀を掛け、笈を背負って、流浪行脚の生涯を送っている。後世では小笠原家の一員として転生したいと誓い、堂の後ろに忠岳という字を刻んだ碑をたてた。忠岳は犀川で溺死したが、その夜、政康の妻は六十六部聖が胎内を借り、懐妊する夢を見、のち男子を出産した。その子の握り締めていた掌をみると、忠岳という字が書かれており、人々は宗康が忠岳の再生であると信じた。

説話は、文字にならない奥深さを常に背後に背負っている。その見えない世界をいかに透視するかが説話の読み方だともいえる。深層にかかえこまれた世界を通して、はじめて説話は真の姿を顕す。文字の世界は氷山の一角にすぎない。説話の深層をさぐっていくと、あちこちで見えないはずの地底の岩盤が不意に突出したり、断層の亀裂をふとかいま見せたり、まったく思いもよらぬ地平に連れていかれる。知の冒険を縦横に楽しませてくれる。それが説話の醍醐味である。説話は物語の一種ではあるが、より現実や日常に深く刺しこんだ衝迫性をおびているのではないか(10)。

説話生成の経緯と社会的背景などについて考える場合、小峯和明氏のこの指摘は耳を傾けられるべきもので、頼朝房説話の分析にあたっても、十分に考慮される必要がある。

近世にいたっても、寛文六年（一六六六）に刊行された、天台僧勝範の『智無智通用集』には、六十六部の奉加について、「夫今経者諸仏自証之秘蔵、群生開悟之根本也(11)」と指摘し、さらに「憑貴賤励力、蒙緇素合力、書写六十六部之妙経、欲果回国素願」と、法華経六十六部の書写と廻国の意欲が記された。また安永九年（一七八〇）六月の『六十六部用心鑑』には、「夫廻国修行ハ末下根の衆生、最上第一の行にして、難行苦行を以て身ごう《（業）》とし、念仏三まいを以て口ごう《（業）》とし」と、廻国修行の意味が述べられている。

近世における六十六部奉納所としては、天野信景の『塩尻』巻七六に引用する宝永四年（一七〇七）の東武旭誉の出版が知られている。さらに翌年七月二日付で、『日本回国六十六部縁起』が版行されている。これは江戸大伝馬三町目の本問屋小林喜右衛門近房が出版したもので、縁起の前に「日本海陸寒暖図」を配し、奥書には「天下泰平　国土安穏／三界万霊　六親眷属　七世父母／為二親兄弟菩提」と記されている。この縁起については、大谷大学所蔵本・福島県表郷村鈴木家本・福島県山都町五十嵐家本などが紹介されている。[12]

山崎美成を中心とする好古・好事家が集まり、文政七年（一八二四）四月から翌年一一月にかけて開かれた耽奇会で展観された『日本回国六十六部縁起』[13]は、初めに日本海陸寒暖図を置き、縁起には頼朝房・悪源太義平・中宮太夫朝長らが登場していることから考えて、宝永三年（一七〇六）の小林近房版であったと思われる。静岡県三島市の伊達英一氏所蔵の『日本回国六十六部縁起』は、宝永五年版を覚応院という僧が写したものである。

これらのことから、六十六部廻国の増加を契機として一八世紀初めに『日本回国六十六部縁起』が刊行され、さらにそれによって六十六部廻国のいっそうの増加をうながすことになったと考えられる。

このほか、東京都立中央図書館加賀文庫所蔵の版本『日本廻国之縁起幷国付納所付』（刊行年未詳）は、下野国河内郡新里村の念西が著し、大坂大手筋錦町二丁目の書肆菊屋勘四郎の版行によるもので、大坂心斎橋安堂寺町の大野木（秋田屋）市兵衛とともに六十六部納経と納帳の販売所にもなっていた。この本の最後には、「御経納所寺々の縁起幷道法道中記」も近く販売予定の旨が記されている。なお表紙の押紙には「見料壱分」と書かれており、貸本として出回っていたとみられる。

近世における六十六部縁起の展開と納経帳の増加については、ほかに論ずべき事柄も多いが、別の機会を得て考察したい。

二　六十六部聖と「六十六」という数字

六十六部如法経書写の初見史料は、旧稿ⓒで、九条兼実の日記『玉葉』寿永三年（一一八四）三月四日条と指摘した。また、これまで「六十六部聖による奉納経筒で、年代の特定できる確かな遺物としては、文保三（一三一九）年に、山形県の羽黒山に埋納されたものが、もっとも早い例として知られている[14]」と考えられていた。

福岡県糟屋郡久山町大字久原字花ノ木原一一一の一番地白山山頂（標高二六二・一メートル、山頂には白山権現社があったという）からの出土と伝えられる四段積上式経筒には次のような銘文がある。

　　　敬白
　　　如法妙法蓮華経六十六
　　　部内書写一門眷属
　　　代々息災延命七難
奉納志　即絶為妙香現世二
　　　世安穏乞大願
　　　為奉納也
　　　施主□
　　　天仁二巳《己》丑□日
　　　大勧進僧
　　　　　実□[15]

この経筒銘文を紹介した宮小路賀宏氏は、平安時代後半には六十六部巡拝の風習がある程度形成されていたとする関秀夫氏の推論の物証資料とし、「経筒の紀年は天仁二（一一〇九）とあり、紀年銘をもつ積上式経筒では最も古いもの」と指摘している。また宮小路氏は、六十六部如法経に関する初見史料について、東大寺宗性の著作『春華秋月抄草』一四の紙背文書の一つ、寛喜三年（一二三一）九月二六日如法経奉納状案文にみえる「如法経六十六部」を初見とする関氏の見解を引用するにとどまっているが、この天仁二年の紀年銘をもつ経筒に刻字された「如法妙法蓮華経六十六部」こそ、これまでのところ、六十六部如法経に関わる最古の史料である。

また、この経筒の施主が六十六部聖であったとすれば、これまで六十六部聖による奉納経筒でもっとも早いものとされてきた山形県羽黒山に埋納された文保三年（一三一九）の経筒より二一〇年をさかのぼるものが見出されたことになる。

六十六部聖は書写した法華経を寺社に奉納し、その証として六十六部聖に請取状が発給された。鎌倉時代では、寛喜三年九月二六日の伊賀国黄滝寺、弘安三年（一二八〇）五月晦日の安房国清澄山のものが知られている。南北朝期には、版摺の請取状もみられるようになり、相模国大山寺や下野国長楽寺のものが知られている。京都相国寺鹿苑院蔭凉軒主の日記『蔭凉軒日録』永享九年（一四三七）二月五日条によると、六十六部の経を諸国に奉納したさいの請取状を蔭凉軒主季瓊真蘂が将軍足利義教にみせている。内容については明らかでないものの、諸国に奉納された「六十六部御経」について、「各有請取状」と記されていることからみて、六十六部納経が行われた全国の寺社から請取状が納経者に渡されていたことを示している。

奉納にあたっての札銭は、不明の点が多いが、備前国一宮吉備津彦社の康永元年（一三四二）六月二八日の社法によると、六文（時に一二文）であったことが知られている。

鎌倉後期から南北朝期にかけて、納経の旅を続ける六十六部聖のための経塚や塔の造営が行われるようになった。たとえば長門国二宮の忌宮神社境内絵図の製作年代は、一四世紀前半の鎌倉末期ないし南北朝期初め頃と推定されている[16]。この絵図の廻廊の北東隅には石の基壇をもつ「六十六部経塚」が描かれており、六十六部聖の納経に関するもっとも早い絵画資料の一つとして注目される。

淡路国千光寺には文保二年（一三一八）の、また下野国中禅寺には元徳三年（一三三一）の鉄塔がそれぞれ造られた。陸奥国平泉千手院の鉄製宝篋印塔は文和四年（一三五五）の制作であったとされ、石見国大田南八幡宮の鉄塔は正平一七年[17]（一三六二）、紀伊国那智山の鉄塔は正平二四年（一三六九）に造営されたものであった。『那智参詣曼荼羅』には、納経に使われたと思われる塔と、かたわらに笈を降ろして塔に祈りを捧げているかにみえる六十六部聖らしい人物が描かれている。

三十三所観音霊場のひとつ河内国藤井寺の永正七年（一五一〇）一一月の勧進帳には、境内に「六十六部奉納所」が設けられていたことが記されている。

尾張国熱田社古図屏風には六十六部納経堂が描かれている[18]。熱田社は尾張国三宮であるが、一宮制成立以前から「国鎮守」と称され、鎌倉期には「鎮守三社」のひとつとされていた[19]。

六十六部聖の活動は南北朝期にいたると、文芸作品にも記されるようになった。たとえば『神道集』に収録される「諏訪縁起」は諏訪明神の本地物として知られているが、その一節に、妻春日姫を天狗に奪われた甲賀三郎が日本六六か国を捜し、さらに蓼科の人穴で妻を救出する途中でみつけた経蔵に、五部大乗経と六十六部経が収められており、これらの経典は父諏胤が「今生安穏、後生善処」のために奉納したものであったと叙述されている。また『諸国一見聖物語』には「（富士ノ峯ハ）カヽルチケイノ名所ナレハ、六十六部聖ノ経聖モ日本第一名所也ト札ヲ打ッ[20]」と記され、六十六部聖が富士山を日本第一の名所として、巡礼したと書き綴っている。

「六十六」という数字のもつ意味については、旧稿ⓒでいくつかの例をあげ、日本の全国土を体現していると意味づけられ、権威をもつと認識されて、聖なる数字と考えられていた、と指摘したことがある。

一郡や一荘を「六十六郷」とする史料について、長塚孝氏は、鎌倉中期までには使用されており、「『六十六箇国』から『六十六郷』という発想が生み出され、しかも『六十六郷』が実数ではないことが認識されていたならば、当時においても『六十六箇国』は実態的な国数などではなく、すべての国の総称として意識されていたものであろう」と指摘している(21)。「六十六」という数字が実数ではないから意味をもたないのではなく、むしろ日本全国を象徴する数字として、儀礼や法会、あるいは形式をことさらに尊重し、権威づけようとするさいに、この数字が有効であったことに注目する必要がある。

「六十六」という数字がみえる史料をいくつか補足しておこう。

延暦一三年（七九四）九月三日、最澄が延暦寺で行った供養には、秦氏の楽人六六人が参加した(22)。播磨国書写山に円教寺を開いた性空は、正暦元年（九九〇）一〇月、母の菩提を弔うため、六六人の経衆を契り、信濃国善光寺如来の前で毎朝法華経を読誦した(23)。

『東大寺続要録』六に収める寛喜四年（一二三二）三月二三日尼成阿弥陀仏願文(24)には、一字三礼をもって書写した般若心経七一巻のうち、六六巻は六十余州の大小神祇に供えることが記されている。

『古今一陽集』によれば、北条時頼が善光寺如来の摸像六六体を鋳造して、六六か国に安置したという。

また、滋賀県秦荘町（現、愛荘町）金剛輪寺の木造慈恵大師（良源）坐像には、正応元年（一二八八）九月三日、蓮妙が「父母法界衆生往生極楽」のため、六六体の慈恵大師像を造立し、六六部の法華経を勧進した旨の墨書銘がある(25)。

善光寺如来像や良源坐像の奉納など、これらの発願がたとえ実現されなかったとしても、少なくとも六六か国に奉納しようという趣意がこめられていたことに注目する必要がある。

『丹生大明神之儀軌』によると、秘祭の山口神の祭りには、六六膳が大海女に備えられ、山松六六把が積まれて焼かれた(26)。

戦国時代の禅僧で、五山文学僧としても知られた月舟寿桂の『月舟和尚語録』には、月舟が法華経六六部を書写して、六六か国の仏寺神祠に安置したという記事がみえる(27)。

『祇園執行日記』天文二年（一五三三）六月七日条によると、下京六六町の「クワチキヤチ（月行事）」らが、祇園会のさい、たとえ神事がなくとも、山鉾巡行を行いたい、と祇園社に主張している(28)。

天正一〇年（一五八二）一〇月二八日、徳川家康の奉行人本多重次が駿河国西山本門寺の日春に、日蓮の自筆六六点を寄進している(29)のは、六六か国という数字に合わせたものであろうか。

越中国立山蘆峅の姥堂の姥尊には六六体の脇侍が安置され、布橋には六六本の桜の造花が置かれていた(30)。

以上のように、「六十六」という数字は、日本の国土全体を象徴する聖数として、広がりをみせていたのである。

三　六十六部聖の世紀

六十六部聖の活動は戦国の動乱期にいたって、いっそう活発になった。六十六部聖による納経について詳細に分析した関秀夫氏は、次のように指摘している。

回国僧による妙法蓮華経や納札の奉納活動は平安時代の末頃にはじまるが、高さ一〇センチほどの小形の銅経筒に写経を納めて奉納する方法をとるのは、十六世紀になってからのことである。（中略）こうした奉納経筒の発見地は東北地方と関東地方に多く分布するが、北は岩手県から南は鹿児島県までのほぼ国内の全域にわたっており、その数は百数十カ所にものぼっている(31)。

一般の納経には納札や写経を用いる方法をとったが、一三世紀の末頃から回国納経の際に経巻を経筒に納めて、これを各地の霊場に納める者も出現した。この方法による納経は一六世紀になると全国的な規模で流行し、これまでに国内の一〇七カ所で永正から天正までのおよそ七〇年の間に六部により奉納された経筒が、合わせて三百数十点ほど発見されている。(32)

先にも掲げた石見国大田南八幡宮の鉄塔に納入されていた品は、経筒一六八口、納札七枚などである。松原典明氏によると、「その銘文からは、永正十年（一五一三）から元亀二年（一五七一）にかけては北は羽前国、南は大隅国までの五十国に及ぶほぼ全国各地から奉納されたことがわかり、室町時代特に十六世紀の奉納経筒の一括資料として極めて貴重である」(33)という。

また松原氏は、「筒身高の分布や、口径から想定される規格等から考えて、当該地域における、専業の職能集団による現地での経筒製作が大いに想起され、極論すれば商品化した経筒のあり方を示しているようにも思われる」(34)と指摘している。一二世紀代の銅製経筒のなかに、同一作者・同一工房の作とみなされるものがみられることはこれまでにも指摘されている。杉山洋氏は、佐賀県市丸経塚出土の同形態経筒について検討し、「勧進僧についてては経塚造営を壇越に働きかけ結縁者を募るだけでなく、経筒の調達をはじめとする経塚造営に関する実際の活動を担っていたと考えることができる。経筒に限って言えば、同形態経筒は、同一鋳物師（もしくは同一工房）の製作を示すだけでなく、同一勧進僧の関与を示唆していると考えられる」(35)と述べている。六十六部聖と経筒の製作者および施主の関係については、これまでほとんど明らかにされていないが、これらの指摘は今後検討すべき重要な論点を提示している。

織田信長は尾張を平定してまもない永禄五年（一五六二）三月、熱田社座主如法院に判物を発給し、六十六部経聖の尾張国内の往来を認めた。

北野天満宮の『目代日記』天正一三年（一五八五）六月二五日条には、六十六部聖が北野天満宮で鉢唐金を使って勧進を行ったことが書きとめられている。

薩摩の島津忠良（法名愚谷軒日新斎）は、『日新菩薩記』によれば、法華経を刊行し、一〇〇〇部を摺写してさまざまな宗派に授与するなど、法華経に信仰をよせていた。そして「家国繁興長久の為に、一箇国に於て法華経六十六部御奉納の御誓願」をたて、家臣の神力坊（井尻宗憲）を廻国の旅に出した。神力坊は二二年の長きにわたり、四三五六部の法華経を奉納し、郷里の加世田に帰り、天正三年（一五七五）一二月二七日に没したという。[36]常陸国原新田と薩摩国源八堀という遠隔の地から、弘治元年（一五五五）の神力房の経筒が発見されていることは注目される。

天正一七年（一五八九）、伊達政宗軍に攻め破られた駒ケ嶺城主は面目を失って、廻国聖になったという。[37]このことは武士が身をやつして廻国聖になったと認識されていたことを示しており、先の神力坊とともに、六十六部聖や廻国聖のなかに武士身分の者がいたことを知りうる稀有の例であるが、六十六部聖の身分や実態については、明らかでない部分が多く、今後の大きな課題として残されている。

六十六部聖の活動を支えた要素のうち、休泊施設について考える材料として、これまで知られている僧侶のための施設についてとりあげてみたい。

比叡山の最澄に師事した円仁は、承和五年（開成三年〈八三八〉）、遣唐使船に乗って大陸の土を踏んだ。円仁の九年余りにわたる旅の記録『入唐求法巡礼行記』には、翌年四月二三日、「早朝粥を喫し西北に向かって行く。廿五里、黄山八会寺に到り、断中して粢飯を喫う。時人之を称して上房普通院と為す。長く〔常に〕飯粥あり。僧俗を論ぜず来集するも僧の宿するに便す。飯あれば即ち与え、飯無ければ与えず。僧俗の赴き宿するを妨げざる故に普通院と」[38]呼ばれていたと記されている。普通院は「巡礼者僧俗のための休憩宿泊の便をはかり、食事などを供した無料宿泊所で、普同院、普通供養舎とも称し、宋代の接待庵。我が国では布施屋、善根宿という類で、最澄の広拯（〓）院、広済院もこれにあたる。『行記』では以下五台山を中心に、十ないし三十里の間隔で二十一カ所の普通院を数えており、五台山巡拝の盛んなことが知られる[39]」と指摘されている。

また南宋の高名な禅僧無準師範は、往来する雲水のために「万年正続之院」と呼ばれる接待所を創建した（五島美術館所蔵無準師範墨蹟）。無準師範は、北条時宗の招きで来日して鎌倉円覚寺の開山となった弟子の無学祖元や、九条道家の創建により京都東福寺の開山となった円爾を通じて日本の禅僧にも多大な影響を与えており、日本の接待所の開設や運営にあたっては、このような中国人僧侶の活動が参考にされたものと推測される。

鎌倉時代後半には遠江国菊川宿に接待所が設けられており、同国相良荘内の平田院が管理経営にあたっていた。南北朝時代、伊豆国熱海に広済庵という接待所があり、この時期の五山文学を代表する義堂周信は鎌倉からここをしばしば訪れ、武士に法を説き、社交の場として禅僧らと詩を読みかわした。また、北条貞時・後醍醐天皇ら公武の帰依をうけ、臨済宗の勢威を高めた夢窓疎石は、攝津国有馬温泉に旦過堂無垢庵を創設している。

若狭国神宮寺文書康正三年（一四五七）六月の若狭国神宮寺寺領目録には、小浜の宗寛という人物による、六十六部聖のための沓銭費用にあてる所領が書き上げられており、縁起や勧進帳などにしばしば「一紙半銭」の奉加として表現されている、こうした喜捨が行われていたことをうかがわせる。

以上の事例のすべてが六十六部聖に直接関わるものではないが、遍歴を続ける僧侶のための宿泊施設が用意されていたことを知りうるものとして注目しておいてよい。

戦国期、六十六部聖の巡礼が活発になるにつれて、接待のための施設を用意する所もみられるようになってきた。慶長年間（一五九六〜一六一五）の製作とされる、備前国一宮の吉備津彦神社古図[40]には、現在の社殿のあたりにあったと考えられている神宮寺境内に、「文明三年　神宮寺法納所　一間四面瓦也」「文明三年　神宮寺回国旅人休所　二間三面瓦」「文明三年　回国旅人賄所　一間半三面瓦」という注記がある。これによれば、備前国の六十六部納経所であった吉備津彦神社境内に、文明三年（一四七一）には納経所のほか、休所と賄所が設けられていたことになる。

宿や峠などには、もともと仏堂を利用した辻堂と呼ばれる宿泊施設があり、貧しい人々もここに泊まって、旅を続けることができたという指摘もある。(41) 廻国の旅を可能にした宿泊施設や飲食の供給などについては、今後検討されるべき課題として残されている。

六十六部聖による納経所の特徴として、遅くとも南北朝期に一宮が対象になっていることがあげられる。中世諸国一宮制は、一一世紀末から一二世紀初頭にかけて成立したと考えられている。その基本的性格については、在庁官人層の意思結集の場とする説(42)と、それを批判し、一宮は当該国を代表するもっとも有力な「国鎮守」「国中第一之霊神」として、中央国家権力の安泰を祈念する任務を帯びていたと指摘する見解(43)がある。

多くの国で、一宮が納経の対象になったのは、その国でもっとも有力な神社として広く知られていたことによるものと考えられる。一宮と六十六部聖との関係については、近年の新しい成果(44)にもとづいて、詳細に検討される必要がある。

藤田定興氏は、中世から近世にいたる六十六部納経所を詳細に分析し、中世以来の納経所は四九か国、六四か所にのぼり、そのうち一宮への納経が多く、中世においては、駿河・伊豆・上総・下総・常陸・美濃・上野・下野・若狭・能登・越中・但馬・因幡・出雲・石見・備前・備中・備後・安芸・筑後・豊前・肥前・大隅の二三か国、二三社に納経がみられると指摘した。(45) また藤田氏は、参詣曼荼羅などに描かれた六十六部聖や笈の図を集成しており、今後の考察の材料を提供している。(46) これらの画像資料のなかで、六十六部聖の多くは御幣をつけた長い杖をもち、笈を背負った二人連れで描かれている。

日光輪王寺に所蔵される法華経巻八の奥書には、次のような記述がみられる。

奉納紺紙金泥妙典六十六部之内
右志趣者、為現当二世、一天太平弁
十方貴賤、上下一部一巻百字十字乃至
五字三字一字、大小共至九品蓮台証頓
仏果菩提者也、仍乃至法界平等利益
本願筑前国住昌貞、僧小仙昌遵源秀
享禄三年正月吉日敬白

また巻一の首部には、

奉納紺紙金泥妙典六十六部之内筑州住昌貞
日光山滝尾御宝前　檀那壬生下総守綱房

と記され、その奥書には享禄二年（一五二九）八月、筑前国の昌貞が本願となって、書写されたことが書かれている。この法華経は翌年正月、書写を終え、関東地方の六十六部納経の中心であった下野国日光山滝尾社に奉納されたものであった。

比叡山横川で円仁が法華経六十六部を納めた首楞厳院は根本如法堂とも呼ばれ、のち如法経信仰の中心となったが、円仁は壬生氏の出身であり、檀那の下野国壬生城主壬生綱房の子は御留守座禅院昌膳であった。

先にあげた日光輪王寺所蔵の法華経書写の本願となった筑前国の昌貞に関わる史料として、天文二年（一五三三）、筑前国の昌貞が本願となって、石見国大田南八幡宮に奉納した経筒がある。

十羅刹女　　　　本願
筑前国住侶仙人昌道

（梵字）奉納大乗妙典六十六部
三十番神　昌貞
天文二年今月日[47]

両者には四年ほどの開きがあるものの、下野国と石見国という遠い距離を隔てた地に姿をみせた筑前国の昌貞は、法華経六十六部の書写と奉納の本願として同一人物の可能性があり、六十六部聖の広い地域にわたる活動の実態を知りうる貴重な史料である。

おわりに

六十六部聖の活動を手がかりにして、中世仏教と地方社会との関連について考えてきたが、今後に残された大きな課題は、六十六部聖の活動の実態をさらに明らかにしつつ、六十六部聖の活動を支えた社会的背景、とりわけ宗教活動と交通・情報のネットワークとの関わりを分析し、六十六部信仰と社会的影響を考察することである。

六十六部廻国行は巡礼の一形態であるが、キリスト教の巡礼について、フランスの民間の歴史学者・美術史家レーモン・ウルセルは次のように定義している。

巡礼とは、自発的で、利害心を離れた行為であって、そのためにならひとりの人間をして、慣れ親しんだ場所、日常の習慣、近親縁者すらも捨てさせ、ひたすらな信仰心から、自分が熟慮の末に選びとった聖地、罪を悔いる心にうながされて探しあてた聖地へと赴いて行かせるほどのものである。そして、巡礼者は、旅路の終りでこの聖なる場所に行きつき、心に秘めたその一途な願いが聞きとどけられることを期待する。[48]

また坂本勉氏は、イスラームの巡礼について、巡礼をめぐる情報の流れというものは、ある意味で思想と政治の問題でもある。ヒトの流れ、モノの流れとは違って複合的な面をもち、巡礼だけに焦点をしぼりきれない問題を多く含んでいるが、このように巡礼というテーマは、思想的、政治的な動きまでも広く視野に入れて包括的なアプローチをしていかなければ分からないものなのである。(49)と論じている。ここには宗教の違いこそあれ、巡礼に共通する要素が指摘されており、比較研究のさいに留意されるべき事柄と考えられる。巡礼は、たんに宗教の次元でのみ考えるのは十分ではなく、その時代の政治や経済・社会の動きを認識することによって、より豊かな像をむすぶといえよう。

（1）堀一郎『我が国民間信仰史の研究』（二）（東京創元社、一九五三年、六三七頁）。なお、『国史大辞典』三巻（吉川弘文館、一九八三年、四五頁）も、廻国聖と六十六部聖を同義として立項している。
（2）五来重『増補高野聖』（角川書店、一九七五年、三〇頁）。
（3）円仁著／足立喜六訳注、塩入良道補注『入唐求法巡礼行記』一（平凡社東洋文庫、一九七〇年、八八頁注一二、同九九頁注三八）。
（4）入間田宣夫「中世の松島寺」（渡辺信夫編『宮城の研究』三巻、清文堂出版、一九八三年）。
（5）旧稿ⓐ「中世回国聖の一形態――金沢文庫文書五二四五号『社寺交名』をめぐって――」（『東海地方の前近代的交通形態と地域構造の特質に関する基礎的研究』〈静岡大学、一九八六年〉、のち「中世廻国聖と『社寺交名』」と改題して、『日本中世の政治権力と仏教』〈思文閣出版、二〇〇一年〉に収録。
なお、六十六部聖に関する旧稿としてほかに次の二点があり、いずれも『日本中世の政治権力と仏教』に収録している。本章で引用する旧稿とは、これら三点をさす。

旧稿ⓑ「頼朝転生譚の生成――唱導説話形成の一齣――」（『静岡県史研究』四、一九八八年）、拙著収録にあたり、「源頼朝転生譚と唱導説話」と改題。

旧稿ⓒ「六十六部聖の成立と展開」（『九州史学』一一一、一九九四年）。

因みに、入間田氏は、『展望日本歴史9　中世社会の成立』（東京堂出版、二〇〇一年）に収録された同論文のうち、社寺交名に関する記述についてては、私の批判（拙稿ⓐ）をうけいれ、削除している。

(6) 牧野和夫「叡山文化の一隅〈海彼敦煌並びに民間信仰の影――掌篇類の紹介〉」（新井栄蔵ほか編『叡山の文化』世界思想社、一九八九年、一〇〇〜一〇一頁）。

(7) 前掲注(6)牧野和夫「叡山文化の一隅」一〇二頁。

(8) 徳田和夫「『天狗の内裏』攷――義経伝説と諸本と――」（『国文学研究資料館紀要』一、一九七五年）、のち「『天狗の内裏』考――諸本と室町後期の義経伝説――」と改題して『お伽草子研究』（三弥井書店、一九八八年）に収録。

(9) 『新編信濃史料叢書』一二巻、一二八頁。

(10) 小峯和明『説話の森――天狗・盗賊・異形の道化』（大修館書店、一九九一年）、のち『説話の森　中世の天狗からイソップまで』（岩波現代文庫、二〇〇一年、四頁）。

(11) 『天台宗全書』二〇、四五頁。

(12) 小嶋博巳「六十六部縁起と頼朝坊廻国伝説――六十六部研究ノート・その二――」（『生活文化研究所年報』二、ノートルダム清心女子大学、一九八八年）。藤田定興「六部行者の納経所について」（『福島県歴史資料館研究紀要』一三、一九九一年）。『黒崎書店古書目録』（一九九四年、六頁）。

(13) 『耽奇漫録』上（吉川弘文館、一九九三年、三三〇頁）。なお、米沢置賜郡と豊後国東郡の行者による六十六部巡礼納札二葉も収められている。

(14) 関秀夫『経塚の諸相とその展開』（雄山閣出版、一九九〇年、五二一頁）。

(15) 宮小路賀宏「経塚資料覚書」(二)（『九州歴史資料館研究論集』二四、一九九九年、三〇頁）。

(16) 小川信「中世の長門府中と守護館・守護代所――「忌宮神社境内絵図」による景観復原を中心として――」（『国史学』一二七、一九八五年）、のち「長門府中の空間構成と守護所および二宮忌宮社」と改題して、『中世都市「府中」の展開』（思文閣出版、二〇〇一年）に収録。図版は『山口県史』史料編　中世一付録（一九九六年）に収められている。
なお近世の納経帳によれば、隣接する神宮皇后廟に奉納されていた。

(17)　永正一七年（一五二〇）とする説もある（近藤正「大田市南八幡宮の鉄塔と経筒について」『島根県文化財調査報告書』一集〈一九六五年〉、のち『山陰古代文化の研究』〈近藤正遺稿集刊行会、一九七八年、二四二頁〉に収録）。松原典明「六十六部聖の奉納経筒にみる規格性について――大田南八幡宮奉納経筒を中心として――」（『ＭＵＳＥＵＭ』四六〇、一九八九年、三一頁）。

(18)　もっとも、この屛風は従来、享禄二年（一五二九）の奥書があったという由来書が裏に貼付されていることから、「享禄の古図」と呼ばれてきたが、筆者と制作年代は再考を要することが指摘されている（大阪市立博物館編『社寺参詣曼荼羅』平凡社、一九八七年、一八八～一九一頁）。

(19)　中世諸国一宮制研究会編『中世諸国一宮制の基礎的研究』（岩田書院、二〇〇〇年、一一一頁、松尾剛次氏執筆）。

(20)　『諸国一見聖物語』京都大学国語国文資料叢書二九（臨川書店、一九八一年）。曼殊院本には「至徳四年六月日　草案権少僧都亮海」の本奥書がある。小林直樹「『諸国一見聖物語』における説話と風景」（河音能平・福田榮次郎編『延暦寺と中世社会』法蔵館、二〇〇四年）は、著者亮海による風景描写などを論じているが、六十六部聖にはふれていない。

(21)　長塚孝「中世後期における地域概念の一事例――郷数表記による地域表示――」（『戦国史研究』二〇、一九九〇年、三頁）。

(22)　『叡岳要記』上（『群書類従』二四、五一八頁）。

(23)　『善光寺縁起』（『新編信濃史料叢書』一、信濃史料刊行会、一九七九年、一三七頁）。

(24)　『鎌倉遺文』四三〇四号。

(25)　『鎌倉遺文』補遺、一七二〇号。

(26)　『続群書類従』三下、五九〇頁。

(27)　『続群書類従』一三下、二八四頁。

(28)　『群書類従』二五、五二〇頁。

(29)　西山本門寺文書天正十年拾月二十八日本多重次置文写（『静岡県史』資料編八中世四、一九九六年、一五八三号）、年月日欠日春請状土代（同、一五八四号）。

(30)　高瀬重雄『古代山岳信仰の史的考察』（角川書店、一九六九年、四二二頁）。

(31) 関秀夫『平安時代の埋経と写経』（東京堂出版、一九九九年、三五九頁）。
(32) 前掲注(14)関秀夫『経塚の諸相とその展開』九一四頁。
(33) 前掲注(17)松原典明「六十六部聖の奉納経筒にみる規格性について」三一頁。
(34) 前掲注(17)松原典明「六十六部聖の奉納経筒にみる規格性について」三三～三六頁。
(35) 杉山洋「同形態経筒について――佐賀県市丸経塚を中心として――」（『古代文化』三五―三、一九八三年、二五頁）。
(36) 前掲注(31)関秀夫『平安時代の埋経と写経』四〇三頁。
(37) 『伊達日記』中（『群書類従』二一、二二八頁）。
(38) 前掲注(3)『入唐求法巡礼行記』一、二八五頁。
(39) 前掲注(3)『入唐求法巡礼行記』一、二九九頁補注五六。
(40) 『吉備津彦神社御田植祭――県指定無形民俗文化財記録保存事業報告――』（吉備津彦神社御田植祭保存会、一九七九年）。
(41) 保立道久「宿と市町の景観」（『季刊自然と文化』一三、一九八六年）。
(42) 伊藤邦彦「諸国一宮制の成立」（『歴史学研究』五〇〇、一九八二年）など。
(43) 井上寛司「中世諸国一宮制と地域支配権力」（『日本史研究』三〇八、一九八八年）、同『日本中世国家と諸国一宮制』（岩田書院、二〇〇九年）。
(44) 中世諸国一宮制研究会編『中世諸国一宮制の基礎的研究』（岩田書院、二〇〇〇年）や一宮研究会編『中世一宮制の歴史的展開』上・下（岩田書院、二〇〇四年）など参照。
(45) 藤田定興「六部行者の納経所について」（『福島県歴史資料館研究紀要』一三、一九九一年）。
(46) 藤田定興「六十六部聖・行者の笈」（『福島考古』三二、一九九一年）。
(47) 前掲注(17)近藤正「大田市南八幡宮の鉄塔と経筒について」二二八頁。
(48) レーモン・ウルセル／田辺保訳『中世の巡礼者たち　人と道と聖堂と』（みすず書房、一九八七年、三～四頁）。
(49) 坂本勉『イスラーム巡礼』（岩波新書、二〇〇〇年、二二頁）。

第七章　遠江国山名郡木原権現由来記の歴史的環境

はじめに

「遠州山名郡木原権現由来記」（以下「由来記」と略記する）は、静岡県袋井市木原《きわら》二八二番地に鎮座する木原権現（現在許禰《こね》神社と改称、その経緯については後述）の神主を代々つとめた木原家に伝来した記録で、静岡大学人文学部日本史学研究室が一九六七年から実施してきた袋井市域古文書悉皆調査の過程で見出したものである。この「由来記」には、これまで知られていなかった今川義元・氏真の判物写二通が収められているほか、熊野信仰の伝播、徳川家康との関係など、この地域の中世から近世にいたる時期の状況をうかがわせる注目すべき内容が含まれている。また他方で、神社草創に関する事実が後世の加筆によって改竄されるなど、地域と宗教との関わりを考察するさいの史料批判においても興味ある問題を提起している。

一　「由来記」と木原家所蔵文書

「由来記」の体裁は、縦三五・〇センチメートル、全長一七一七・四センチメートル、三五紙を貼り継いだ巻子本で、巻緒はすでに失われ、見返しは全紙に金泥が施してある。題簽は本文と同筆にかかり、「遠州木原権現由□」と記され、一字分欠損として文字が判読できないが、おそらく「来」と思われる。

その成立は奥書によれば、江戸時代初期寛永一九年（一六四二）のことで、当時の神主鈴木久次が当社の旧記の散逸を恐れ、「もろ〳〵当社の古記を集て、今一巻とな」したものである。

本文は数か所追記による改竄が施されており、また最後の「累代之家系」は二ないし三回にわたって書き継がれ、一部に加筆がみられる。一紙の長さはおおむね四八センチメートル程度であるが、第五紙のみは四一・三センチメートルと短く、また書出しの「云是也」は異筆であって、この部分は一行ないし二行分切断されて貼り直された可能性がある。

木原家にはこのほか、「遠江国許祢神社縁起[1]」（以下「縁起」と略記する）、文治五年二月二六日鈴木重家書状写、天正一八年七月五日口宣案、家康から家茂にいたる徳川将軍一二代の朱印状写（『静岡県史料』第五輯所収）、慶長九年木原村検地帳写、近世の神道裁許状など、明治期のものも含めて約七〇点が所蔵されている。そのなかで、「由来記」は木原権現の草創と沿革、神主木原氏の系譜などを記した神社小史としての性格をもつものである。

以下、「由来記」の理解に必要と思われる範囲で解説を加え、さらに問題をより広い視野からとらえるために、二、三の論点を提示することにしたい。

二　木原権現と神官木原氏

在邑の名をもって呼ばれた木原権現は、別に勧請神の名をもって熊野権現とも称された。「由来記」の内容についてはのちにふれることにし、草創と沿革について、知りうるところを要約しておこう。

開創は文武天皇の時代、大宝二年（七〇二）のことであり、童児にのりうつった熊野権現の託宣により社殿が創建された。のち南北朝期、崇光院の時代に、今川了俊が霊夢をこうむって神殿を造営し、天文元年（一五三二）には紀州藤白住人の鈴木吉勝が神殿の造営を行い、続いて、嫡子吉頼が修補を加えた。徳川家康の当社に対する崇敬は厚く、慶長七年（一六〇二）に社領七〇石を寄進し、同一〇年には神殿を造補した。

家康に対する讃仰は「由来記」の基調をなすものであり、それについてはのちにふれるが、ここで注目しておきたいのは、草創に関する記事が改竄されている事実である。

冒頭「木原権現勧請之事」のうち、「人王四十二代文武天皇の御宇」の「四」と「文武天皇」、それに続く「邑民悲しひ、大宝二年」の「ひ大宝二年」の三か所は異筆であり、原本を精査したところでは、水をつけて擦消し、書き改めたもののようである。

この三か所のうち、「文武天皇」の部分にもと書かれてあったと思われる「院」の文字の一部がわずかに判読できるほかは、直接にもとの文字を判定することはできない。しかしそれを推定する材料がないわけではない。「由来記」の一節「当社造営之由来」には、「抑当社造営の事、永保の古しへ、権現此所へあらはれ給ふと記始て」という記事がみえ、また木原家所蔵文書「当社造営之事」（後欠）によれば、永保年中（一〇八一～八四）に権現が姿をみせ、神殿の造営が行われたという。永保年中は第七二代白河天皇の時代であることを考えれば、先の三か所、すなわち「四」「文武天皇」「大宝二年」はもと、「七」「白河院」「永保二年」（「二年」はもとの文字をなぞって書いている）と書かれていたものと推定される。(2) 白河院の時代から熊野詣が盛行し、それにともなって熊野信仰の地方への伝播が活発になった(3)ことを考慮に入れれば、先の推定はいっそう妥当性を増すであろう。

ところで、こうした改竄ははたしていつ頃行われたものであろうか。木原家文書の全点にわたって検討したところでは、この改竄の筆跡は、明治五年（一八七二）二月、当時の神主木原肇久義の手になる「神職由緒書上帳」の余白に書きこまれた文言の筆跡、ならびに「縁起」のそれと同一のものと考えられる。この筆跡は肇久義の父で、安政六年（一八五九）に兄久暉早世のあとをうけて神主となった宮内久家のものと思われる。

この改竄を行わしめた直接の契機を「由来記」のなかから探り出すことはできないが、慶応四年（一八六八）三月二八日に出された神祇事務局達が問題解決の手がかりを提供している。

一中古以来、某権現或ハ牛頭天王之類、其外仏語ヲ以神号ニ相称候神社不少候、何レモ其神社之由緒委細ニ書付、早早可申出候事、(4)

このいわゆる神仏判然令と、それに引き続いて実施された一連の神仏分離政策の強行を直接の契機として、草創についての叙述が改竄され、さらに木原権現から許禰神社へ改称されたと考えられるのである。(5)そのさい、文武朝創建と改竄されたことについては、木原権現の近隣にあって、古い鎮座の由緒をもつ周智郡森町の小国神社（遠江国一宮）、小笠郡浜岡町（現、御前崎市）の高松神社、小笠郡大須賀町（現、掛川市）の三熊野神社の三社が、いずれも文武朝開創の所伝をもっていることに注意したい。

縁起や由緒記が神秘的な性格を帯び、しばしば捏造や附会が行われることは通有の現象である。しかし、歴史事実でないという理由をもって研究の対象の外に置かれるべきではなく、それらを生み出させた諸契機や、それによって生ずる地域での実践的効果などについて、独自に分析を加えることは、縁起や由緒記の研究にとって不可欠の作業といわなければならない。

木原権現の場合、草創に関する改竄は、年代を古くすることによって、由緒の古さと正しさを示そうとしたという単純な動機によるばかりではなく、神仏判然令という新政府の政策に対する神社側の積極的な対応の結果でもあったと理解すべきである。その意味でこの改竄は、神仏分離から廃仏毀釈にいたるまでの、政治権力による宗教への介入と地域社会における対応が、地方の一神社におとした翳であったと評価できるだろう。

当社の経済基盤は、近世においては慶長七年（一六〇二）に家康から寄進をうけた木原郷七〇石であった。この朱印高は近隣の神社にあっては、小国神社五九〇石、中泉八幡宮二五〇石、鎌田神明宮一〇〇石に次ぐものである。木原家文書の慶長九年（一六〇四）八月「遠州山名庄山名郡木原村神領分」によれば、木原村にあった神領は田畑九町二反一四歩、屋敷二反九畝一一歩で、そのほか、近接する玉越村（現、磐田市玉越）にも神領があった。

木原権現の神主を代々つとめた木原氏は、紀伊を本貫とし、本来は鈴木氏を称した。榎本・宇井・鈴木の熊野新宮三党のうち、穂積姓鈴木氏の系譜をひいている。

「由来記」の最後の部分に記された「累代之家系」によれば、紀伊国藤白の住人鈴木三郎重家[6]の従弟忠猶を初祖とし、その子忠重が熊野から遠江国木原郷に移り、三代目の重秀から木原権現の神主となって三〇代におよんだ。

これとは別に、『寛政重修諸家譜』巻第一五〇〇には神官木原氏と同族で、江戸幕府の大工頭をつとめた木原氏の系図[7]が収められており、これは天文元年（一五三二）に神殿を造補した吉勝（前述）を祖としている。吉勝は初め今川氏に、のち家康の祖父松平清康に仕え、その子吉頼は家康に仕えて木原村に五貫文の采地を与えられた。またその子吉次は浜松城築造にさいして御普請方惣奉行をつとめ、家康が江戸に移ってのち、遠江国の旧知を武蔵国荏原郡に移され、四四〇石を知行した。吉次の時、家康の命により、家号を木原に改めたという[8]。なお、吉勝の妻は三河国足助城に居城した鈴木重長の娘であり[9]、三河・遠江両国に蟠踞する鈴木一族のあいだに姻戚関係のあったことをうかがわせる。木原氏はおそらく中世後期を通じ、地頭ならびに神主として、木原郷という小宇宙における政治・経済・宗教の支配者としての地位にあったが、徳川氏に対する臣従を契機に、一部は幕臣としての道を歩むこととなったのである。

三　熊野三山と遠江国

熊野本宮神領覚書[10]に、

一、十二貫　燈明料　遠江国土橋

一、十二貫　同　同松フクロイ(袋井)

一、一貫二百　同　同木原

とみえる木原は、本章でとりあげている木原郷のことで、土橋と松袋井も現在袋井市に属する近接した地域である。しかも熊野本宮領であったこれら三か所ともに熊野社が勧請され、土橋のそれは熊野権現社、松袋井のは熊野十二社神社と称して現存する。

静岡県下にある熊野社一三五社のうち、遠江には半数をこす七三社がある。[11]また遠江は平治元年（一一五九）、仁治元年（一二四〇）、元亨三年（一三二三）には熊野新宮造営国となっており、南北朝期には遠江国衙職が新宮に与えられていたことを確認でき、熊野社とは密接な関係をもっていた。

「熊野山新宮造営目録[12]」「熊野山新宮造営代々記」「熊野年代記[13]」「熊野速玉大社文書」などによって判明する、鎌倉期における新宮造営は、承元・建保・仁治・宝治・徳治・元亨の少なくとも六回を数え[14]、そのうち、宝治二年（一二四八）には金沢実時が、また元亨三年には執権北条高時がみずから奉行をつとめた。鎌倉幕府と熊野三山との関係の密接さは改めて多くの例をひくまでもなく[15]、この一事をもってうかがい知ることができよう。

すでに石井進氏が明らかにしたように、本来国衙の任務であった諸国社寺の修理造営は、次第に幕府の掌握するところとなり、当初「関東御分」のみに限られていたそれが蒙古襲来を契機として、弘安年間（一二七八～八八）以降、全国的・一般的なものに拡大した[16]。熊野新宮造営も石井氏のあげた多数の具体例につけ加えることができ、しかも「関東御分国」の一つである遠江国を造営国としていたことに注目したい。

造営料は国衙領に賦課された。遠江国の場合、南北朝期の新宮造営に関係するとみられる「遠江国衙領郷保目録[17]」があり、それによれば、三三郷保、一七二一石余にのぼっている。

国衙領や国衙機構と守護との関係を検討することは、最近の守護領国制研究の重要なテーマとなっている。遠江には伊勢神領が比較的多く分布し、鎌倉期においては「関東御分国」の一つであり、また熊野新宮造営国でもあった。この特殊性ゆえに、室町・戦国期における今川氏領国制がいかなる展開の仕方を示したか、を分析することは興味ある課題であるが、立ち入った考察を要するために、稿を改めて論じなければならない[18]。

四　「由来記」の内容

「由来記」は八つの部分から構成されているが、すでに述べた草創や沿革・神主系譜などについては重複を避け、以下では二、三の興味ある事柄について、説明を加えたい。

まず、「年中行事之次第」に収められた二通の今川氏発給文書について。

一通は天文二三年（一五五四）五月一六日今川義元判物写[19]で、木原権現供僧免六段ならびに河井郷（現、袋井市川井か）塔免三段を安堵したもの、ほかの一通は永禄四年（一五六一）二月四日今川氏真判物写[20]で、義元の判形に任せて寺領を安堵したものである。いずれも充所は「赤尾山長楽寺」となっている。

長楽寺文書としてこれまで天文八年（一五三九）一一月一二日[21]・同一一年（一五四二）九月一三日[22]の今川義元判物が知られているが、先の二通はそれに引続いて今川氏が発給した判物であり、今川氏関係史料を新たに加えたことになる。

長楽寺は阿弥陀堂とも称し、山名郡赤尾村（現、袋井市高尾）にあった寺で、現在は廃寺、赤尾渋垂神社の境内はもとの寺域という。その左手の小高い丘にある歴代住職の墓がわずかに往時の名残をとどめるばかりである。長楽寺は真言宗に属し、学頭大乗院・僧坊（随善坊ヵ）・善養坊に朱印地五石ずつ、合計一五石を有した。(23)潮海寺文書寛永三年（一六二六）の「徳川秀忠夫人弔之時指出写」(24)に、法多山尊永寺などとともに長楽寺があげられている。

木原権現と長楽寺との関係は、「由来記」に、「勤行の僧ハ古しへよりの掟にて、同郡赤尾山長楽寺より来て勤役す」とあるように、木原権現には社僧をおかず、長楽寺から僧が出向いて勤行していたのであり、そのための用途として供僧免六段が今川氏によって与えられていたわけである。(25)

「由来記」の冒頭部、熊野権現が童児にのりうつって、「今此地を犯事なく、我を祭ハ、水亡の難を除き、いよ〳〵五穀栄へ、国民穏かなるへし」と託宣したという箇所は、古くから近くを流れる太田川の氾濫に悩まされ続けてきた住民たちの、自然に対する畏敬や恐怖と洪水防止への願望が託宣の形をとって表れたものと解することができよう。地域の切実な課題と民衆の願望とがかすかにではあるが、「由来記」のなかにこうした形で表現されていることをけっして看過してはならないだろう。

近世における木原氏について考える場合、「由来記」の「高天神方之勇士討取事」に記された笹田源五討取の一件は小さな事件ながら、重要な意味をもっている。天正初年、武田・徳川両氏は遠江南部の要衝高天神城をめぐって激しい攻防を繰り返していたが、浜松城偵察のため木原を通りかかった武田の家臣笹田源五は、木原の地頭木原吉次と神主鈴木久秀に討ちとられた。注進をうけた家康は大いに感じいり、彼らに恩賞を与えたという。(26)

この武勇談は貞享元年（一六八四）に木原内匠が幕府に提出した覚書にも記され、(27)また「朝野旧聞裒藁」一六一に引く「柏崎物語」には、この一件をもって吉次が家士としてとりたてられたことがみえ、先祖の武勇とあわせて家康の威徳をしのぶ逸話として、木原氏一族に長く語り伝えられたようであり、徳川氏に対する臣従をいっそう強める契機をなしたと考えられる。

　歴史的事実に関する誤認は、「由来記」の文中に少なくない。たとえば、今川了俊が執事細川頼之の推挙により九州探題に決定したのは応安三年（一三七〇）であるが、(28)「当社造営之由来」の項には、「康安、貞治のころ、鎮西の探題職に補せられ」と記されている。三河岡崎城から遠江浜松城への家康の移城については、元亀元年（一五七〇）正月と六月の両説があるが、(29)「東照太神君御心願之事　社領再興之事」の項では永禄一二年（一五六九）に造営したのち、翌元亀元年正月に移り、御座城としたとされている。

おわりに

　最後に、「由来記」の基本的性格にふれてむすびとしたい。

　「由来記」の基調は、木原権現が大神君家康と深い由縁をもつことを誇示することによって、木原権現の称揚と権威づけを図ることにあったと考えなければならない。このことは、家康と武田信玄に関わる歴史的事実を確認することによって、いっそう明らかなものとなる。

　現在、許禰神社の境内には、「古戦場木原畷」の石碑が建てられている。これは元亀三年（一五七二）、武田信玄が遠江・三河両国の攻略を企てて遠江に攻め入り、徳川方と一戦を交えた事実に関わるもので、この戦は三方原合戦の前哨戦となったものである。この時、木原から西島（現、磐田市西島）にかけて陣を構えたのは家康ではなく、信玄であった。(30)元亀三年からわずか二年後の天正二年（一五七四）には、木原郷一帯は武田氏の支配下にあったのである。(31)

　また「古戦場木原畷」の石碑のかたわらには、家康が関ヶ原の戦いの勝利祈願のために訪れたさい、腰かけたと伝えられる「家康腰掛石」と称するものがある。家康についての伝承は、木原権現の楼門を武田家の番匠が造ったという所伝を、「由来記」がまったく無視していることとも深い関わりをもっている。[32]

これらは大神君家康と木原権現の由縁を殊更に強調しようとする同一の意図から発したものであったことは明らかであり、「由来記」の基調とのあいだに共通性をもつこともまた疑いないであろう。

（1）体裁は縦二二・九センチメートル、全長七八・六センチメートル、二紙を貼り継ぎ、第一紙には金界が施されている。巻物状になっているが、軸は初めからなかったようである。題簽は「遠江国許祢神社縁起」と記され、本文とは異筆である。天正一八年（一五九〇）七月一九日、木原久則が作成したという奥書をもつが、書体や内容などからみて、「由来記」を参照して新たに作成されたものと考えられる（注5参照）。

（2）「由来記」の全文は、『人文論集』二九（静岡大学人文学部、一九七八年）に掲載した。なお、磐田郡教育会編『静岡県磐田郡誌』（一九二一年）、静岡県郷土研究協会編『静岡県神社志』（一九四一年）、神社本庁調査部編『神社名鑑』（神社本庁、一九六二年）、「由来記」の簡単な紹介を収めた『東海展望』八月号（一九七五年）などは、いずれも大宝二年（七〇二）創建と記しているが、改竄に気づいておらず、訂正を要する。

（3）宮地直一『熊野三山の史的研究』（国民信仰研究所、一九五四年、第三編第一章・第二章）、堀一郎『我が国民間信仰史の研究』㈡（創元社、一九五五年、第二部第三編第二章）。

（4）村上専精ほか編『明治維新神仏分離史料』上巻（東方書院、一九二六年、八二頁）。また「由来記」の一節「五香之事」のうちの「本地薬師如来」という文言の上下に付箋をはいだ痕跡があるのは、神祇事務局達の第二条「付、本地坏ト唱へ、仏像ヲ社前ニ掛、或ハ鰐口、梵鐘、仏具等之類差置候分ハ、早々取除キ可申事」を意識したものだろうか。

（5）許禰神社は山名郡式内社の一つであるが（所在については諸説あり）、木原権現が式内社の許禰神社を称するようになったのは、現存する木原家文書のなかでは、慶応四年（一八六八）六月一二日献金願書が最初であり、当時の神主久家は同年六月朔日に許弥《ママ》神社として白川家に入門しているから（近藤喜博編『白河家門人帳』清文堂、一九七二年、五五九頁）、江戸中期、当社を許根神社と称する説のあった（『遠江国風土記伝』）ことを背景として、幕末に改称されたと思われる。また「由来記」に熊野速玉大社が式内社となったとする部分が、「縁起」では許禰神社と改められており、

「縁起」は「由来記」の改竄が行われたとみられる慶応四年前後に作成された可能性が高い。

(6) 鈴木重家は、弟の亀井六郎重清とともに源義経にしたがい、奥州平泉で戦死したという(『源平盛衰記』巻三六、『義経記』巻第八)。

(7) この木原氏については、田辺泰「江戸幕府大工頭木原氏に就て」(『建築雑誌』五九六、一九三五年)にくわしい。

(8) 『武徳編年集成』巻之一五・一七。

(9) 『寛政重修諸家譜』巻第一一五四。

(10) 児玉洋一『熊野三山経済史』(有斐閣、一九四一年、二〇七〜二〇八頁)。

(11) 前掲注(2)『静岡県神社志』六六頁。

(12) 次の「熊野山新宮造営代々記」とともに、瀧川政次郎編『熊野速玉大社古文書古記録』(清文堂、一九七一年)所収。

(13) 五来重編『吉野・熊野信仰の研究』山岳宗教史研究叢書四(名著出版、一九七五年)所収。

(14) このほか、建久四年(一一九三)に源頼朝を大檀那として造営されたとする記録もあるが、疑わしいといわれる(前掲注3宮地直一『熊野三山の史的研究』二五〇頁)。

(15) 詳細は前掲注(3)宮地直一『熊野三山の史的研究』第五編参照。

(16) 石井進『日本中世国家史の研究』(岩波書店、一九七〇年、Ⅰ第三章)

(17) 前掲注(12)『熊野速玉大社古文書古記録』二〇号。

(18) そのためにさしあたり参照されるべき論稿は、川添昭二「遠江・駿河守護今川範国事蹟稿」(竹内理三先生還暦記念会編『荘園制と武家社会』吉川弘文館、一九六九年)、秋元太二「遠江に於ける守護領国支配の推移」(『地方史静岡』二、一九七二年)である。

また、東大寺造営国周防と大内氏との関係の検討は、今川氏領国研究にも有益な示唆を与えるが、松岡久人「室町戦国期の周防国衙領と大内氏」(福尾教授退官記念事業会編『日本中世史論集』吉川弘文館、一九七二年)が関係する論稿である。

(19) 『静岡県史』資料編七中世三(一九九四年、二一三〇号)。

(20) 前掲注(19)『静岡県史』資料編七中世三、二八八四号に、ほぼ同文の長楽寺文書を収める。

(21) 前掲注(19)『静岡県史』資料編七中世三、一五一二号。
(22) 前掲注(19)『静岡県史』資料編七中世三、一五九五号。
(23) 『遠江国風土記伝』巻第一〇。
(24) 『静岡県史料』第四輯（一九三八年、四二六頁）。
(25) 長楽寺には行基開創の所伝を記した「遠州山名庄赤尾山長楽寺之由来記」があって、現在袋井市大門の平田家に所蔵されている。
(26) 『武徳編年集成』巻之一七には篠田源五、「朝野旧聞裒藁」一六一には笹田源吾と記されている。
(27) 「譜牒余録」後編巻第一一。
(28) 川添昭二『今川了俊』（吉川弘文館、一九六四年、八四〜八五頁）。
(29) 中村孝也『徳川家康公伝』（日光東照宮社務所、一九六五年、一六二〜一六三頁）。
(30) 『三河物語』第三下、『改正三河後風土記』第一三巻。
(31) 本間文書天正二年七月九日武田家朱印状（『静岡県史』資料編八中世四、一九九六年、七八三号）、本間文書天正二年十月晦日武田勝頼判物（同、八三三号）。
(32) 大田南畝『改元紀行』。『東海道名所図会』巻之三。

第八章　中世後期の秋葉山と徳川家康

はじめに

遠江国秋葉山は修験回峰の霊地の一つとして、熊野修験によって開かれたと伝えられ、秋葉山を含む天竜川水系の山岳地域では、南北朝内乱を契機として、熊野信仰に白山信仰が複合していったといわれている（1）。その具体的な展開については霧に包まれて見えがたいが、秋葉寺所蔵の木版秋葉山山内図には、本堂の前に白山社が描かれているように、白山行者の活発な活動があったと考えられる。また遠江一帯には白山社が多く勧請されており、たとえば法多山（現、袋井市豊沢）の田遊び（室町時代に起源をもつと伝えられる）が白山社の祭礼といわれていることなどもその徴証の一つであろう。

一　秋葉寺別当光播と徳川家康

中世における秋葉山の実態については、明らかでないところが多く、確実な史料によって明らかにしうるのは、ようやく中世末期になってからである。

　遠州犬居秋葉寺之事

右、別当職幷諸勧進寺務等、如二前々一令二領掌一畢、但此判形者、天野宮内右衛門尉（藤秀）任二納徳（得）一出置上、諸事永

不レ可レ有二相違一者也、仍如レ件、

永禄拾弐己巳年

八月七日　家康（徳川）「御在判」（付箋）

秋葉寺別当光播(2)

これは、徳川家康が秋葉寺の光播に別当職および諸勧進寺務などを安堵したもので、のちに曹洞宗の可睡斎（現、袋井市久能）と当山派修験の二諦坊（現、浜松市中区に所在した）とのあいだに秋葉寺の帰属をめぐって相論がおこったさいには、証拠文書となっている。光播という人物の詳細について知ることは、残存史料がきわめて乏しいためにむずかしいが、関係史料をあげて、その動向を追ってみたい。

元亀元年（一五七〇）六月、家康は三河岡崎城から遠江浜松城に移った。翌七月下旬、家康は上杉輝虎（謙信）に協調を求めるため、「秋葉山権現堂加納坊光幡」とその婿熊谷小次郎直包を使者として越後に送った(3)。八月一日、輝虎は光播らの帰国を許し、そのさい、鴾毛の馬一疋を添えて、家康への返書を託した（『北越家譜』『大三川志』など）。こののち、この年の一〇月、光播が家康の使者としてふたたび輝虎のもとに派遣されたことを示す史料を、上杉家文書に見出せるので、やや長いがそれらを次に掲げる。

雖下未二申付一候上、得二今度之便一、啓入候、抑輝虎（上杉）御内証条々被二載書一候、一々令二納得一候、毎篇河田豊前守（長親）へも申達候、越中在国故、自二貴辺一承之由、祝着存候、向後可二申入一候、涯分可レ被二走回一事肝要候、自二貴国一被二仰越一候段、具附二与御使僧一候、定而淵底可レ被二申宣一候、委曲期二再便之時一候、恐々謹言、

十月八日（元亀元年）　家康（徳川）（花押影）

直江大和守（景綱）殿(4)

秋中参候処、御馳走過分之至候、仍今度御使僧之段、於二此方一祝着被レ申候、将又巨細言上之旨、具酒井左衛門尉(忠次)方、幷石川日向守(家成)方・同伯嗜(数正)(耆)守方申入候処、則御二取成 其御屋形様(上杉輝虎)一御意次第落着、弥々御入魂之趣、能々御貴所御取合肝要之由候、先以御誓約之段無二相違一被レ進レ之候、諸事来春中ニ愚僧可レ被二仰越一候旨、今度従二其方一御馬被レ下候、一段遠路透申候間、此方外分(ママ)与申、何ニモ令二広言一候、万端之事玄正口上頼入候条、恐々謹言、

返々、　上様様体御披露所レ希候、殊更御鷹共御馳走候て被レ下候、祝着被レ申候、酒井左衛門尉方被レ進レ之候御鷹おち申候、

権現堂

(元亀元年)十月八日　　叶（花押）

直江大和守殿参御宿所(5)

敬白　起請文

右、今度愚拙心腹之通、以二権現堂(光播)一申届候処、御啐啄本望候事、

一、信玄(武田)江手切、家康深存詰候間、少も表裏打抜相違之儀有間敷候事、

一、信長・輝虎御入魂候様ニ、涯分可レ令二意見一候、甲(武田)・尾(織田)縁談之儀も、事切候様ニ、可レ令二諷諫一候事、

若此旨於レ偽者、

上梵天・帝釈、下四大天王、惣而日本国中之大小之神祇、別而伊豆・箱根両所之権現、三嶋大明神・八幡大菩薩・天満大自在天神之可レ蒙二御罰一者也、仍如レ件、

(元亀元年)十月八日　　家康（花押）

上杉殿（輝虎）[6]

これら三通は、いずれも光播が秋葉寺別当職に安堵された永禄一二年（一五六九）の翌元亀元年（一五七〇）一〇月八日のものである。すでに述べた通り、この年の六月、家康は三河岡崎城から遠江浜松城に移り、東海地域の支配の基礎固めに力を尽くし、甲斐の武田氏の侵攻に備えて、越後の上杉氏とのあいだに同盟をむすんだ。

光播はみずから認めた直江景綱宛の書状には、「権現堂叶」と署名しており、また光播がとりついだ家康の起請文の包紙上書には、

元亀二（異筆）「元」年十月中、家康公三州ゟ山伏頭羽山権現堂叶房幷熊谷小次郎御使者ニ被ㇾ遣候御起請文也、

とみえている。おそらく光播は、秋葉山を構成する禰宜・修験・僧侶のうち、秋葉修験の指導者としての地位にあったものと考えられる。光播が家康に重用されるにいたった要因は、回峰によって修法のみならず、諸国の政治・軍事動向にも通じ、それらの把握と具体的活動に卓越した能力を発揮したことにより、使僧としての役割をはたしたのであろう。[7]

光播は元亀二年一〇月、みたび家康の使者として輝虎のもとに赴いた（『寛永諸家系図伝』）。輝虎の家臣河田長親はこの折、光播に対面したことを、翌年閏正月一八日の光播宛ての書状に記している（『浜松御在城記』）。さらに家康は、天正四年（一五七六）年一一月にも、光播を使者として輝虎に書状を送った。[8]

元亀三年一〇月、甲斐を出発して遠江に入った武田信玄は、遠江の攻略にかかり、以後、家康とのあいだで攻防戦が展開されたが、一一月二日、秋葉寺別当に遠江山梨郷の内などの社領を安堵した。[9]この秋葉寺別当とは、おそらく光播をさしていると考えられる。そして、信玄のあとをついだ勝頼は、天正七年（一五七九）三月五日、天野藤秀に対して秋葉寺の支配を安堵している。[10]

光播のあと秋葉寺別当をついだとみられる光達は、天正一七年（一五八九）一一月、犬居郷領家の六所大明神

社殿造営にあたって願主の一人となった。そのさいの棟札に、「弐貫五百文秋葉寺別当光達」と記され、ほかの願主が一二文から三〇〇文（多くは一〇〇文）であるのに対し、群を抜く寄金額で、秋葉寺別当の勢威を如実に示している(11)。

現在秋葉寺の所蔵にかかる四天王（増長天カ）法衣部に次のような朱書銘がある(12)。

本尊聖観世音、十一面・将（勝、下同ジ）軍両脇立、
四天王行基大師作、
天正年中、勝坂奥之院不動尊並
当山四天王光達再興之、
光播寺中四天王、禅応重彩之、
任宗代、本堂重建之時、本尊台座
後光幷四天王再興之、
十一面・将軍両尊、享保年中、台座
後光造之、
　旹享保五歳次庚子秋
　　遠州周知郡犬居邑
　　　大登山秋葉禅寺
　　　　現在了運□□（禅叟カ）代

この銘文に記された光達が天正年中（一五七三〜九二）に、勝坂奥之院不動尊と秋葉四天王像を再興したというのは、次の史料に関係するのであろう。

就㆓当寺御再興㆒、ひた拾五貫之所、令㆓寄附㆒畢、全以㆓寺務㆒弥勤行以下、堅可㆑被㆓仰付㆒儀肝要也、仍而状如㆑件、

天正廿壬辰年　　堀尾六左衛門尉

正月十九日　　宗光（花押）

秋葉寺

別当坊光達[13]

これは天正二〇年（一五九二）、堀尾宗光が鐚銭一五貫文を寄進して、秋葉寺の再興を命じたものである。元亀三年（一五七二）一〇月中旬、武田信玄は甲斐より犬居秋葉口へ発向し、以後、遠江攻略にかかり、家康とのあいだで攻防戦が展開された。秋葉山は元亀・天正の頃、武田氏の兵火にかかって焼失したと伝えられ、先の史料にみえる再興とはこれに関わる事柄であろう。

堀尾氏は系図によると、尾張国丹波郡供御所村（御供所村カ）からおこった土豪で、宗光の兄と考えられている吉晴は、晩年豊臣政権にあって五大老につぐ三中老の要職にあり、宗光は遠江北部の二俣から犬居山中にかけての行政にたずさわり、寺社の造営などにもあたった[14]。

二　武士の秋葉信仰

秋葉信仰とは、本尊聖観音に対する信仰を基礎として、勝軍地蔵や十一面観音の利益に対する信仰が次第に複合して形成されたものである[15]。

中世末期の在地武士による秋葉信仰の実相を示すものとして、島田市川根町家山の三光寺に所蔵される大般若経があり、その巻第一表紙裏には次のような文言がみえる。

（異筆）
「奉寄進秋葉山御宝前」
遠江国山香庄東手家山郷聖福寺常住、此帙十巻旦那大和田宋円
永和弐潤七月四日　　筆主比丘有広謹書
（異筆）
「駿州篠間住人　　石上志摩守清安敬白
天正七年己卯六月吉日[16]」

『静岡県史料』には筆跡に関する注記はみられないが、大般若経全点を調査した成果によれば、「奉寄進秋葉山御宝前」および「駿州篠間住人」以下「天正七年己卯六月吉日」の部分は異筆である。また巻第六〇〇などにも同様の記載がある。

この大般若経は、永和二年（一三七六）七月四日から翌年一〇月一六日までのあいだに書写され、はじめ家山の八幡宮および聖福寺に施入された。のち天正七年（一五七九）六月、駿河国篠間（現、島田市川根町）住人の石神清安によって秋葉山に転施入され、さらにその後、臨済寺（現、静岡市葵区）に移り、大正五年（一九一六）、三光寺に買いとられ、昭和三三年（一九五八）九月、静岡県指定文化財に指定された[17]。

この大般若経を秋葉山に転施入した石神清安については不明であるが、石上兎角之助（『駿河記』『駿河志料』では斗角之助）は笹（篠）間郷のうち石神付近を支配し、石神の砦を本拠として、のち二俣城を守備し、そこで討死したと伝えられる。幕末駿府の国学者、新庄道雄は石上氏について、初め今川氏の旗下にあり、のち武田氏に属したと推定している（『駿河国新風土記』）。

石上清安が秋葉山に大般若経を転施入した天正七年といえば、秋葉寺別当は光達の頃と考えられ、この時期に在地武士のあいだで、勝軍地蔵の利益にもとづく秋葉信仰が根強く浸透していたことをうかがわせる。

石上氏は駿河国安倍郡羽鳥郷（現、静岡市葵区羽鳥）にあって、曹洞宗洞慶院二代大巌宗梅の檀越として本尊

を造立し、康正元年（一四五五）に梵鐘を造った石上宗峻などが知られている。この石上氏は鎌倉末期、幕府滅亡のさい、北条高時にしたがって自害した金高の子宗顕が羽鳥郷にいた伯父源左衛門友則を頼って移り住み、帰農したものと伝えられる（『駿河志料』）。先の石上清安はおそらくこの石上氏の一族であろう。

笹間の石上城は城の型式からして、建武（一三三四〜三八）頃の築城と推定されており[18]、この頃、石上氏の一族が家山に移った可能性も考えられる。なお聖福寺については明らかでないが、三光寺末で同じ家山にあった正福寺のことであろうか（『遠江国風土記伝』）。

三　秋葉寺と可睡斎

秋葉寺は近世には曹洞宗可睡斎（現、袋井市久能）の末寺であり、寛永九年（一六三二）から翌年にかけての「曹洞宗末寺帳」には「秋葉寺同国周智郡犬居村永楽銭五貫文御判形在」[19]とみえている。

秋葉寺が可睡斎末となったのは、はたしていつ頃であろうか。このことを明確に示す史料は見出せないが、可睡斎と二諦坊とのあいだにおこった秋葉寺に関する出入について、可睡斎の雲達は、寛永二年（一六二五）四月、奉行所に提出した訴状のなかで、次のように述べている。

　一遠州周知郡犬居之郷大登山秋葉寺ハ、山開より元和八年七月十七日ニ死去申昌春迄ハ、代々禅家にて御座候[20]、

雲達はこのあとに続けて、秋葉寺が信玄の兵火にかかって焼失し、可睡斎八世の等膳が秋葉寺の再建に尽力したことを記しているが、このことは秋葉寺が古くから禅宗に属していたという雲達の主張とともに、確認できる史料を見出せない。この一件は結局、「相国様任㆓永禄拾弐年御判形之旨㆒」せて、可睡斎の勝訴となった[21]。

『掛川誌稿』は秋葉寺について、「古は法相宗也、後曹洞宗となり、士峰（ママ）宗山和尚を開山として、可睡斎に隷

す」と記している。もともと法相宗であったことについては確認できる史料がないが、十一面観音や勝軍地蔵をまつる清水寺が法相宗であり、清水寺と深い関係をもつ田村麻呂信仰にもとづく田村社が秋葉山に近い天竜市（現、浜松市天竜区）などに分布することを考えると、まったく根拠のないこととも考えられない。

可睡斎の等膳が家康から三河・遠江・駿河・伊豆四か国の僧録として、曹洞宗寺院の支配を認められたのは天正一一年（一五八三）のことで、これ以後、可睡斎は東海地方における僧録寺院として発展することになる。また、秋葉寺の中興開山と伝えられる士峰宋山が可睡斎に晋住したのは慶長三年（一五九八）のことであったから、秋葉寺が可睡斎末となったのは、中世最末期から近世初頭にかけての頃ではなかったかと考えられる。それはおそらく、戦乱などにより荒廃していた秋葉寺の再興に深く関わっていたのであろう。

おわりに

尾張国福厳寺（現、愛知県小牧市）は、火伏せの神として著名な秋葉三尺坊の大祭における火渡りで知られる。この寺を文明一〇年（一四七八）に創建した盛禅洞奭が臨済宗の宗旨を究めようとしたところ、「遠州秋葉之神」の神託によって、遠江国における曹洞宗拠点の大洞院（現、静岡県森町）に登ったという伝えが生まれたのは（『日本洞上聯燈録』巻八）、秋葉寺が可睡斎末になったことを抜きにしては理解しがたいように思われる。

近世の秋葉山は秋葉講を中心に、信仰基盤と組織形態において、これまでとは異なる段階に入り、新たな展開を遂げることになる。

（1）　武井正弘「秋葉山の信仰」（鈴木昭英編『富士・御嶽と中部霊山』名著出版、一九七八年）。

（2）　『静岡県史』資料編八中世四（一九九六年、七五号）。

（3）『武徳編年集成』『大三川志』など。なお『武徳編年集成』はこの記事を八月二日条に載せる。また『浜松御在城記』は、この時の使僧を「権現堂ノ叶坊浄全」とする。
（4）『新潟県史』資料編三中世一（一九八二年、三八〇号）。
（5）前掲注（4）『新潟県史』資料編三中世一、三九一号。
（6）前掲注（4）『新潟県史』資料編三中世一、九一〇号。
（7）使僧は戦国大名間の使節として、情報の伝達や収集などにあたったのみならず、戦国大名の保護と規制をうけつつ、領域内の宗教支配の役割をもはたした。使僧に関しては、今川氏の使僧であった駿河国富士郡の東泉院について、簡単にふれたことがある（拙稿「六所家旧蔵中世文書の紹介」『六所家総合調査だより』九、二〇一一年）。
（8）『武徳編年集成』『大三川志』。『武徳編年集成』には「秋葉山修験者加納坊」と記されている。
（9）「古簡編年」三（前掲注2『静岡県史』資料編八中世四、五四〇号）。
（10）「天野文書」（前掲注2『静岡県史』資料編八中世四、一一九三号）。
（11）春野町（現、浜松市天竜区）領家六所神社所蔵棟札銘、前掲注2『静岡県史』資料編八中世四、二二二四号。
（12）天野忍氏の御教示による。
（13）『静岡県史料』第四輯（一九三八年、七六四頁）。
（14）『天竜市史』上巻（一九八一年、三二〇〜三二一頁）。
（15）原秀三郎「秋葉信仰の成立」（『静岡県歴史の道調査報告書――秋葉道――』静岡県教育委員会、一九八三年〈改訂版、一九九六年〉）。
（16）『静岡県史料』第四輯（一九三八年、一五八頁）。『静岡県史』資料編六中世二（一九九二年、九〇七号）。
（17）『静岡県の文化財』第二集（静岡県教育委員会、一九六三年、七九頁）。
（18）沼館愛三「無双連山を中心とせる諸城址の研究」（『静岡県郷土研究』第四輯、一九三五年）。
（19）『大日本近世史料　諸宗末寺帳』上（東京大学出版会、一九六八年）。
（20）前掲注（13）『静岡県史料』第四輯、五七七頁。
（21）「永禄拾弐年御判形」とは、先にあげた永禄十二年八月七日徳川家康判物のことであろう。

補論4　駿河国東泉院と建穂寺——一通の高札写から——

駿河国富士郡今泉（現、静岡県富士市今泉）にあった東泉院は、村山修験の拠点である富士山興法寺と深い関わりをもっていた。東泉院伝来の文書類は、神仏分離の過程で還俗した元住持の六所家に伝えられたが、それらの中世文書十数点のなかから、駿河国建穂寺の高札写（縦二六・三センチメートル、横一九・〇センチメートル）がみつかった。全文は、次の通りである。

御朱印

当寺庭中木石事者不及
沙汰、山林門前竹木号所望濫
令伐採事、堅停止之畢、若於
違犯之輩者、可処厳科者也、
仍如件、

天正十五年二月二日

建穂寺

高札板

竪弐尺程、横壱尺三寸程、串弐寸角、かき三尺四

この高札が掲げられていた建穂寺は、駿河国安倍郡建穂（現、静岡市葵区建穂）に明治初年まであった寺院である。建穂寺は、白鳳一三年（六六二）法相宗の道昭開創、養老七年（七二三）行基再興と伝えるものの、鎌倉

時代までの実相については明らかでないところが多い。戦国時代には、武田氏から六〇三俵余を認められた駿府周辺の最大規模の寺院であった。「建穂」は現在「たきょう」と読まれているが、建穂寺の近辺に位置して式内社であった建穂神社は、『延喜神名帳』に「建穂神《タケホノ》社」というふりがながつけられている。また、弘治三年（一五五七）二月一八日、駿府滞在中の山科言継は、建穂寺本堂で稚児舞をみているが、この日の記事のなかに「建《タケ》穂《ホ》へ罷向」という注記がみえる。

　建穂寺が明治初年に廃寺になったあと、現在は建穂町内会が管理する建穂観音堂に安置される木造阿弥陀如来坐像（静岡市指定文化財）は、近年の調査により、平安時代から鎌倉時代初期に製作されたものとされ、頭部に「竹保法花シヤウキヤウタウノ本尊也」と書かれた慶長一八年（一六一三）の補作銘がみつかった(1)。これによって、阿弥陀如来坐像が竹保（たけほ、建穂寺のこと）の法華常行堂の本尊であったことが明らかになった。

　さらに、正徳三年（一七一三）以降、建穂寺が廃寺となる明治初年まで建穂寺領であった安倍郡中ノ郷村（現、静岡市葵区中ノ郷）の鈴木藤男家文書の一つ、享保四年（一七一九）極月二三日坪付ケ帳の宛先は、「たけほ村重右衛門殿」と記されている。これらから、「建穂」は古くは「たけほ」と読まれていたことがわかる。中村高平『駿河志料』（文久元年〈一八六一〉）には、建穂寺について、「たけほなるを常呼にたけうと云ふ」と書かれている。「たけほ」がハ行転呼音によって、「たけう」となり、さらに音訛現象によって、一般には「たきょう」と発音されていたのであろう(2)。

　享保二〇年（一七三五）に、建穂寺学頭の隆賢が編纂した『建穂寺編年』に収める永禄五年（一五六二）七月二七日元意譲状写によれば、比叡山王社の祭りのための田地があることや、先に掲げた法華常行堂本尊の阿弥陀如来坐像の存在から、建穂寺は天台宗であったことが判明する。さらに、府中浅間社およびそれと同じ境内にあった奈吾屋社（大歳御祖社）の供僧をつとめ、江戸時代には久能寺とともに惣社で最勝講を執行していた。

初めに掲げた高札写とほぼ同文で、しかもその形状まで記したものが、新庄道雄『駿河国新風土記』巻一八安倍郡五（文政一三年〈一八三〇〉）（内閣文庫173―94）に収録されている。

大門ノ前ニ、右ノ方、下馬札アリ、左ノ方ニ高札アリ、其文ニ、

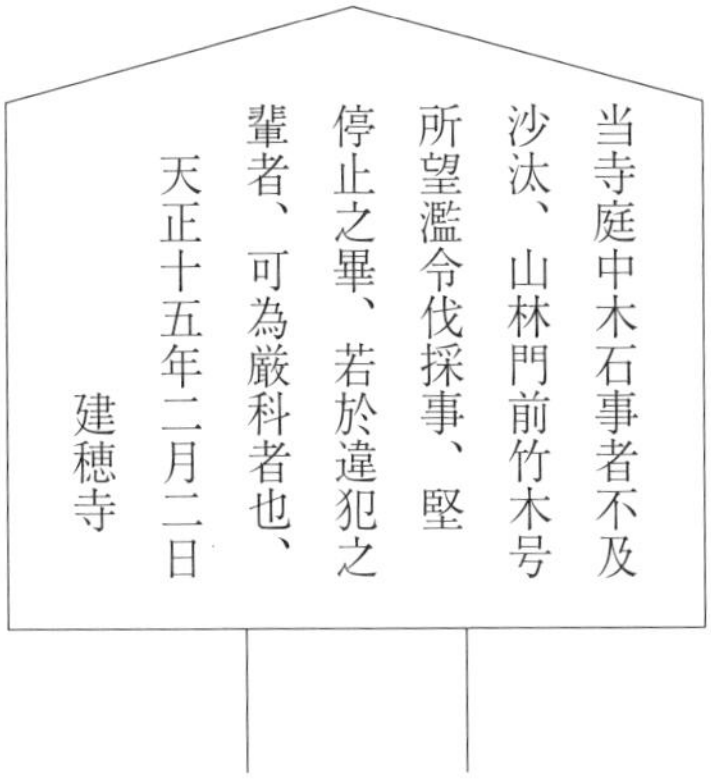
当寺庭中木石事者不及
沙汰、山林門前竹木号
所望濫令伐採事、堅
停止之畢、若於違犯之
輩者、可為厳科者也、
天正十五年二月二日
建穂寺

二点の高札写には朱印の有無や若干の字句の異同がみられるが、内容は同じものと考えてよいであろう。両者を総合すれば、建穂寺の高札は、将棋の駒型を横に長くした形をし、縦約六〇・六センチメートル、横約三九・四センチメートルで、大門の左に、約六・一センチメートル角の二本の棒により、約一〇三センチメートルの囲いのなかに立てられていたことがわかる。東泉院に伝えられた写には、高札の寸法や囲いまで記されていることからみて、現場で採寸されたものであろう。

徳川家康は、天正一〇年（一五八二）二月二一日、敗走する武田軍を追って駿府に陣をとった。家康が建穂寺に最初の禁制を与えたのは、その翌日のことであった。これはこの年正月、建穂寺が家康のために祈禱を行った

ことに対する返礼であったのだろう。天正一四年（一五八六）一二月四日、家康は浜松から駿府に移った。この年には、天正四年（一五七六）の火災で焼失した建穂寺観音堂の勧進が始まり、翌年二月二日には駿府城の修築が開始されており、先に掲げた高札は、駿府の街づくりにともなう、家康の建穂寺を重視する姿勢の表れであろう。

ではなぜ、建穂寺の高札写が東泉院に伝来したのであろうか。

建穂寺には学頭の菩提樹院と衆徒二一坊があり、そのひとつ青華(花)院を住坊とする快温は東泉院を兼帯したことから、「東泉院快温」とも呼ばれていたが、東泉院と建穂寺が何らかの関係をもっていたことは、『建穂寺編年』の記事によってわずかに知られるのみで、詳細はこれまで不明であった。

しかし、東泉院旧蔵資料から新たにみつかった、真言密教の奥義を説く「御口決集」は、慶長一七年（一六一二）、京都智積院において、「駿州建穂寺住侶快温舜能房」により書写されたもので、[3]これによって東泉院と建穂寺の深い関わりがいっそう明らかになった。

東泉院旧蔵の「富士山五社惣別当東泉院代々住持帳」「東泉院代々先師出処等」によれば、快温俊能房は遠江の生まれで、師は勝温尭俊房、初め建穂寺青華(花)院に住し、東泉院に移って住持二四年、そのあいだに中門を建て、聖教を書写し、正保四年（一六四七）七月一六日に没した。享年七〇歳余であった。

初めに掲げた建穂寺の高札写は、東泉院との深い由縁によって、東泉院に伝わることになったのである。

建穂寺は元和六年（一六二〇）四月、醍醐寺報恩院末となり、近世初期報恩院一六世の寛済の時の「報恩院末寺帳」[4]に、「菩提樹院 駿州建穂寺学頭 円雄（花押）」と記されている。また、正保三年（一六四六）七月、聖護院の本山派修験から醍醐寺報恩院末に変わっていた東泉院も「東泉院 駿州富士郡下方 快温（花押）」と書きあげられて、翌年に没した快温の名もみえる。

林羅山『丙申紀行』などには、役の行者による建穂寺の開創を伝えており、青華(花)院は修験であったとみられる。中世後期に村山修験の勢力下にあった東泉院と建穂寺のつながり、さらに醍醐寺との関連を解き明かす作業は、不明の点が多い地域修験の実態と役割、修験道教団の本山派と当山派による教線の拡大と摩擦および組織化の過程について、多様な知見をもたらすであろう。

また、東泉院がもつ周辺の六つの神社の別当職は、永禄一三年（一五七〇）正月、建穂寺とともに駿府近辺のもう一つの大寺である久能寺に与えられ、その支配下に入った。(5)加えて久能寺は建穂寺とも密接な関わりをもっていた。これら三つの寺院の関係と、その周辺の寺院とのあいだにとりむすばれる僧侶と修験のネットワーク、さらに権力との関係を明らかにする作業は、今後の重要な課題として残されている。(6)

（1）浅湫毅「静岡・建穂寺の彫刻」（『学叢』三一、二〇〇九年）。
（2）勝山幸人氏（静岡大学人文社会科学部教授）の御教示を得た。
（3）伊藤聡「六所家（東泉院）旧蔵『御口決集』について」（『六所家総合調査だより』六、二〇一〇年）。
（4）『大日本古文書　醍醐寺文書』五（東京大学出版会、一九七四年、九六六号）。
（5）旧久能寺文書永禄十三年正月二十八日武田晴信書状（『静岡県史』資料編八中世四、一九九六年、一五二号）。
（6）六所家旧蔵の中世文書の伝来と内容については、拙稿「六所家旧蔵中世文書の紹介」（『六所家総合調査だより』九、二〇一一年）でふれた。

補論5　喜捨する人びと――駿河国心岳寺祠堂帳――

静岡県のほぼ中央部に位置する藤枝市域の西部、谷稲葉《やいなば》地区にある曹洞宗金竜山心岳寺は、太源派の拠点のひとつ、遠江国石雲院（現、牧之原市）の開山崇芝性岱の弟子で、林叟院（現、焼津市）を開いた賢仲繁哲の高弟、兆山岱朕を開山とする。

本論は、心岳寺に所蔵される祠堂帳のもつ意義を考察しようとするものである(1)。

祠堂とは、主に禅宗寺院で死者の冥福を祈り、位牌を安置する建物を指し、祠堂帳とは、供養料などとして信者が喜捨《きしゃ》した銭や物品などを書きあげた帳面のことである。修理の名目などで蓄積された金銭は、次第に貸付資金として運用されるようになった。そして、月ごとに一〇〇文別に二文という低利子（一般には五文が多かった）と、貸付台帳に記載するという条件で、売却地のとり戻しや債権・債務の破棄を定める徳政においても、契約破棄の対象にならないという優遇措置をうけたことから、次第に禅宗以外の寺院にも広がりをみせた(2)。

祠堂銭は、未来永劫にわたり供養を続ける基金として、寺院に寄進されたものである。京都周辺において、祠堂銭の名目で貸付が行われ始めたのは、一五世紀初期と推定されている(3)。

心岳寺祠堂帳は、戦国時代の地方曹洞宗寺院を信仰の拠り所とし、一族の冥福を祈る永代供養のため、財物を喜捨した人々の実態と、心岳寺の初期の整備と経営とを具体的に知りうる、きわめて重要な史料である。ほぼ同じ時期に、臨済宗の長慶寺（現、藤枝市下之郷、今川泰範開基、太原崇孚雪斎中興）にも寄進された財物を納める祠堂蔵があったから(4)、心岳寺も同じ状況を考えてよいであろう。

心岳寺に伝来する祠堂帳は、天正一三年（一五八五）五月二四日に、五世の大意光舜が開山の兆山以来の祠堂銭およびそれらの支出をまとめた部分と、それ以降の若干の寄進を異筆で書き継いだ、大きく二つの部分からなっており、貸付として運用された状況は知られない。さらにはじめの兆山に関する箇所には、師の賢仲から兆山への付法の時期を、兆山三七歳の文亀元年（一五〇一）一二月一三日夜のこととする、宝永元年（一七〇四）の書き入れがある。

祠堂帳の冒頭には、谷稲葉などに今川氏から給与された家領があり、館を構えていたという正親町三条家から祠堂銭五〇貫文で五斛地を買得して永代寺領としたこと、正親町三条家から二斛地が新たに寄進されたこと、さらに一斛地は今川氏検地のさい、施餓鬼田として寄進されたことが記されている。

寄進者の法名を書かれた四九人の内訳は、男三五人、女一四人で、そのなかには次の五組の夫婦がみられる。

青岩道秀（峯田伊賀守）―昌岩貞久、心源永得―栢庭妙意、宝金禅門―宗珍禅尼、泰雲源康―月庭妙泉、声岩法泉―雪窓妙清

このうち、峯田伊賀守は峯田を名字の地とする武士と考えられる。そのほか寄進者に名を連ねている一峯元秀と宗峰理秀も、峰田を居所としている。峯田という地名は遠江国城東郡（現、菊川市嶺田）にあるが、両者に関係があるのかはわからない。また、永得は伝永存心ら七人を誘引しており、心岳寺の熱烈な檀越であったとみられる。

寄進者の居所として、藤枝市域の瀬戸・稲河（稲川）のほか、小河（焼津市小川）が五人を数え、当目（焼津市）、藤守（焼津市）、西脇（静岡市駿河区カ）も知られる。さらに、珠明宗玉大姉は、駿河における天台宗の拠点の一つ、智満寺（島田市）泉覚坊の尼であり、また蒲原（静岡市清水区）の清源院などもみえ、戦国時代において心岳寺を支えた檀越の広がりを示している。さらに、瀬渡（瀬戸）の誠泉が米を寄進するにあたって、大徹派富洞院（藤枝市駿河台）の寿桃がとりついでおり、曹洞宗寺院間の交流を物語っている。なお、中島圭一氏に

よれば、祠堂帳にみられる「取次」とは、又貸し行為を表現した場合があったが[5]、心岳寺の場合にはそうした意味ではなく、普通の仲介を指しているものと考えられる。

開山の兆山の代に、四人の檀越から寄進された一二貫文は客殿の造営にあてられた。また二世の虎雲の代になって、銭の数字が記載されている二三件は、潤叟道珊の一〇貫文から妙容禅尼と得雲妙光の五〇〇文にいたる総計五三貫文余にのぼり、さらに額不明の一四件を含め、それらの多くは田地の購入（面積不明）にあてられていて、心岳寺は二世虎雲の代に寺勢を大きく発展させたようである。購入された田地から納入される年貢は永代供養などにあてられ、心岳寺経営の重要な基礎となったのであろう。

寄進されたものは、銭をはじめ、米・花鳥絵・紬・鍋・釈迦如来降誕像など、多岐にわたっている。また、四方の僧侶を集めて開かれる江湖会が、丁亥年（天正一五年〈一五八七〉であろう）冬に行われたことも記されている。

仏像のうち、韋駄天像は天正一二年（一五八四）一〇月五日、五世大意の代に造立されたものであった。さらに、本尊の地蔵菩薩や不動明王・多聞天王は、天正一三年五月二四日、高野聖の祐清から買い求めたことも、高野聖の活動と仏像の伝来を知りえて注目される。

（1）　祠堂帳の全文は、『藤枝市史研究』一一（二〇一〇年）に掲載した。
（2）　寶月圭吾「中世の祠堂銭について」（一志茂樹先生喜寿記念会『一志茂樹博士喜寿記念論集』信濃史学会、一九七一年）。
（3）　中島圭一「中世京都における祠堂銭金融の展開」（『史学雑誌』一〇二―一二、一九九三年）。
（4）　『藤枝市史資料編二』古代・中世（二〇〇三年、三三二号）。
（5）　前掲注（3）中島圭一「中世京都における祠堂銭金融の展開」一五頁。

心岳寺祠堂帳施主・施入物等一覧

施主	居所	置銭高	施入年月日	施入物	引入	使途	備考
悦翁宗怡		１貫文	永正17.７.20			客殿造営	
直心中善		５貫文	大永６.３.22			客殿造営	
道智禅門		３貫文	２.３			客殿造営	
貞妙禅尼		３貫文	８.13			客殿造営	
青岩道秀			永正６.８.24	花鳥絵２幅			峯田伊賀守
昌岩貞久		３貫文	大永10.11.26			磬	峯田伊賀守妻
花明文榻	小河	１貫文	天文７.10.26		蒲山孝順	田地購入	
天心性祐		１貫文	12.18			田地購入	
機渓宗用	小河	１貫文	天文３.７.２		蒲山孝順	田地購入	
如岩用真	大村	５貫文	天文４.４.13			田地購入	
玄庵道参		１貫文	天文７.12.６			田地購入	長谷河
一峯元秀	峰田	１貫文	11			田地購入	
宗峰理秀	峰田	１貫文	享禄１.２.10				
伝永存心	小河	１貫文			永得		
心翁舒妙	小河	３貫文	享禄４.８.24		永得		
道通禅門		３貫文	５.３		永得	田地購入	
妙海禅尼		３貫文	８.25		永得	田地購入	
妙香禅尼		２貫文	８.25		永得	田地購入	
宗心禅尼		２貫文	８.22		永得	田地購入	
照窓妙眼		額不明	天文10.５.８		全而	田地購入	
妙容禅尼		500文	７.７		順意	田地購入	
得雲妙光	瀬戸	500文	天文13.６.29		文精	田地購入	
総寿	峰田	１貫文					
潤叟道珊	小河	10貫文	天文15.９.14		蒲山孝順	田地購入	太田良、４世蒲山孝順爺
真叟道見	峰田	５貫文				田地購入	
華林道香		１貫文	天文17.５.３			田地購入	
花翁慧春	当目	１貫文				田地購入	

心源永得	稲河	3貫文	弘治3.2.2				
栢庭妙意		額不明	7.28		永得		永得妻
宝金禅門		額不明					藤枝辻子
宗珍禅尼		額不明					宝金妻
泰雲源康		額不明					小田村　大石
月庭妙泉		額不明					源康妻
金剛仏子紹舜		額不明					多芸弟、天文13.12.5没
命園道寿		額不明	天文17.8.時正日				
珠明宗玉大姉		額不明	天文18.11.28		文精		智満寺泉覚坊尼
繁慶昌公	西脇	額不明	2.21		学叟昌文		
秀岩静林			4.28	米	蒲山孝順		浅羽九郎左衛門尉子
月林玄秋		額不明	弘治3.7.27				小長谷妻
樹芳慧林		額不明	弘治3.4.28				小河次郎右衛門母
芦岩法泉				米5俵			藤守太田良、心叟願明父
雪窓妙清				米5俵			願明母
古渓道今		額不明	永禄3.5.24		太田良新右衛門		小河清七
全性妙才		額不明	永禄10.10.				小長谷後家
堯妙清橋		1貫200文	永禄10.10.				
当谷俗衆				米2斗7升1合			
誠泉	瀬渡		天正13.7.28	米2駄			富洞院寿桃取続
妙秀	当谷		丁亥（天正15カ）	米1駄		江湖会	清右衛門尉取次
円心宗覚	藤枝助□		戊子（天正16カ）.5.2	米1駄		造営	
酒井三郎右衛門尉			天正18.4.8	如来降誕像1躯			順旧取次
蒲原清源院			天正19.2.23	円椀4組1流			
亀泊宝寿			天正19.9.2	皆朱折敷1束			

第三篇　地域社会の記憶

第九章　遠江久野氏の成立とその歴史的環境

はじめに

遠江の久野氏とその居城久野城は、戦国時代の永禄一一年（一五六八）から翌年にかけて、歴史の表舞台に登場した。この時、甲斐の武田信玄に駿府を追われて遠江懸川城に籠った今川氏真は、続いて三河の徳川家康の攻撃をうけて退去し、それから間もなく戦国大名今川氏は滅亡した。

この懸川城をめぐる約半年におよぶ激しい攻防のさい、前線基地として重要な役割をはたしたのが久野城であり、久野氏と久野城は歴史の大きな転換期に立ち会ったのである。これ以後、久野氏の歩みも確実にたどることができるようになる。

本章は、久野氏の成立過程を論じ、あわせて久野氏をとりまく歴史的環境をも検討することをねらいとしている。

一　遠江久野氏の初見史料

戦国時代より前の遠江久野氏の姿は茫漠としてなかなかとらえがたく、系図以外の確かな史料に久野氏が初めて名をみせるのは鎌倉時代後半のことである。それは思いがけず、平泉中尊寺文書のなかの一通、乾元二年（一三〇三）潤四月二二日朝賢置文[1]に記されていた。

申おく状の事

去弘安年中ニ遠江国久野四郎兵衛入道子息乙増丸師弟のけいやくあるによんて、御経蔵別当職をゆつるうへ、きよひら（藤原清衡）の御たちの御時の安堵状幷右大将家（源頼朝）の御下文、代々師々相承次第証文等をあつけおくところに、彼乙増丸をとこになりて、御きたう（祈禱）の仁ニあらさるあいた、くいかへして、讃岐阿闍梨行盛ニ譲渡所也、上件代々証文においてハ、行盛阿闍梨かたへわたさるへきものなり、

一骨寺の四方のさかい、右大将家の御時さためおかるゝ御下文事、彼さかいさうろんの沙汰ニよりて、大弐阿闍梨頼潤ニあつくるところ也、かの沙汰落居するうへハ、行盛阿闍梨かたへわたさるへき也、彼所の譲状等ハ、有禅阿闍梨の執筆にてかきあたうるもの也、仍状如件、

乾元弐年潤四月廿二日　法橋朝賢（花押）

この置文の前半は、中尊寺の経蔵別当朝賢が別当職を行盛に譲ることを定めたものだが、この譲与にあたってはやや複雑な事情があった。すなわち、朝賢の記すところによると、経蔵別当職は本来、朝賢が弘安年中（一二七八〜八八）に彼の弟子であった遠江国久野四郎兵衛入道の子乙増丸に譲ることを約束し、別当職の由緒に関わるもっとも重要な文書である藤原清衡安堵状や源頼朝下文のほか、代々の師資相承の証文が乙増丸に預けられた。しかし、乙増丸はいかなる事情があったものか還俗してしまったために、朝賢はいったん乙増丸に譲った経蔵別当職を召し返して、行盛に譲り渡すことにした。以上が先の朝賢置文の遠江国久野氏と関わる内容である。

ここに登場する遠江国久野四郎兵衛入道とその子乙増丸こそ、確実な史料に初めて現れる遠江久野氏の一族である。乙増丸が中尊寺の僧侶になった経緯はまったくわからないが、朝賢が乙増丸に中尊寺経蔵別当職の譲与を約束したのは、弘安年中のことであったから、その父久野四郎兵衛入道は一三世紀半ばには生存していたことに

なり、遠江久野氏の成立は遅くともこの時期にまでさかのぼることができる。このことは実像をとらえがたい初期の久野氏の系譜と歴史を考えるうえで、拠りどころとなるもっとも重要な事実である。

ところで中尊寺経蔵は現在、金色堂のすぐ近く北西の位置に建てられている。この経蔵は一二世紀初めには成立しており、自在房蓮光が「金銀泥行交一切経」書写の奉行の功を藤原清衡に認められて、天治三年（一一二六）初代別当に任じられ、所領の寄進をうけた。(2)こののち、文治五年（一一八九）に、源頼朝は平泉の藤原泰衡の追討に赴いたが、頼朝のもとに参上した時の経蔵別当心蓮は、経蔵に「金銀泥行交一切経」が納められていることを述べており、(3)また衆徒らが注申した「寺塔已下注文」には「宋本一切経蔵」と記されていることから、(4)鎌倉初期の中尊寺経蔵には、宋版一切経と蓮光が書写の奉行をつとめた「金銀泥行交一切経」が納められていたものとみられる。久野乙増丸はこの経蔵の別当職に就任するはずの人物であった。この「金銀泥行交一切経」は紺紙金銀字交書一切経のことで、現在大半が中尊寺外に流出している。

先に述べた通り、中尊寺経蔵別当の朝賢が、その職を弟子の遠江国久野四郎兵衛入道の子乙増丸に譲り、証文などを預けおいたのは弘安年中のことであった。中尊寺文書によると、朝賢は師匠の永栄から弘安三年（一二八〇）五月二五日に経蔵別当職と所領などを譲られているから、(5)それから間もなく朝賢から乙増丸への譲与が行われたことになる。

中尊寺文書のなかの朝賢置文は、遠江久野氏の初見史料として重要な意味をもつことはいうまでもないが、それ以上に、平泉の文化的影響を考える場合、東海道の遠江とそこから北に遠く離れた陸奥の平泉とのあいだで人の交流があり、鎌倉期に関わりをもっていたことの意義はきわめて大きい。

我々はこれまで、東海地域の人・物・情報や文化の伝達・交流について、中央の奈良や京都との関わりに目を向けることが多く、東国との関係については、せいぜい鎌倉幕府成立以後の鎌倉に注目するにとどまっていた。

だが、実際には平泉の中尊寺で遠江久野氏が僧侶として活動していたのであり、これらの地域間の人的交流について、今後はより視野を広げて検討する必要がある。同時に、これまで京都の影響と東北地方内における波及や浸透という観点から論じられることの多かった平泉文化の実態についても再検討を迫っている。

遠江・駿河・伊豆と平泉との関連を考えさせる事例はいくつかあるが、詳細は機会を改めて論ずることにして、今は『駿河国久能寺縁起』(6)をあげるにとどめておきたい。康永元年（一三四二）六月一七日、沙門某によって制作されたこの縁起には、駿河国久能寺と平泉との由縁を示す次のような話が記されている。すなわち、久能寺の源清僧正は五部大乗経五度書写の誓願をたて、法華経のみを書き残して没した。ところが、源清は生前信仰していた地蔵菩薩の救いにより、平泉師房の男子に転生した。源清の三三回忌に平泉からの使者によってそのことが告げられ、久能寺の衆徒らが平泉で男子と対面して転生が確認された。師房は久能寺に一〇〇〇貫の所領を寄進し、久能寺からは毎年衆徒が平泉に下ったという。この伝承は駿河国久能寺と平泉とが何らかの関わりをもっていたことが素地となって生まれたものと考えられ、東海地域と平泉との宗教的関連を分析するさいの材料となろう。

二　久努から久野へ

久野氏は遠江国久野（現、静岡県袋井市久能）を名字の地とした武士だが、これまでの検討によって、その成立は遅くとも一三世紀半ばにさかのぼることが明らかになった。この久野という地名はいかなる由来をもって成立したものであろうか。

五世紀末ないし六世紀に成立した国造制のもとで、のちの律令制下の遠江国佐野・山名両郡を中心とした地域は、久努国造が支配し、国造職は久努直あるいはその同族の佐夜直《さやのあたい》が世襲した。『先代旧事本紀』によると、仲哀天皇の時、物部連の祖伊香色雄命《いかがしこおのみこと》の孫印葉足尼《いなばのすくね》が久努国造に定められたという。久努国造職を世襲した久努直は、山名郡久努郷を中心とした地を領域としたと考えられる氏族だが、もともと山名郡は、養老六年（七二二）に佐益《さや》郡のなかから八郷を割いて立てられたものであった。久努直が領域とした久努郷は、一〇世紀中頃に編纂された『和名抄』に山名郡六郷の一つとしてみえるが、久努は律令制以前にさかのぼることの確実な名称であり、郷名としても山名郡成立当初の八郷の一つであった可能性が高いという(7)。

久努郷は現在の袋井市国本から久能にかけての地域と考えられているが、この久努の読みについて、『和名抄』（大東急記念文庫本）は「久度」と注して「クド」と読ませている。これに対して、掛川藩の儒者斎田茂先と山本忠英は、天保年間（一八三〇～四四）に刊行された『掛川誌稿』で次のように述べている。

久奴ハ山名郡ノ地名ニシテ、其地ニ居リシモノ故、久奴ノ国造ト称セシニヤ、式ニ山名郡郡辺神社アリ、倭名鈔ニ久奴ノ郷アリ、註ニ久度ト訓セシハ誤レルナリ、今ノ久津部村・久野村ハ其名ノ転シテ遺レルナリ、
（巻首、静岡県立中央図書館所蔵本）

久奴郷　久奴ハ久野ナリ、周智郡ニ上久野・中久野・下久野ノ三村アリ、古ヘ久奴国造・久奴直アリ、和名抄ニ久奴ヲ久度ト注シタルハ誤ナリ、古ヘ奴ト努ト同クヌニ用ユ、（巻七、静岡県立中央図書館所蔵本）

つまり、斎田茂先らは『和名抄』（大東急記念文庫本）の「クド」という読みは誤りで、「クヌ」と読むのが正しいと指摘している。

また、邨岡良弼は、明治三六年（一九〇三）に上梓した『日本地理志料』で、

久努　久度　按度恐ハ農字ノ譌、高山寺本無注ノ二字、

として、「久農」＝「クノ」と読む説を提起している。さらに、吉田東伍は『大日本地名辞書』で、久努に「クヌ」「クド」両方の読みをつけているが、

久努に和名抄久度と註したるは疑ふべし、努を度とよみたる例は他に見えず、且久能とも久野とも伝ふるは、

努の古訓は正しくヌたりしを推すに足る。

と述べて、「クヌ」と読む説を採っている。このほか、太田亮は、昭和九年（一九三四）の『姓氏家系大辞典』で、久努に「クヌ」「クト」「クノ」の三種の読みをつけ、「和名抄、遠江の国山名郡に久努郷あり、久度と註す。高山寺本に註なきをよしとす」としている。

このように、久努の読みについては、これまで「クノ」「クド」「クヌ」の三つの説が出されているが、「努」は万葉仮名では一般にノ甲類の常用仮名字母として、あるいは固有名表記のヌの技巧的仮名として用いられ、久努は本来「クノ甲」であったと推測されている(8)。

もともと「クノ」と読まれたと考えられる久努は、のちには先に掲げた乾元二年（一三〇三）の朝賢置文にみられたように、表記が久野に改められるようになった。この久野という地名表記は、『法然上人行状絵図(9)』第二〇巻にも登場する。

それによると、遠江国久野の作仏房という山伏は、熊野権現での四八度の参詣満願の折、法然に出離の道を尋ねよ、との権現の示現をうけ、法然の教えをうけて一向専修の行者となり、故国に帰ったのちは、染物などを売買して暮らし、病をうけることなく本尊に向かって端座合掌し、念仏を唱えながら往生した。これらの詞書に続いて念仏往生した作仏房のもとに人々が来縁を結ぶ図が収められている。

『四十八巻伝』と略称される『法然上人行状絵図』は、建暦二年（一二一二）正月二五日に没した法然の行状と法語を記録し、あわせて門弟の事績をも編纂したもので、法然門流のうち聖光の流れをくむ鎮西派が、北九州から京都に進出して経済的基盤を確立した段階で、過去の法然伝を集大成した絵巻物とされている(10)。成立については諸説あるが、後伏見天皇の命をうけた舜昌が中心になり、一〇年の歳月をかけて元応二年（一三二〇）頃に完成させたものとみられている(11)。

法然の門弟として『四十八巻伝』に登場する遠江国久野の作仏房について、元禄一〇年（一六九七）、法然に円光大師号が勅諡されたのを機に作成された『円光大師行状画図翼賛』(12)には、次のような注釈が加えられている。

●遠江国久野ハ見付ヨリ東ニ当テ行程三里ハカリ也、作仏房旧跡トテ今小庵ヲ構テ念仏ノ道場ナリ、●作仏房種姓未詳、●作仏房ノ遺跡、今尚形ノ如ク艸庵ヲ構置テ、常行ノ念仏ヲ企テ村人モ結縁シケルトソ、

このように、遠江国久野の作仏房については、明らかでないところが多いものの、しかし記事にはその実在をとくに疑わせる根拠もなく、また法然門弟伝として不自然な作為もみられないから、法然の門弟の一人として教団内部に作仏房の記録が伝えられ、『四十八巻伝』に収められたものと考えられる。

これにもとづいて、遠江国久野という地名表記に改めて注目してみると、この表記は先に掲げた乾元二年（一三〇三）の朝賢置文によって明らかになった弘安年中（一二七八～八八）よりも早く、すでに法然の没した一三世紀初めには知られていたことになろう。そしてすでに述べたように、一〇世紀前期に編纂された『和名抄』には、久努という表記で「クノ」と読まれていたと考えられ、それよりのち三世紀のあいだに「クノ」の読みから久野と表記が改められ、以後、中世・近世を通じてこの表記が用いられることになった。久野氏は、この久野を名字の地とした武士であった。

三　久野氏初代宗仲

遅くとも一三世紀初めには知られていた遠江国久野を名字の地とした久野氏はいかなる出自をもち、またいかなる経緯によってこの地に土着するにいたったのであろうか。

久野氏の出自について検討したものは多くないが、江戸後期の駿府の国学者新庄道雄は、『駿河国新風土記』のなかで駿河国有度郡久野の語源などについて考証し、遠江久野氏にもふれて次のように述べている。

中昔トナリテ、曾我物語ニ当国ノ住人久能四郎トイフ人アリ、此久能氏ハ工藤・狩野ノ一族ニテ、駿河守藤原惟景ノ子孫ナリ、此氏人、此国ニ後ノ世マテアリシニヤ、改選系譜久野氏ノ譜ニ本国駿河トアルハ此氏ニヤ、又遠江山名郡ニ久野村アリ、久野氏ノ代々ノ居リシ所ナリ、此久能氏ハ遠江ノ久野ナランカトモ思ハルレトモ、若シクハ久野四郎ノ子孫遠江ニウツリテ、其所ヲ久能ノ地名トナリシニヤアラン、(13)

すなわち、道雄は駿河国有度郡久能と遠江国山名郡久野との読みの類似に注目し、『曾我物語』に現れる久能四郎が駿河の住人とすれば、遠江に移ったその子孫が故地にならって同じ地名をつけた、と推測している。

しかし、道雄の論旨には混乱があり、また「当国ノ住人久能四郎」が登場するという道雄の拠った『曾我物語』は特定できず、しかも駿河に久能氏という武士は知られていない。さらに道雄が引用した『改選系譜』とは、松下重長の編になる『改選諸家系譜続編』(14)のことと考えられ、それには「久野氏　本国駿州」と記載されているが、これはのちにも述べるように、久野氏が駿河入江氏の流れであることを示しているもので、駿河国有度郡久能からの移住による遠江久野氏の成立説はなりたちがたいと思う。

太田亮は『姓氏家系大辞典』の久野の項で、「遠江、駿河、常陸等に此の地名あり。多くは古くクヌと云ひし地にして、久努、久奴と通ず」と述べ、遠江久野氏についてつぎのように論じている。

藤原南家工藤氏流　遠江国山名郡（周智郡）久野郷より起る、和名抄久努郷の地にして、又久能に作る。此の氏・実は恐らく久努直の裔なるべし。家伝によれば、藤原南家二階堂氏族久野宗仲の後なりと云ふ。寛政系譜は藤原南家為憲流に収む。

久野氏を、久努国造職を世襲した久努直の後裔とみるこの説は、両者の語の類似から想起しやすいのだが、のちにも示す通り久野氏の家伝にはみられず、ほかにも根拠を見出せないから、立証しがたいといわなければならない。

それでは、久野氏自身はみずからの出自をどのように伝えたのであろうか。久野氏嫡流を継承する久野純次氏は、永禄一一年（一五六八）一二月二一日徳川家康判物[15]を始めとする中世文書五通のほか、多数の近世文書や記録を所蔵していることが近年明らかになり、そのなかに久野氏系図も含まれている。次に関係部分を抄録する。

△南家

藤原、工藤之裔、久野氏家紋木香、応仁年中美濃守忠晴、於京都有戦功、蒙御感参内、被任美濃守、于時従内賜瓜一片、頂戴而懐中、其瓜湿跡見于青襖、爾来改木香為瓜紋也、

大織冠十代之孫遠江守為憲、従五位木工助、世号工藤大夫、工藤称号起斯、承平五年相馬将門誅戦之時有軍功、爾来為武家一流之大祖、

為憲（二階堂元祖　遠江守）―時理（工藤次）―時信（工藤駿河守　伊東・宇佐美祖也）―維永（従五位）

維永の子：
- 維職（伊豆国押領使）
- 景任
- 維貞（原田）
- 維清（右馬允）
- 清房（四郎大夫）
- 清貞（山城守）

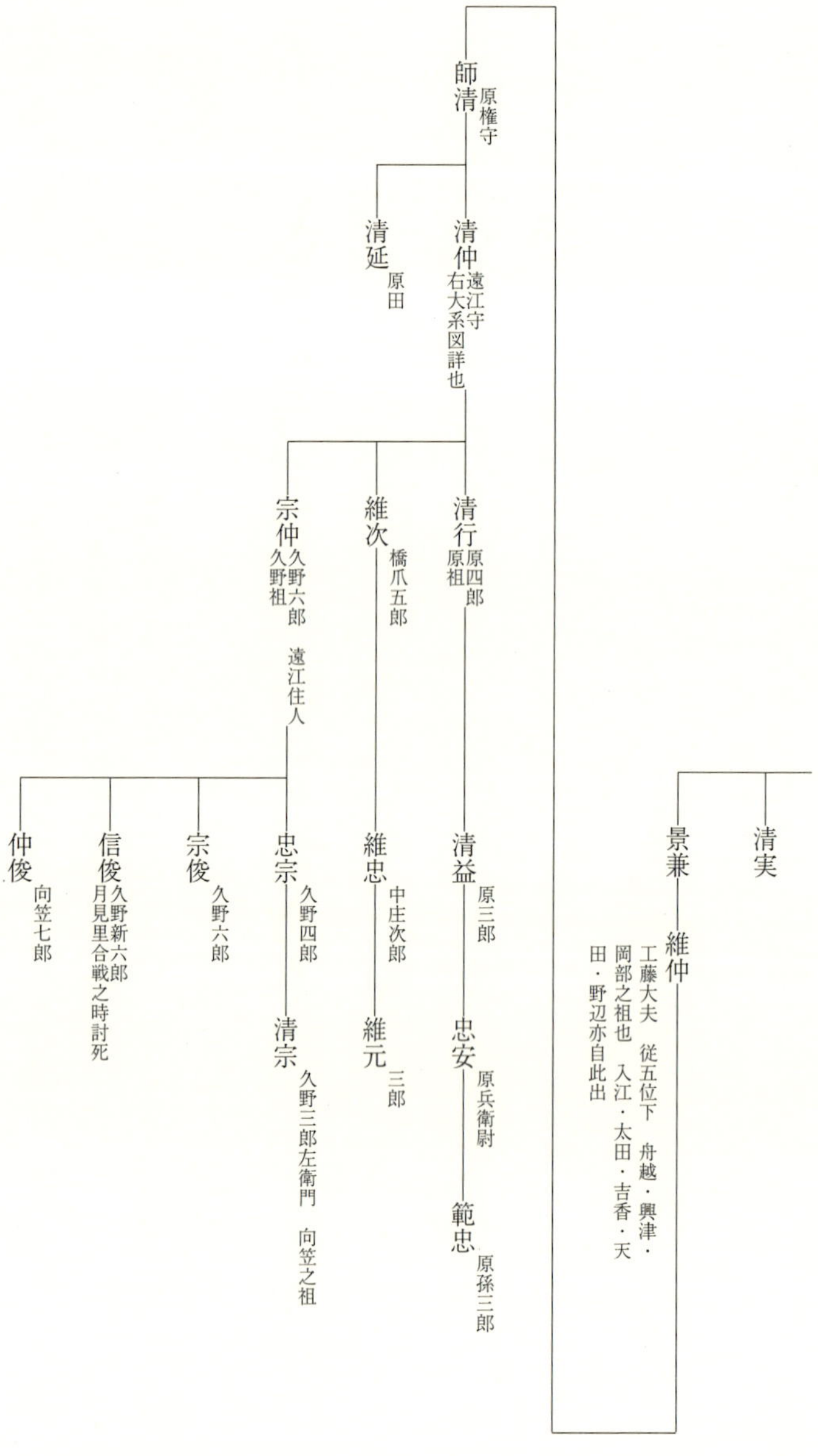

つまり、久野氏嫡流の家伝によれば、久野氏は藤原南家為憲の流れをくむ工藤氏の分かれで、清仲の子六郎宗仲を直接の祖としていた。そして久野氏は、駿河国の武士として名を知られた船越・興津・岡部・入江氏などと同族であり、さらに久野宗仲は遠江国の原四郎清行・橋爪五郎維次の弟であった。

また南北朝期に洞院公賢によって企画され、のち継続編纂された『尊卑分脈』にも、わずかながら宗仲に始まる久野氏の系図が収められている。いま為憲に始まる関係部分を抄録しておこう。

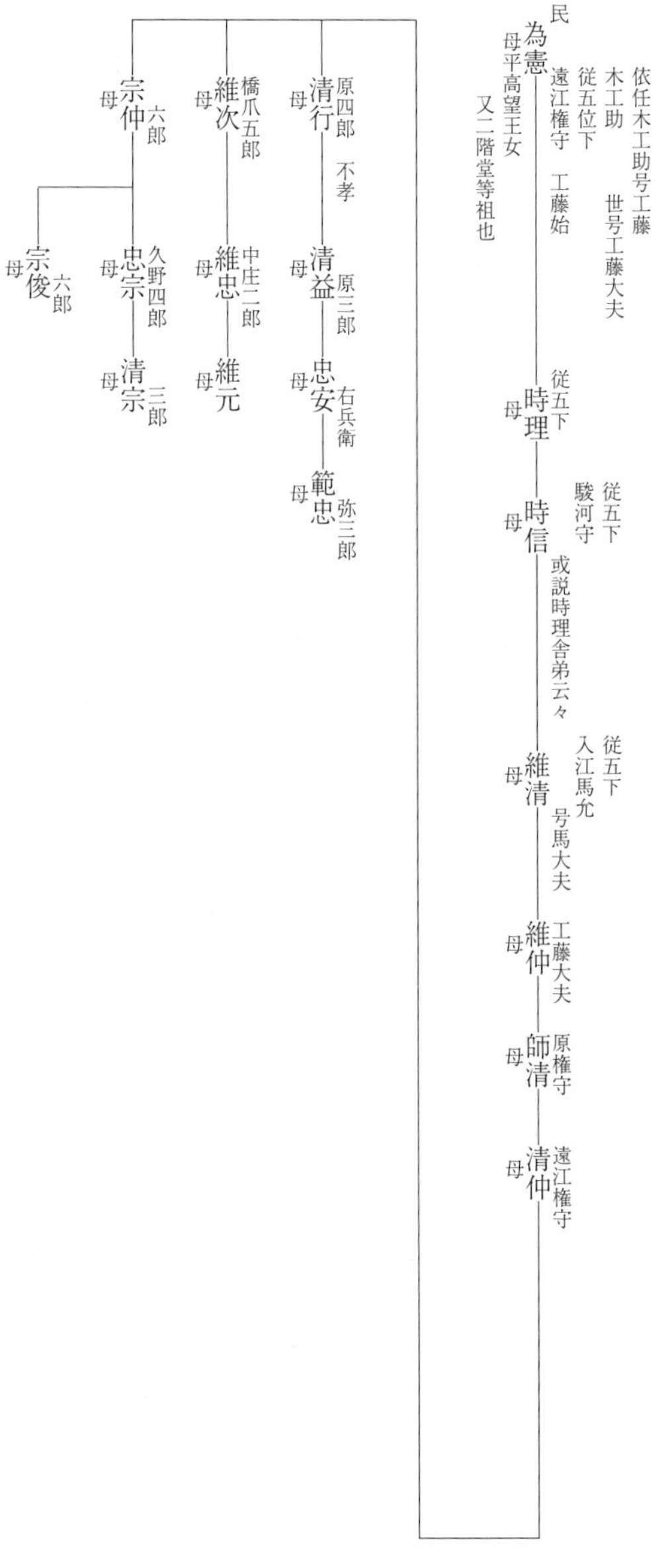

これが久野氏の系図としてはもっとも古いもので、先の久野純次氏所蔵の系図とくらべれば、宗仲に仮名の六郎とあるのみで、久野の名字を記していない点が異なっている。

久野宗仲という人物は、確かな史料によってその存在を認められないのだが、系図のうえで宗仲の兄とされる原四郎清行の子三郎清益は、寿永三年（一一八四）の摂津国一谷合戦で源義経にしたがい[16]、さらに建久四年（一一九三）、富士野の巻狩のさいにおこった曾我兄弟の仇討で、弟の五郎時到と戦って疵を蒙ったことが[17]『吾妻鏡』『曾我物語』巻八・九などにみえており、鎌倉初期における実在を確認できる人物である。また、久野氏の系図のほとんどに宗仲の名が記されていることから、原三郎清益と時を前後して活動したと考えられる宗仲の実在についても、とくに疑いをはさむ必要はないであろう。

久野宗仲の子忠宗の四郎という仮名は、先に初期の久野氏の実像を明らかにするうえでもっとも重要な史料と強調した乾元二年（一三〇三）の朝賢置文に登場した久野四郎兵衛入道のそれと同じであることを考えると、この二人を同一人物とすることができれば、すでに述べたように、四郎兵衛入道は一三世紀半ばには生存していたのであるから、その父宗仲を鎌倉初期に実在した人物とみることはますます蓋然性の高いものになろう。

ところで、江戸幕府によって編纂された『寛政重修諸家譜』には、為憲流の一つとして戦国期の忠宗に始まる久野氏の系図を収める。その冒頭に、「家伝にいはく、久野六郎宗仲か後にして、遠江国久野に住せしより称号とす」と、宗仲を直接の祖とする久野氏の家伝を記している。

また、江戸中期の系譜学者浅羽昌儀の編になる「浅羽本系図」[18]四二には次のような久野氏系図を収める。

為憲（遠江守　従五位下　木工頭　母上総介高望女　此子孫始而号工藤）―時理（工藤大夫　従五位下）―時信（駿河守　従五位下）

―維清（入江右馬允　従五位下）―維仲（原大夫）―師清（駿河権守　上北面）―清仲（遠江守　従五位下　法名宗由）

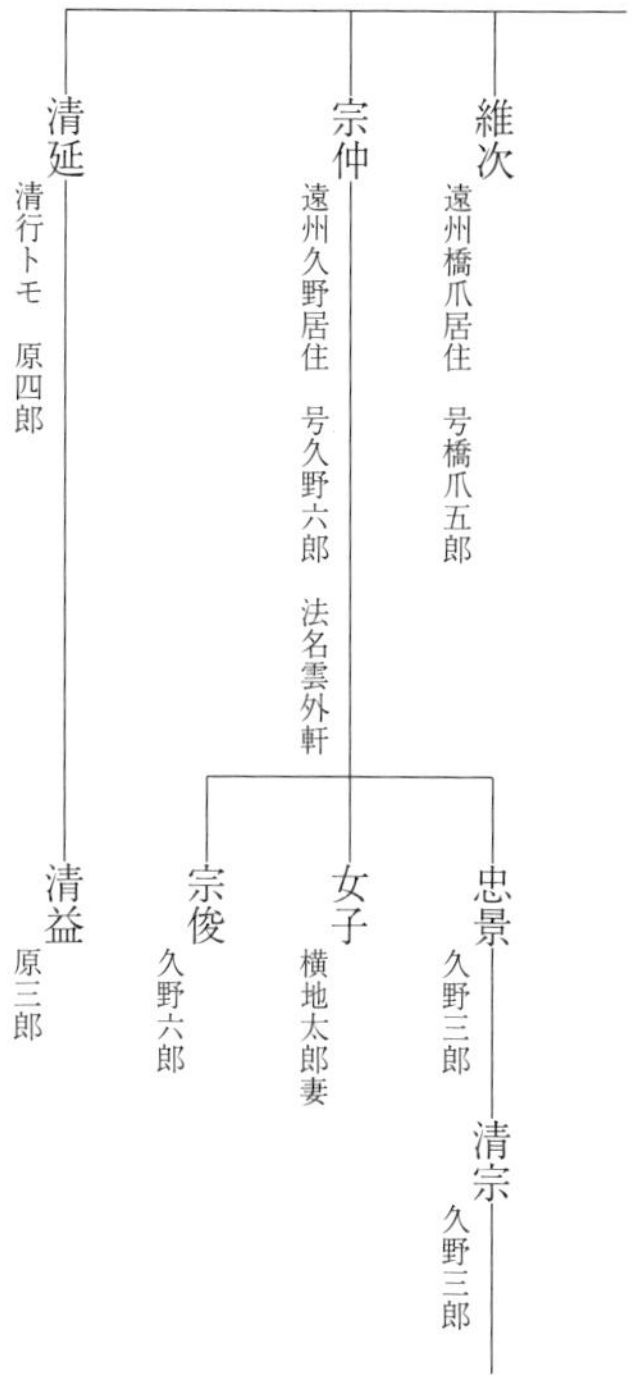

宗仲の項に、「遠州久野居住　号久野六郎　法名雲外軒」と記されているように、宗仲が遠州久野に居住したことにより、久野と号したとしている。

幕末の国学者飯田忠彦の編になるとされる『系図纂要』には、藤原朝臣姓のなかに維清に始まる久野氏の系図を収めている。

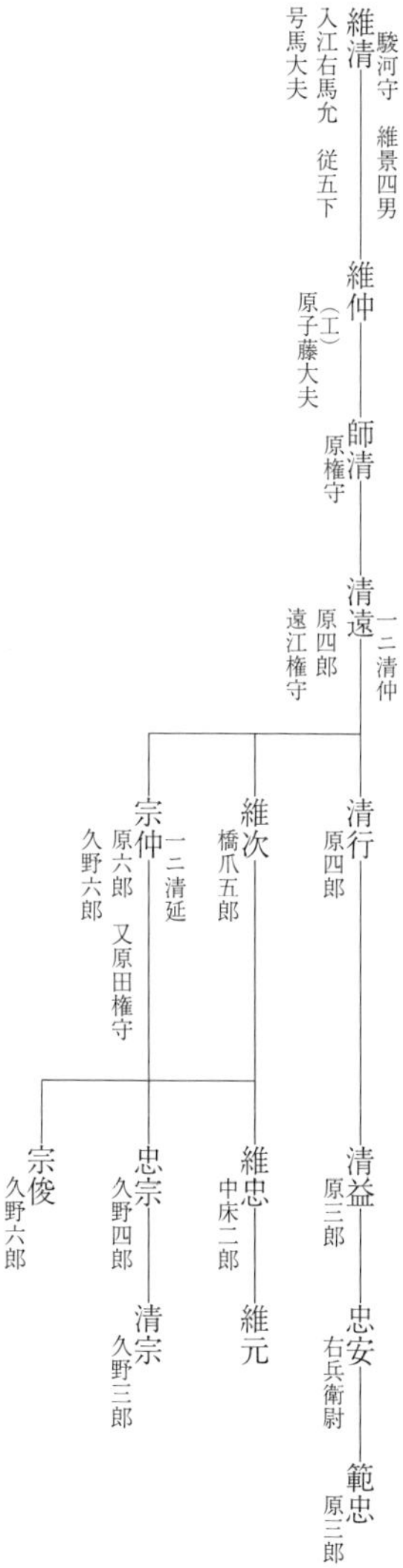

ここでも、宗仲に久野六郎の注記がみえる。

また、鈴木真年の撰になる「百家系図稿」(19)には二種の久野氏系図が収められているが、そのうち一三に収められた久野氏系図には、次のような記載がみられる。

藤原宗仲（木工頭為憲七代　原遠江守清仲二男　久野六郎　住遠州周知郡久野　号雲外軒）
- 忠景（三郎）— 清宗（三郎）
- 女（横地太郎妻）
- 宗俊（六郎）

つまり、原清仲の二男藤原宗仲を久野氏の直接の祖とし、宗仲について「浅羽本系図」とほぼ同様の注記が施されている。

このように、久野氏の後裔は、原清行の子宗仲をみずからの直接の祖と伝え、また、多くの系図にもそのことが記されているのであるが、それでは宗仲とはどのような人物で、またいかなる経緯によって遠江国久野に来たのであろうか。

久野純次氏の所蔵する「先祖累功書」は、「工藤元祖遠江守為憲」の記述に始まり、続いて「久野六郎宗仲」の一項を設けて、次のように記している。

一宗仲ハ工藤ヲ称シ、鎌倉右大臣実朝ニ仕エ、建保元年五月、和田義盛謀反ニテ御所ヲ攻ル時、宗仲先陣ヲカケ軍功アル故、勧賞トシテ遠州久野ノ庄ヲ給リ、久野六郎ト号、是ヨリ代々久野氏ト称号ス、此宗仲ハ久野和泉守宗俊ヨリ十八代ノ祖也、久野氏嫡流の家伝によると、宗仲は初め工藤を称しており、建暦三年（建保元年、一二一三）五月におこった和田義盛の乱のさい、先駆けの勲功賞として、遠江国久野の地を給され、以後久野氏を称するようになったというのである。

そしてこのことは、「百家系図稿」六に収められたもう一つの久野氏系図にも、次のように記されている。

工藤大夫
維仲 ―― 師清 ―― 遠江守
清仲 ―― 久野六郎
宗仲 ―― 久野四郎
忠宗 ―― 久野三郎左衛門
清宗

（宗仲）建保元年五月、於鎌倉和田合戦ノ刻、軍功ニ依テ遠江国久野庄ヲ賜リ因于此、

久野氏の後裔たちはその直接の祖を宗仲と伝えるとともに、宗仲が遠江国久野に来住した原因、すなわち、久野氏の成立を、和田の乱の勲功賞として将軍源実朝より久野の地を賜ったことによるものと伝えた。

和田の乱は建暦三年二月一六日、二代将軍源頼家の遺児を擁しての謀反が発覚したとして、侍所別当和田義盛の子義直・義重や甥の胤長らが逮捕されたことを発端としておこった。その後、義盛の厚免願にもかかわらず、胤長は陸奥国に配流され、結局、義盛はこの年の五月二日に蜂起し、翌日敗死した。この事件は北条義時の挑発によるもので、鎌倉に武家政権が成立して以来最大規模の合戦であり、義時はこの乱に勝利したことによって、政所別当に加えて義盛の任であった侍所別当をも兼任し、相模国山内荘などの重要な所領を手にいれた。そのため、この乱は北条氏が幕府権力を独占する執権政治成立の画期をなすものと評価されている。

和田義盛が兵をあげた五月二日、将軍実朝の御所を守っていた武士のなかに遠江の御家人新野左近将監景直がいることは注目される。景直はこの時、義盛の子朝夷名義秀の攻撃をうけて討死している。また、乱が鎮圧されたのちの五月六日には、「建暦三年五月二日三日合戦被討人々日記」が将軍実朝に提出されている。そのなかに

は和田方の相模・武蔵を中心とする武士の戦死者およそ一四〇名、捕虜二八名のほか、鎮圧にあたった武士で討死した五〇人の名が書きあげられ、加えて「此外手負源氏侍千余人」と記されていて、多数の負傷者があったことがわかる[20]。また翌日には、甲斐・相模・武蔵・上総・常陸・上野・陸奥の二六か所にわたる所領が、北条方についた武士に勲功賞として与えられた[21]。

このような『吾妻鏡』などによって判明する和田の乱の発端から合戦を経て、鎮圧後の勲功賞給与にいたる全過程において、久野氏の家伝にあるような宗仲の合戦参加と勲功賞に関わる事実を確認することはできない。しかし、久野氏の家伝を全面的に否定する史料がないことも確かである。また、和田義盛に味方した武士は、郎等を除く主だったものだけでもおよそ一七〇名であるのに対して、没収された所領で勲功賞として与えられたことがわかっているものは、わずか二六か所にすぎない。

久野氏の家伝と同じような例として、伊予国御家人河野氏が知られる。河野通信は、『吾妻鏡』には和田の乱に関わったことを見出せないが、『河野家譜』には、

建保元年、和田義盛叛逆之時、在鎌倉忠戦、賜房州平郡庄・与州大内郷等[22]、

と、通信が和田の乱の勲功賞として所領を賜ったことを伝えている。こうした事例は、これまで単なる伝承として見過ごされてきたのである。

改めていうまでもなく、系図にはしばしば作為と虚構とが含まれ、それらを検証せずに信をおいて論が展開されるならば、ただちに陥穽に沈むことになる。だが、一族内で作成された系図は、家伝が集成された一種の歴史叙述としての側面をもっており、久野氏がみずからの成立を和田の乱に求めたことの意味は改めて問われなければならない。そこで久野氏の家伝に注目して、従来考慮されることのなかった和田義盛と遠江との関わりについて検討してみたい。

先に述べた通り、義盛が敗死したのち、和田方についた武士の所領は収公され、勲功賞にあてられたが、『吾妻鏡』は同じ年の七月二〇日条に次の記事を載せている。

故和田左衛門尉義盛妻蒙厚免之、是豊受太神宮七社禰宜度会康高女子也、依夫謀叛之科、被召放所領之上、其身又為囚人、而謂件領所者、為神宮一円御厨之間、禰宜等依申子細、匪被返付所於本宮、剰預恩赦、是御敬神之異他之故也、

和田義盛の妻は夫の謀叛の罪に連座して、所領を没収されたうえ、囚われの身となっていたが、遠江国兼田御厨を返付したことにより、罪を許された。兼田御厨とは、おそらく鎌田御厨のことと考えられる。この御厨は現在の磐田市鎌田を中心とする地域に所在したもので、袋井市南西部と境を接する。久野の周辺に和田義盛一族の所領が存在した事実は、久野氏と和田の乱との関わりを考えるうえで重要である。

また『仮名本曾我物語』巻五には、和田義盛から曾我兄弟へ粮米と酒樽を届ける使者として、「義盛の郎等に志戸呂源七」という人物がみえる。志戸呂は遠江国榛原郡質侶荘《しとろのしょう》（現、島田市志戸呂付近）のことと考えられ、遠江の在地武士が義盛と主従の関係を結んで活動していたことを示していて注目に値する。

このほか、遠江には和田義盛に関わるいくつかの伝承があり、とくに城飼郡和田村（現、掛川市和田）にある石塔は義盛のものと伝えられてきた。文献に記されたもっとも早い例として、国学者内山真龍は、寛政一一年（一七九九）に著した『遠江国風土記伝』のなかで、この墓を、「郷人和田義盛の墓なりと曰ふ」と、村人のあいだに義盛のものと伝える墓の存在を書きとめた。もちろん、この伝承は和田という地名からの連想として義盛の墓と結びつけられるにいたったものと考えられるが、和田の乱の敗者義盛が遠江の地にこのような形で名を残したことには目を向けておいてよいであろう(23)。

以上に掲げた事例は、久野氏の発祥を和田の乱の勲功賞に求める久野氏の家伝の正しさを直接に立証するもの

とはなりえないが、しかし少なくとも、久野という地の周辺に和田義盛の姿をおぼろげながら認めてよいのではないかと考える。そして久野氏の初代宗仲が鎌倉初期に生きた人物であったことを考えると、宗仲と和田の乱との関わりの可能性を簡単に否定しさることもできないと思う。江戸時代になって、久野氏の由緒と系図が作成される段階で、家の始まりを和田合戦の勲功賞に由来するという家伝が想起されたのは、もしそれが作為によるものとすれば、始祖宗仲を鎌倉殿に忠節をつくした名誉ある鎌倉御家人とみなして、家の歴史の開幕を叙述しようとする意図によるのであろう。

古くから久野氏の居城として知られてきた久野城は、これまでの発掘調査の結果によると、明応年間（一四九二～一五〇一）に築城されたもので、それに先行する館などの存在は認められないという[24]。したがって、鎌倉初期には成立していたとみられる久野氏の居館の所在地は、今のところ不明とするほかはなく、今後遺跡や地名・伝承などの精査が望まれる。

四　久野氏と原氏

鎌倉初期、久野の周辺には石野・貫名・本間・原・浅羽・内田などの武士が土着していたが、これまであげたいくつかの系図によれば、久野氏は原氏と同族で庶流とされていることが明らかであるから、原氏の検討により、久野氏についても手がかりが得られると考えられる。ところが、初期の原氏もまた伝承の霧のなかにあり、容易にその実像を明らかにしがたいが、いま久野氏の分析に必要な限りで簡潔に述べることにしたい。

掛川市吉岡の春林院には、藤原武智麿に始まる次のような原氏の系図が所蔵されている。

- 維清　入江　従五位下　右馬允　号馬大夫
  - 維仲　工藤大夫　原元祖　遠江工藤家猶子
    - 師清　原権守　原氏元祖　遠江佐野郡原之庄為食邑　称原氏　原殿明神　在寺田　常性院殿慶増宋珍大禅定門
      - 清仲　二世　遠江権守　相良二郎
        - 清行　三世　原四郎　改孝
          - 清益　四世　三郎　属源頼朝卿平家追討有功賜遠江地頭職
            - 忠安　五世　小太郎　右兵衛　母工藤祐継ノ女
              - 範忠　六世　弥三郎
            - 忠義　小次郎　母同
        - 維次　橋爪五郎
        - 清延　原田権守
        - 宗仲　八郎
          - 忠宗　久野四郎　久野氏元祖

これによれば、入江維清の孫師清が原之庄を知行地として原氏を称するようになり、原氏の元祖になったという。また、その入江維清を含む入江系図(25)は次のように記述されている。

- 維清　入江氏初代　従五位下号馬太夫　入江氏元祖也　鎌足十四代
  - 維仲　工藤太夫
    - 師清　原権守
      - 清仲　遠江権守
        - 清行　原四郎
          - 清益　原三郎
            - 忠安　右兵衛尉
              - 範忠　弥三郎
        - 維次　橋爪五郎
          - 維忠　中庄二郎
            - 維元
        - 宗仲　原六郎
          - 忠宗　久野四郎
            - 清宗　三郎
              - 政俊
          - 宗俊　久野六郎
            - 宗政　七郎

工藤氏、さらに入江氏の流れをひく原氏が、いついかなる経緯によって遠江国原之谷の地にやってきて原氏を名乗るようになったかは明らかでないが、すでに述べたように、原氏の系図で四世とされる清益は鎌倉初期の寿永三年（一一八四）に実在していたことが確認できるから、原氏は遅くとも一二世紀初めには成立していたことになろう。そして、久野氏はこの原清益の父清行の弟宗仲の代に分かれたことになる。久野氏が名字の地とした久野は、原氏の本拠とされる掛川市本郷の本郷館址からは南西に直線距離にしてわずか一七キロメートルほどの位置にある。

永仁三年（一二九五）九月九日関東下知状案(26)によると、原兼泰は最勝光院領原田荘細谷郷の地頭職をつとめており、また嘉暦二年（一三二七）一〇月二八日の遠江守護大仏貞直奉書写(27)によれば、原六郎入道が飯田荘内の田地相論について、守護から内田致景とともに使者を命じられているから、原氏は御家人であるとともに原田荘細谷郷の地頭でもあった。

さらに先の系図の元祖師清に「原権守」、二世清仲に「遠江権守」の記載があることに注目しておきたい。峰岸純夫氏によれば、郡・荘・郷名などに権守をつけた人物は、大体在庁官人の「介」と判断してよいというから(28)、系図にもとづくという不安はなお残るとしても、原氏は遠江国の在庁官人であった可能性が高いことになる。遠江国の在庁官人の人員や構成についてはこれまでまったく明らかにされていないが、石井進氏は、鎌倉時代の遠江国の有力在庁として、井伊介・野部介のほか、勝間田氏・横地氏をあげている(29)。

原氏が在庁官人出身の武士団であったとすれば、今後、その本宗である工藤氏の駿河・遠江両国の東海道周辺における分出の過程と意義が改めて問い直される必要があろうし、久野氏に限っていえば、在庁官人で鎌倉幕府御家人でもあった原氏庶流の久野氏もまた国府に関わる職にあった可能性も考えられるのである。

遠江国は平安末期以来、熊野新宮造営料国であり、南北朝期の康安元年（一三六一）か翌貞治元年（一三六二）のものとされている西園寺実俊施行状（遠江国吏務職をめぐる相論に関して幕府に宛てて出されたものとみられる）に付属して遠江国の国衙領を書きあげたと考えられる文書に久野郷が記されている。[30] 久野郷が鎌倉期にも国衙領であった可能性は高く、このことから、惣領原氏を介して、久野氏と国府とのあいだに一本の糸をひいてみることは、行き過ぎた推測ではないように思う。

おわりに

鎌倉期の胎動を経て、久野氏は南北朝期以後、今川氏にしたがい在地土豪として勢力を高めた。この過程を検討することは次の課題としなければならないが、久野城の築城は久野氏の発展過程における象徴的位置を占めるものであり、久野氏は今川氏が滅亡の危機に瀕した永禄一一年（一五六八）には徳川家康に属して、家康から本領久野を始め山名荘などの所領およそ三〇か所を安堵されるまでに成長していたのである。

（1）中尊寺文書乾元弐年潤四月二十二日中尊寺経蔵別当朝賢置文（『鎌倉遺文』二一五〇九号）。
（2）中尊寺文書天治三年三月二十五日中尊寺経蔵別当職補任状案（『平安遺文』二〇六〇号）。
（3）『吾妻鏡』文治五年九月十日条。
（4）『吾妻鏡』文治五年九月十七日条。
（5）中尊寺文書弘安三年五月二十五日永栄譲状（『鎌倉遺文』一三九八三号）。
（6）『続群書類従』二七輯下。『静岡県史』資料編四古代（一九八九年、一二〇二〜一二〇五頁）。
（7）『袋井市史』通史編（一九八三年、三〇八〜三〇九頁、原秀三郎氏執筆）。
（8）大野透『万葉仮名の研究』（明治書院、一九六二年、八七六頁）。
（9）『新修日本絵巻物全集』一四巻（角川書店、一九七七年）。

(10) 田村圓澄『法然上人伝の研究』(法蔵館、一九七二年、四二～四九頁)。
(11) 三田全信「『法然上人行状絵図』と法然諸伝」(前掲注9『新修日本絵巻物全集』一四巻)。
(12) 『浄土宗全書』一六(山喜房仏書林、一九七一年)。
(13) 新庄道雄『駿河国新風土記』(国立公文書館内閣文庫本)。
(14) 静岡県立中央図書館本。その一五九に次の久野氏系図が収められている。

――宗明――宗能――宗秀――宗清――宗俊――┬宗恒――俊正――某
　　　　　　　　　　　　　　　　　　　　└某

(15) 永禄十一年十二月二十一日徳川家康判物など中世文書四点は、二〇〇八年一〇月三日付けで、袋井市に寄贈された。
(16) 『吾妻鏡』元暦元年二月五日条。
(17) 『吾妻鏡』建久四年五月二十八日条。
(18) 『袋井市史』史料編一(一九八一年、三三二頁)。
(19) 静嘉堂文庫所蔵。
(20) 『吾妻鏡』建保元年五月六日条。
(21) 『吾妻鏡』建保元年五月七日条。
(22) 『大日本史料』四―一二、五五九頁。
(23) 和田義盛の墓と伝えられる石塔については、『遠江国風土記伝』のほかに、掛川城下に住む藤長庚が、享和三年(一八〇三)以後に完成させた『遠江古迹図会』(『日本名所風俗図会』角川書店、一九八三年)に、つぎのような調査結果を記し、石塔二基のたつ塚の絵を描いている。

　一城東郡の内に和田村と云ふ所、往古和田義盛出生の地と云ひ伝ふ。畑中に石碑有り、五輪の形有り。外に一つ並びて有り。すなはち子息の石碑と云ふ。和田村より出でたるに依りて姓をも呼ぶと云ふ。心得ぬ事なり。誠の義盛ならば畑中に有る理なし。村中願を懸くるに験有りと云ふ。年経たる石碑と見えて苔蒸し、戒名年号も見えず道路曲る所、畑の小高き所に有り。この村より出でたる者義盛に仕へ、主君の碑を建てしものならんもしれず。子隣村の続きなり。申し伝へばかりにて、義盛と云ふ証なし。

長庚は義盛の墓とする伝承を証拠がないとして疑い、義盛の従者で和田村出身の者が主人の碑をたてたという解釈もありうるとしている。

遠江国森の山中豊平は、天保五年（一八三四）に一応の完成をみた『遠淡海地志』の和田村の項に、「坂道あり、和田義盛ノ墳有之、五輪也」と記している。さらに遠江国横須賀の国学者八木美穂は、『改正郷里雑記』の和田村の項に、次のように記述している。

石塔一基、土人和田義盛ノ墓ト云、（中略）此郡内屋田部ノ和田村ニモ、又周智郡秋葉山ノ南気田川ノ辺ナル和田ノ屋ト云所ニモ、同ジ状ナル石塔アリテ義盛ノ墓ト云、何ナル事トモ知ルベカラズ。

美穂は城飼郡和田村のほかにも、遠江に二か所の和田義盛と伝えられる墓の存在を書き記した。

(24)『久野城跡――平成元年度基礎資料収集調査概要――』（静岡県袋井市教育委員会、一九九〇年）。
(25)『静岡県史編纂資料』二六四、静岡県立中央図書館所蔵。「昭和十年十一月九日　清水市史編纂係本ヨリ採録　原本高田市西城町四ノ十　入江龍雄蔵　複本　京城府本町二ノ三十　入江忠次郎蔵」という注記がある。
(26)東寺百合文書、『静岡県史』資料編五中世一（一九八九年、一四八六号）。
(27)内田文書、前掲注(26)『静岡県史』資料編五中世一、一七四三号。
(28)峰岸純夫「治承・寿永内乱期の東国における在庁官人の『介』」（中世東国史研究会編『中世東国史の研究』東京大学出版会、一九八八年）、のち『日本中世の社会構成・階級と身分』（校倉書房、二〇一〇年）に収録。
(29)石井進「一の谷中世墳墓群の背景としての遠江国府」（『国立歴史民俗博物館研究報告』五〇、一九九三年）、のち『石井進著作集』第五巻（岩波書店、二〇〇五年）に収録。
(30)『静岡県史』資料編六中世二（一九九二年、六六二号）。

第十章　旅日記・紀行文と地方社会

はじめに

いづくにもあれ、しばし旅立ちたるこそ、目さむる心地すれ――、よく知られた兼好の『徒然草』にみえる述懐だが、古代から近世にいたる旅日記や紀行文の作者の眼には、いったい、地方社会がどのように映ったのだろうか。

人は日常の暮らしの場を離れ、草枕と波枕を続ける時間と空間のなかに身をおいた時、旅立ちてこその哀しみと淋しさ、時折の喜びと愉しみとを味わいつつ、自分の来し方を顧み、さらに先の人生に思いをめぐらす。さまざまな理由や目的で出かけた旅の途中で、見聞した情景や人びとの暮らしなどに触発されて、いのちを営む時代の空気の影響をもうけながら、作者の人生観や美意識・自然観によって選び書きとめられたものが道の記であった。江戸時代中期の国学者伴蒿蹊《ばんこうけい》が、橘南谿の『西遊記』に寄せた序文に記したとおり、道の記を著すには、心剛にして身健という旅を続けるための条件のほかに、旧記を知り、風流の精神をもち、加えて文筆の才をあわせもつことが必要であった。

中央と地方の概念やその成立過程、両者の関係については議論があるが(1)、本章では天皇の居住する奈良や京都という、日本全体で政治・経済・文化において求心力をもった都以外の、鄙とか田舎とか意識された場を旅した人々の旅日記や紀行文を主な対象としている。

一　鄙の長路

紀行文をつづった古代・中世の人々のさまざまな旅は、歴史の刻みこまれた歌枕や名所に足跡をとどめて、遁世修行者として秀歌を残した西行ら先人を偲びつつも、長い時を超えて掛け合い、旅路の忘れがたい印象を書き記すという手続きを経ることで、古典の世界とみやびな都人としての自分の立場を確認するものであった。そして中古・中世の紀行文学は、旅の途中の景観や風俗などを仔細に観察して忠実に記録することを目指したものではなく、「定型化された旅とその感懐をくり返し書き綴ることによって、貴族文化を確認しつづける」という重要な意味をもっていた。(2)

もともと地名以外の歌語をも含んでいた歌枕が、平安時代になって歌に詠まれた名所を指すようになると、歌人にとって歌枕は関心をもつべき対象となり、その数二〇〇〇にもたっして、旅にともなう文化になった。(3)名だたる歌枕は屏風や寝殿の障子に名所絵としても描かれ、さらに「歌人は行かずして名所を知る」とさえいわれるようになって、新たな文芸の世界が生まれた。

『伊勢物語』第九段東下りに描かれた、三河国八橋の杜若、駿河国宇津山の蔦と楓、武蔵国と下総国との境の隅田川での都鳥は著名な歌枕となって、山部赤人の富士山や西行の小夜の中山などとともに、その地を通る歌人たちの旅の記に書きとめられ、のちには「歌枕名寄」「勅撰名寄」などが編集された。『古今和歌集』の旅の歌はすべて現実の体験による実詠であったのに対し、『新古今和歌集』では大部分が決まった題にそって詠む題詠となり、四季や恋についで旅が題材となったことから、(4)居ながらにして名所を詠むとともに、一度は訪ねてみたいという憧れをいっそうかきたてることとなった。実際にその地を訪れた人々にとって、日頃詠みなれた名所は

「ふる里びとなどのあ(逢)へらんこゝち」(本居宣長『菅笠日記』)を抱かせた。

三河国八橋で『海道記』の作者が、『伊勢物語』の杜若の故事を思いおこして、沢のほとりの木に歌を詠み、駿河国宇津山では路傍の木に札を打ちつけて歌を記したように、歌枕の地では路傍の木や石に歌を書いたり、札を打ちつけることが広く行われた。また『東関紀行』には、宇津山の峠に歌をたくさん書きつけた大きな古びた卒塔婆があり、そのうちの心にとまった歌のかたわらに作者も歌を書いたことが記されている。絵巻物に描かれた路傍の卒塔婆は、行き倒れの旅人を葬ったもののほか、旅寝の憂愁を歌に託して披瀝するためのものもあったことに注意する必要がある。歌人のこうした習わしは、『とはずがたり』『都のつと』『宗長手記』『東国紀行』などにもみえ、また宿所の柱や障子などに和歌を書きつけることもあった。芭蕉も下野国雲巌寺の仏頂和尚閑居跡の柱に、即興の一句を書きつけている(『おくのほそ道』)。短冊などを枝にむすびつける意匠は、江戸琳派の大成者、酒井抱一の「糸桜・萩図」などにも描かれている。

紀貫之の『土佐日記』は、芭蕉によって『東関紀行』『十六夜日記』とともに道の日記の代表とされたが(『笈の小文』)、土佐守の任終えて都に帰るあいだの舟旅の途中、沿岸や泊まりの風景が書きとめられることはほとんどなかった。海に入る月をみては在原業平の和歌を思い出し、海から出る月を眺めては阿倍仲麻呂の故事を連想し、景色によせて歌が詠まれ、近づきつつある都への思いが書きつづられた。それでも時に、土佐や阿波の社会状況や人々の暮らしも記されている。たとえば、元日を迎えた土佐国大湊では、正月祝いの芋がらや荒布《あらめ》や歯固めもなかったことや、民衆の生活と心情が織り込まれた楫取の歌う舟歌などである。またこの時南海道で活発だった海賊の襲来を恐れ、海賊は夜には出没しないと聞いて、夜中に阿波の鳴門を渡ったとあることも、この時期の海上往来の困難さを示している。

菅原孝標の娘は『更級日記』に、父の上総介の任終えて、京に戻る途中、足柄山で出会った老若三人づれの遊女が、『新猿楽記』に描かれたようにからかさをさし、額髪で髪長く、色白で、美しい声でめでたく歌い、一三歳の作者にも感銘を与えたことを記している。また遠江国に入って病にかかったため、天竜川の川端に仮屋をつくって吹きあげる寒い川風に耐えたり、下向の時には黒木が渡してあった浜名橋が、帰京のさいには跡さえみえず、舟で渡るなどしている。これは橋の維持管理の困難さを示す貴重な叙述である。

住み慣れた都への望郷の念は、都から鄙へ旅寝を続け、鄙で暮らす人々のあいだに共通してみられ、鄙は都の暮らしを思いおこさせる地であり、「鄙の長路」はかれらの実感であったのだろう。地方官として任に赴いた貴族たちの奈良の都を恋うる思いは、『万葉集』にも数多く収められており、かれらの都誇りには地方の蔑視がつきまとっていた(5)。紀貫之は正月七日、土佐国大湊で白馬の節会を思いおこし（『土佐日記』）、鎌倉に着いた『東関紀行』の作者は、「日をふるまゝにたゞ都のみぞ恋しき」思いを募らせた。

飛鳥井雅有は祖父雅経以来、関東祇候の廷臣として蹴鞠・和歌をもって朝廷と幕府に仕えたが、望郷の念はひとしお強く、山に雪の降ったのをみては嵯峨の小倉山を思いおこし（『最上の河路』）、美濃国不破関を通るのも一〇度という稀にみる京・鎌倉の往来を繰り返しながらも、近江国番場宿の旅寝の夢でみるのは故郷の都で、尾張国萱津のあたりから「松の色も、都には似ずなりにたる」（『春の深山路』）と目に映ったのであり、どこまでも都人として鄙をみる目をもち続けたのである。

文禄元年（一五九二）、木下勝俊（長嘯子《ちょうしょうし》）は豊臣秀吉による朝鮮出兵に従軍するため、肥前国名護屋に向かう途中、備後国神島で蹴鞠を珍しげにみる田舎の人々を目にとめている（『九州の道の記』）。

平安時代末期、地域の政治や経済の拠点、峠や大きな川を控えた交通の要衝に成立した宿は、宿泊施設で働く人々を中心に、旅人や物資の輸送などさまざまな職種の人々の生きる場であり、鎌倉時代には武士が経営に関わることが多かった。交通の発展にともない、宿が賑わいをみせるようになると、周辺の農民や浪人を労働力として吸収する場にもなり、地域間をむすぶ流通と交易と情報往来の場でもあった。高階宗成撰、鎌倉後期成立といわれる『遺塵和歌集』には、弘安（一二七八～八八）の頃、京都から東海道を東国に下る途中の六〇ほどの宿と名所などが詠みこまれた長歌が収められている。

紀行文にも宿や市の模様が描かれているが、交通路の変遷や隣接した宿に繁栄を奪われるなどの理由によって、宿としての機能をしだいに失った所もある。『東関紀行』には、近江国篠原は以前旅人が泊まったが、今は通過することが多くなって家居もまばらになってしまったことや、尾張国萱津宿に市が開かれて大勢の人々で賑わい、家への土産を手にたずさえている人などの光景が記されている。

旅の仕方や自然のとらえ方、その表現形式を型にはめられた都人たちの旅の記にも、旅の途中で時折関心をひいた地方社会の姿が書きつづられていたのである。熊野参詣の旅を記した増基の『いほぬし』には、熊野での法華八講や弥勒の救済を願って流行した埋納経の模様が描かれている。『海道記』の作者は、尾張国で桑や養蚕を営む女性、鋤をついて農作業をする翁と、手習いをすることもなく足を泥だらけにして農業を習う禿の子供たちの姿を目にしている。また『海道記』の作者は駿河国の東海道の本道をはずれて宇度浜を通っており、補陀落山久能寺の由来や地方での舞楽の展開を記していて貴重である。飛鳥井雅有は美濃国墨俣で、高い堤が築かれた川より下に里があり、水量が増えた時は舟が堤の上を走るという里人の話を記している（『春の深山路』）。

高野山と伝法院との争いのさい、高野山の道範は仁治三年（一二四二）七月讃岐に流されることになったが（『南海流浪記』）、讃岐守護が在京して現地にいなかったため、かわって淡路守護の四郎左衛門尉（長沼時宗）に預けられ、淡路守護所の使者が同行して讃岐守護所の長雄二郎左衛門のもとに送られた。この時の讃岐守護は三浦氏で、長雄（長尾）二郎左衛門はその代官として在国していた(6)。翌日、道範は守護所から御家人の橘藤左衛門高能に預けられており、鎌倉幕府における流人の護衛や管理を示していて注目される。

後深草院二条が参詣した伊豆国三島社では、奉幣の儀式は熊野参拝の作法と異ならず、また参詣者のなかに壺装束の女房がみられ（『とはずがたり』）、その風景は『一遍聖絵』に描かれた三島社境内を思いおこさせる。二条が鎌倉に下った正応二年（一二八九）九月は、将軍惟康親王が執権北条貞時により廃された時期で、親王が「いとあやしげなる張り輿」に乗せられ、罪人護送の作法にしたがって輿をさかさまに対の屋に寄せられたさまを見聞している。

鎌倉幕府の歴史のなかで、最大の強権を掌握した北条貞時の内管領として勢威を振るった平頼綱は、貞時邸内の別棟に住んでいたが、将軍御所にくらべてかなり豪華で、「御方とかや、出でたり。地は薄青に、紫の濃き薄き糸にて、紅葉を大きなる木に織り浮かしたる唐織物の二衣に、白き裳を着たり。みめ、事柄誇りかに、丈高く大きなり」と、唐織物を着た頼綱夫人が威風ある体つきの大きな女性であったことを記していて、史料の乏しい鎌倉幕府の権力者の女性に関する貴重な記録である。

二条は奈良の旅では中宮寺で長老信如の厚意によってしばらく滞在しており、律宗の尼寺が旅する女性の宿泊施設になっていたことを示している。阿仏尼が鎌倉で極楽寺のかたわらに住んだのは、奈良法華寺に入って西大寺律宗と深い関わりをもち、忍性と知己になる可能性があったことによるとみられる(7)。女性の地方への旅にあたって、都でむすばれた縁が作用したことを想起させる事例である。

二条は旅を続けながら、契りを結んだ「有明の月」や後深草院の追善のために長い時間をかけて五部大乗経(8)を書写し、奉納している。華厳経・大集経・摩訶般若経（大品般若経）・法華経・涅槃経からなる五部大乗経の書写と供養は、一〇世紀後半に京都とその周辺の天台寺院から始まり、鎌倉時代には地方にも伝わったが、二条が尾張国熱田社で華厳経三〇巻を供養したさいには、導師が式次第や作法をよく心得ていないようであった。

また備後国鞆の浦の大可島には遊女が庵をならべて住んでおり、二条は宿縁によって迷いの世界から目覚めたという長者の尼の話を聞いて羨望の念さえ抱いている。遊女は、もともと宴席で歌や舞いによって賓客の接待にあたった遊行女婦と呼ばれる準女官的性格をもつ女性たちであったが、一一世紀半ば以降、歌舞と売春を専門の職能とする集団をつくり、宿や津など交通の要衝を主な活動の場とするようになった。(9)自立性の強い遊女は長者と呼ばれる元締めに統率され、『とはずがたり』にもみえるように、その多くは女性であった。

遊女は今様を中心とする雑芸に巧みなばかりでなく、平重衡との和歌の贈答を『平家物語』に描かれた遠江国池田宿の侍従のように、和歌や連歌を詠むことも教養のひとつとしていた。『東関紀行』には、「夜もすがら床の下に晴天を見る」という『和漢朗詠集』の詩句を口ずさむ遠江国橋本宿の遊女をみて、風雅の情の深さを讃えて詠んだ作者の和歌が収められている。また建治元年（一二七五）八月、飛鳥井雅有は鶴岡八幡宮の放生会に列席するため鎌倉に下る途中、橋本宿に連歌をする遊女がいて立ち去りがたく、日暮になってようやく出発したことを『みやこぢのわかれ』に記している。

二　京へ田舎へ

南北朝内乱期には、出陣などを契機とする旅の記が生まれた。今川貞世（了俊）が応安四年（一三七一）、九州探題となって赴任するさいの旅の記『道ゆきぶり』は、武将の著したものとして注目されるが、備後国太田荘の倉敷地として、また瀬戸内海の湊としても栄えた尾道の風景を、岩山の麓に家々が立ち並び、湊には陸奥や筑紫路の船が停泊し、そのなかを遊女を乗せた小舟が行き交っていると描写した。また長門国二宮忌宮神社の御斎祭における神事の禁忌を聞き記している。

中世後期には各地の大名や土豪の招きをうけ、知の遊びをくりひろげる社交の場としての連歌会を指導しながら、京と田舎とのあいだを往来して旅を続ける連歌師の姿が多くみられ、かれらによる旅の記が残された。連歌は戦国時代の武士たちの同志的結合を強め、戦勝祈願などの目的をもって行われることから、たんなる文芸趣味や権威づけにとどまらず、時代を生きぬく手段のひとつであった(10)。

出自は不明ながら、最高の連歌師としての栄誉をかちえた宗祇は、弟子宗長の表現を借りれば、「京城のほまれありて、公武のもてあそび人」（『宇津山記』）となり、貴顕や大名らの招待をうけて諸国遊歴の旅を続けた。周防・長門から北九州まで勢力をひろげた大内氏は、文芸にも深い関心を示し、教弘が連歌師正広を招請、さらに政弘は宗祇を招いた。宗祇は文明一二年（一四八〇）、周防国山口を出発し、大内氏の庇護をうけて筑前国太宰府天満宮・博多などを巡り、山口に戻る三六日間にわたる旅を『筑紫道記』として著した。この紀行文には、大内氏の北九州支配の機構、それを支える守護代・郡代などの動きや、かれらの学問・文芸との関わりが記されている(11)。

一五世紀の後半からおよそ一世紀にわたった戦国の動乱の時期、みずからの領国を国家と意識して支配の確立を目指す戦国大名にとって、各地域の土豪たちを抑えて交通体系と流通経済を掌握することは、何としても実現しなければならない重要課題であった。筑前国刈萱関で、宗祇は通過するところを怪しげに監視する関守を目にとめているが、「大内氏掟書」には赤間関などの渡し賃が細かく規定されており、また刈萱関でも関銭が徴収されていた。この頃、関所を統轄する権限は幕府にかわって諸国の守護が掌握するようになり、続いて維持管理の実務は土豪など地域の支配者によって担われるようになっていた。

旅の記をのこした連歌師として注目すべきは宗長である。宗長は駿河守護今川義忠に仕え、宗祇の弟子となり、一休に参禅して諸国を遍歴したのち、永正三年（一五〇六）、今川氏の重臣斎藤安元の援助により、五、六〇軒の家が立ち並ぶ東海道丸子宿から北に入った泉谷に柴屋軒を結んだ。宗長は連歌師として数多の連歌を詠み続けることによって、のちに仕えた今川氏親の戦勝と安泰を祈願し、さらに甲斐の武田氏との講和を実現させるなど、外交使節としての役割をもはたした。また宗祇亡きあと、宗碩とともに連歌界の指導者としてみずから東海道を上り下りする旅を続けた。

宗長は遠江国懸川城の朝比奈泰能を訪れ、普請最中の城について、外城の周囲六、七〇〇間で、堀や土居など堅固な城の構造を記し、また駿府の町並みについて、商人が「な候、いも候、なすび候、しろうり候」（『宗長手記』）と、野菜などの名をあげながら売り歩くさまを長歌に詠んだ。

戦国時代には戦乱の影響をうけて窮乏した多くの公家が地方の大名や土豪を頼って都を離れたが、地域別の数は畿内を除けば北陸道がもっとも多く、東海道・中山道がそれに続いた。(12) この時期の駿府は今川氏の城下町・宿場町として繁栄をみせ、中御門氏や宗長を通じて今川氏親と交流のあった三条西実隆は、享禄三年（一五三〇）の駿府の火災で二〇〇〇軒余りが焼失したとの報せを日記『実隆公記』に記している。

氏親から氏真にいたる時期に、史料にみえるだけでも三〇名近くの公家や文人が駿河を訪れている。(13) 混乱の極みにあって戦乱の続く関東と境を接する駿河守護をつとめる今川氏は、将軍足利氏の一族として誇り高い自覚をもち続けた。冷泉派の武家歌人として知られた了俊以来、長い時間をかけて培われてきた今川氏の文化を育む姿勢は、義忠・氏親の代に築かれた姻戚関係による公家や文人らの往来を通じて、花開く機会を与えられた。公家らの直接の往来のほか、僧侶や商人が使者となって、京都から書状や、『伊勢物語』『源氏物語』『古今和歌集』を始めとする文物が東海道を下って駿河にもたらされ、一方、駿河・遠江からは、黄金や浜名納豆・富士海苔・紬・茶などが進物として京都に届けられ、財政難に苦しむ公家らの暮らしを助けることになった。

山科言継が駿府に住む継母（中御門宣胤の娘で、今川氏親の妻寿桂尼の妹）の見舞いを主な目的にして弘治二年（一五五六）、東海道を下った時の旅の日記が『言継卿記』に収められている。天竜川の舟渡しでは言継一行の舟賃をめぐって喧嘩がおこったため、当時の慣行「中人制」にしたがって「所の長」二人が仲裁にあたって、事なきをえた。喧嘩の原因はよくわからないが、これ以前に伊勢国楠から三河へ向けて、伊勢湾の志々島（篠島か）まで渡ったさい、一一里分の舟賃一〇〇疋のところを五〇疋ですましたことに味をしめたのであろう。

言継は駿府に下る途中、歌枕の小夜の中山と宇津山で和歌を詠んではいるものの、風景や人々の暮らしにはほとんど関心がなかったようで、日記にも書きとめることはなく、駿府での記録も時に仏事への参加はみられるが、多くは酒食と贈答の叙述に満ちている。言継も招かれた寿桂尼邸での宴では、下戸の今川義元もたいそう機嫌よく十余杯を重ねたとあり、義元の姿を知ることができて興味深い。言継が駿府に滞在して、接客と訪問に忙しかった半年ほどのあいだに、贈答のためとりかわされた品として、ミカン・イルカ・干ふぐ・遠江浜納豆・伊豆鮑・伊豆江川酒・富士海苔・木綿・沖津鯛・茜根紬などがある。これらの品は当時遠江・駿河・伊豆の特産として知られ、商品として流通していたのであろう。

言継は駿府に滞在してふた月ほどたった一一月末、京に戻るための準備として、伝馬の通行手形の発給を今川氏重臣の飯尾長門守に依頼した。斯波氏から遠江を奪回して、駿河から支配領域をひろげた今川氏の場合、義元の時代、天文二〇年（一五五一）前後の三河平定と尾張侵攻の過程で伝馬制を制定したと考えられている(14)。今川氏の伝馬手形の申請・審議・発給の手続きはよくわかっていないが、「伝馬之印」をもって駿府を発った言継の記録は、それらについて考える材料を与えている。翌年伊勢へ出向いた言継は、この時、伊勢で国司北畠氏によって禁酒令が実施されていたことを記している(15)。

文禄三年（一五九四）、近衛信尹は勅勘を蒙って薩摩へ流される途中、薩摩半島南端の山川湊で唐船やルソンに渡る舟を見物し、琉球人が須弥山（三味線）を弾き歌う酒宴を「興一入」と悦んでおり（『三藐院記』）、当時の国際交流を知りえて注目される。

天文二二年（一五五三）三月、戦乱の続く東海道を関東に向けて急ぐ人々の姿がみられた。一行は備前国の法華宗の実成院日典ら僧侶五人と在家門徒二〇人前後の一団で、目指す先は、相模国比企谷妙本寺・武蔵国池上本門寺と甲斐国身延山久遠寺であった[16]。東国の日蓮ゆかりの聖地への巡拝は、日蓮入滅直後から始まり、しだいに僧侶や門徒たちのあいだに広まった。永正四年（一五〇七）五月、備前守護の松田元能は身延参詣の途中、駿河国海長寺に立ち寄っており、身延参詣が盛んに行われたことを示している。

日典らの一行に加わっていた大村氏の残した『参詣道中日記』は、これまで実態がほとんどわからなかった法華門徒の巡拝の実態を明らかにしている。一行は備前国野々口村を出発して、堺までは瀬戸内海を船に乗り、入京したのち東海道を東に向かった。永享四年（一四三二）九月に足利義教も富士山を望んで和歌を詠んだことのある、遠江国潮見坂を下り、遠州灘に近い白須賀宿の伊藤太郎左衛門宅に落ち着き、帰りもここに泊まった。藤枝でも駿府でも往復ともに同じ宿に泊まっており、東国の聖地巡拝を行う法華門徒たちには、出身の地域や門流などによって定宿があったと考えられる。伊豆国三島を出発するところから、旅程の表記が坂東道の一里六町にかわっている。この日、一行は三島から南へ向かい、北条で関所を通り、日もささない石敷きの山道を七里歩いて、日蓮が配流されて三年を過ごした伊東に着き、さらに網代まで出て、船で小田原へ渡った。

そののち妙本寺・本門寺を巡拝し、さらに最後の目的の身延参詣を終えたのち、一行は今川氏の家臣伊東元実が城代をつとめる三河国吉田の城下で、思いがけないことに往路にはなかった関所で所持品を改められ、貴重品をとられたものの、あれこれ釈明して何とかとりもどしている。戦国時代には軍事的理由によって関所が設けられることが多く、一条兼良は『藤河の記』で奈良を出発して木津川を渡ったあたりから、戦乱に事よせて多くの新関がたてられて旅行の妨げになっていると記している。

この先、法華門徒たちは三河と尾張の国境が緊張状態に入ったため、陸路を変更して海路で船酔いしながら、伊賀へ向った。この時期は、西三河から尾張へ勢力を拡大しようとする今川義元に対して、三河国人のなかにはそれに敵対する動きも目立ち、また尾張の織田信長も反今川の活動を画策していた。故郷備前への帰りを急ぐ法華門徒の旅程を急遽変えさせたのは、軍事情勢のあわただしい変化によるものであった。ちょうど同じ頃、法華門徒たちとは逆に京都から駿府を目指していた山科言継の継母が伊勢から海路で駿河に直行したのも、同じ理由によって尾張・三河での危険を避けたのであろう。

一宗一派の開祖である祖師や多くの宗教者たちは、旅のなかで信仰をみつめ深化させていったが、旅の記を残すことはほとんどなかった。そのなかで、禅僧の万里集九は詩文集『梅花無尽蔵』を著し、太田道灌の招きをうけて江戸に下る途中、尾張国清洲城の織田敏信第で犬追物を見、遠江国懸塚から銭五貫文を出して借りた舟に乗って駿河国小河に着いており、海上交易で賑わう小河の状況を記した。また海上交易で賑わいをみせる武蔵国品河や、上杉定正と同顕定との戦乱の模様を書きつづった。

ちょうど同じ頃、北陸から関東・東北・東海へのおよそ一年にわたる廻国修行の旅を続けた聖護院門跡道興は、『廻国雑記』を著したが、白山禅定（白山登拝による修行）を行うにあたって、当時の中心であった越前馬場の平泉寺に立ち寄らず、加賀馬場から登拝しており、この地域に深まりつつあった白山末寺と真宗門徒のあいだの対立意識を考慮したものとみられている(17)。廻国の目的は、太田道灌暗殺後の東国情勢の探知を幕府から依頼されたためとする見解がある(18)。

上野国長楽寺の住持賢甫義哲が記した『長楽寺永禄日記(19)』は、戦国時代の地方寺院の実態や経営の状況を示していて誠に興味深い。長楽寺と深い関わりをもつ新田金山城主由良成繁の動向など、この地域の軍事情勢のほか、寺領の田植えや馬による代かき、茶摘・製茶など折々の農事作業や、廻国修行を続けて長楽寺に宿泊する六十六部聖の姿も書きとめられている。

三　東往西遊

徳川家康は織田信長と豊臣秀吉の交通政策を継承して、道路整備や並木植立・関所撤廃などを推進し、慶長六年（一六〇一）には東海道伝馬制を実施した。これ以後、交通環境は改善され、諸国を廻る旅の条件はしだいに整い、名所案内記や入湯記の流行によって人々はますます旅へ誘われるようになった。

近世前期を代表する紀行作家は、しばしば指摘されているように、福岡藩の儒学者貝原益軒であろう。益軒は『東路記』の後記に、名所や著名な寺社・古戦場などについて、土地の人々から情報を入手し、「俗語を以て、只事実をのみあらはし侍る」と記しており、太平の世にめぐりあわせて、天下の名区佳境をみるという、得がたい愉しみを与えられたことに感謝している。益軒は旅を読書とともに最高の愉しみとし、資料調査と実地調査を学問の基礎とした。益軒は『壬申紀行』に、険しい山を越え、深い川を渡り、危ない橋をこえるなどの辛い経験も時が過ぎればさほどのことでもなく、珍しい所を多くみれば、のちの思い出にもなると記しており、旅を愉しむ精神をもちあわせていた。

益軒は、「あまた所、たやすく見つる事、うれしくもそらおそろしくも覚え侍れば、我ひとり見かくしせんもつみふかくおもひて、世の人にも知らせんため」（『南遊紀事』）と、旅での見聞や経験を読者に伝えるために紀行を書き、さらに江戸時代初期・中期の旅行事情、生活や風習などに関する豊かな情報を後世に伝えたのであった[20]。

益軒の学問の方法は、本草学や朱子学などを博く学ぶことが基礎になっており、それは各地を歩いて見聞をひろめ、事実を確認し、経験にてらして知の真偽を吟味する志向によって支えられていた[21]。また益軒独自の儒学の特質は、「『物』の世界を排除せず、天地、人、物の三者の連続的な関わり合いを問い、そのつながりのなかで人のあり方を考える」ところにあり、『和俗童子訓』の出版にみられるように、「益軒は社会の学習への需要を察知して、出版という文字メディアを活用した最初の知識人」であった。[22]益軒の教育論は『和俗童子訓』で、実践的にわかりやすく述べられており、これは調査と観察とに支えられた紀行文にも共通する特色である。

益軒と同じ頃に生きた芭蕉は、さまざまな艱難を経験しながら、自然を見、歌枕や旧跡を訪ね、俳諧の道を極める旅を続けた。「旅、東海道の一筋もしらぬ人、風雅に覚束なし」（服部士芳『三冊子』）と語ったという芭蕉の旅の記は、『おくのほそ道』の旅に随行した曾良の旅日記が示しているように、見聞を忠実に書きとめたものではなく、道行きの感懐を彫琢した文と俳諧によって構成した芸術作品であることに注意を払う必要がある。『おくのほそ道』と中世の紀行文との関係については多くの議論があるが、鎌倉時代では『東関紀行』が多様な内容の配合の仕方において、また南北朝時代以後ではわずかに『都のつと』と『筑紫道記』が影響を与えたにとどまるとの指摘[23]がある。また俳文や狂歌咄については、連歌師の文章が源流であったとする見解[24]もある。

板坂耀子氏は、芭蕉紀行の魅力について、「旅が娯楽化してゆく時代に、それ以前の古い紀行が基調にしていた、「都をはなれて地方にいく恐怖と悲しみ」「日常を捨てて非日常の毎日を過ごす不安と緊張」を、そのまま受け継ぎ、再現してみせたことにある」と説き、「『おくのほそ道』に漂う孤独や悲壮感といった基調は、それ以前の古典的な紀行の伝統であり、意識して守られている分、いっそう純化されている」と評価している。[25]

近世の紀行作家の多くは地方の出身者であり、古代・中世の紀行文にみられた地方への違和感や蔑視はなく、地方社会の実態や自然などを細かく正確に読者に伝えようとした。[26]また中央に対する地方の評価と容認は、辺境への理解を生み、それぞれの文化の価値は相対化され、多様な視点が生まれたことは一般的に認められるが、[27]このことをすべての紀行文にあてはめることには慎重でなければならない。たとえば、幕臣の遠山景晋《かげみち》は『未曾有記』で、陸奥国黒沢尻あたりから女性が眉毛を剃らず、風呂敷を頭に巻くなど、風俗が変わったことを記している。また初めて出会った蝦夷人の風俗などについて、『蝦夷志』『東遊記』『三国通覧図説』などの記述との異同を論じている。女性が眉を剃らず、お歯黒をしないなどの、奥羽地方を旅する人々の目に異様と映った習俗や、絵暦、理解しにくい言語などは、多くの紀行文に記されたが、それらの由来や意味・役割が考慮されることなく、古川古松軒の『東遊雑記』に代表されるように、みずからの環境とは異なった習俗を夷風ととらえ、低劣・卑賤と評価するものであった(28)。

これに対して菅江真澄は、国学者・本草学者としての立場から、奥羽社会に強く影響を与えているアイヌ文化、古代・中世の「蝦夷征伐伝説」や鳥追など農村の習俗を観察して書きつづり、必ずしも野蛮と評価せず、文化を相対化する視点をもち続けた(29)。古松軒はアイヌ文化の固有性を尊重しながらも、他方で上方を絶対の基準にして、地方の文化や生活を評価するという二面性をもっており、真澄は同じ地域の農民の営みを地についた目でとらえ、古松軒のもつ問題点を鋭く指摘した(30)。また真澄や、越後と信濃の国境を旅した鈴木牧之は、現在よりももっと豊かな自然のなかで生きた野性のサルの生態を、興味をもって観察し、鋭い感性によって淡々と記録している(31)。

芭蕉や益軒とともに、多くの人に読まれ、批評されたのは橘南谿の『東西遊記』である。医学の修行を主な目的にして各地を旅した南谿は、天明二年（一七八二）の九州の飢饉の惨状や（『西遊記』）、翌年の東北の飢饉（『東遊記』）を冷徹な眼で描いている。南谿は『西遊記』に、九州には地神経を誦する琵琶法師が多く、とりわけ薩摩・大隅では平家琵琶より小さい薩摩琵琶を弾ずることが武士のたしなみとされていたことを記している。また音楽の研究者でもあった南谿は、大隅国台明寺でひそかに青葉の笛竹を入手し、文書四、五〇通のうち青葉の笛竹に関する六、七通を写した。薩摩に往来する琉球人が琉球三味線（三線《さんしん》）をひきながら歌う琉球の歌を書きとめ、薩摩国ノシロコ（苗代川）に住む朝鮮人陶工の風習や薩摩焼についてもくわしく記している。古川古松軒も『西遊雑記』に苗代川の人々が朝鮮風の習俗を強制されているさまを描写している。南谿が九州の方言について、長崎の「ありばつてん」、薩摩の「がる」（叱る）などを書き残したことも貴重である。

　幕臣吉田桃樹が著した『槃游余録』には、西伊豆三津での鮪漁の模様や、ルソンに漂着し五年を経て帰還した下田出身の清次郎の体験談が記されていて興味深い。日向泉光院の野田成亮による六年あまりの廻国の記録『日本九峰修行日記』によれば、地方の人々は廻国修行を続ける行者に対して、病癒の加持祈禱や珍しい話題提供などを期待していた。また幕末の六十六部聖には破戒の堕落した者が多かったといい、廻国行者の実態や、民衆との関わりを示している。(32)

おわりに

　一八世紀後半、寛政（一七八九～一八〇一）以後の紀行文には、旅先の土地を古典の舞台としてみるだけでなく、人びとの暮らしにも関心を示すという姿勢がほぼ共通してみられた。(33)司馬江漢『江漢西遊日記』、大田南畝『改元紀行』、川路聖謨『下田日記』などにみられる、古典の世界からいったん離れて旅を愉しみ、現実をみずからの目で確かめて評価を下し、新しい事態に的確に適応できる旅の仕方は、確かに新しい時代の到来が間近いことを示すものであった。

　また、三峰型に定型化されて描かれることの多かった富士山は、一八世紀中葉以降、実景にそくして多様な姿で表現されるようになる。(34)さらに江戸時代後期には、西洋から伝わった遠近法の影響をうけて、高い所からの眺めを描く眺望図が生まれた。紀行文や絵画に現れるこうした変化は、自然と社会を直視して、従来の尺度にとらわれずに、作者の才能と個性とによって自在の表現を試みるという共通した現象とみることができよう。(35)

（1）　木村礎「日本歴史における『地方』と『中央』――地域論に寄せて――」（『駿台史学』四一、一九七七年）、のち

『地方史を考える』（木村礎著作集Ⅳ、名著出版、一九九七年）に収録。塚本学「日本史における中央と地方」（『千葉史学』三、一九八三年）、のち『近世再考　地方の視点から』（日本エディタースクール出版部、一九八六年）に収録。

（2）大隅和雄「歴史資料としての紀行文学」（『国文学　解釈と鑑賞』五四—一二、一九八九年）、のち『中世歴史と文学のあいだ』（吉川弘文館、一九九三年）に収録。同「紀行文と中世の文化」（『新日本古典文学大系　中世日記紀行集』月報二〇、岩波書店、一九九〇年）、のち前掲『中世歴史と文学のあいだ』に収録。

（3）奥村恒哉『歌枕』（平凡社、一九七七年）、片桐洋一『歌枕歌ことば辞典増訂版』（笠間書院、一九九九年）。

（4）石田吉貞「中世紀行文学の問題点」（『季刊文学・語学』三七、一九六五年）。

（5）益田勝実「鄙に放たれた貴族」（『火山列島の思想』筑摩書房、一九六八年）。

（6）佐藤進一『増訂鎌倉幕府守護制度の研究』（東京大学出版会、一九七一年）。

（7）細川涼一「阿仏尼伝の一節——律宗との関係をめぐって——」（『三浦古文化』四三、一九八八年）、のち『女の中世小野小町・巴・その他』（日本エディタースクール出版部、一九八九年）に収録。

（8）五部大乗経については、拙稿「平安時代の写経と法会——五部大乗経をめぐって——」（河添房江ほか編『叢書　想像する平安文学　第八巻　音声と書くこと』勉誠出版、二〇〇一年、本書第一篇第一章）参照。

（9）服藤早苗「遊行女婦から遊女へ」（女性史総合研究会編『日本女性生活史』一　原始・古代、東京大学出版会、一九九〇年）、のち『平安王朝社会のジェンダー——家・王権・性愛——』（校倉書房、二〇〇五年）に収録。

（10）松岡心平「地方の文化と文学」（『岩波講座日本文学』第六巻、岩波書店、一九九六年）。

（11）川添昭二「宗祇の見た九州」（『中世文芸の地方史』平凡社、一九八二年）、のち『中世九州の政治・文化史』（海鳥社、二〇〇三年）に収録。

（12）今谷明『言継卿記　公家社会と町衆文化の接点』（そしえて、一九八〇年）。

（13）米原正義『戦国武士と文芸の研究』（桜楓社、一九七六年）。

（14）有光友學「今川領国における伝馬制」（『歴史公論』一一五、一九八五年）、のち『戦国大名今川氏の研究』（吉川弘文館、一九九四年）に収録。

（15）前掲注(12)今谷明『言継卿記　公家社会と町衆文化の接点』。

(16) 藤井学「中世備前法華門徒の比企・池上・身延参詣について」(水野恭一郎先生頌寿記念論集『日本宗教社会史論叢』国書刊行会、一九八二年)、のち「中世備前法華門徒の比企・池上・身延参詣」と改題して、『法華文化の展開』(法蔵館、二〇〇二年)に収録。
(17) 高橋良雄『廻国雑記の研究』(武蔵野書院、一九八七年)。
(18) 今谷明「『廻国雑記』成立の背景」(『岩波講座日本文学史』第六巻月報一三、岩波書店、一九九六年)。
(19) 『長楽寺永禄日記』については、『史料纂集』(続群書類従完成会、二〇〇三年)に収める同書の詳細な解題が参考になる。
(20) ヘルベルト・プルチョウ『江戸の旅日記――「徳川啓蒙期」の博物学者たち――』(集英社新書、二〇〇五年、三〇頁)。
(21) 辻哲夫「貝原益軒の学問と方法――『大和本草』における儒学と科学――」(『思想』六〇五、一九七四年)。
(22) 辻本雅史『「学び」の復権――模倣と習熟――』(角川書店、一九九九年)、のち岩波現代文庫、二〇一二年。
(23) 木藤才蔵「中世の紀行と『おくのほそ道』」(『文学研究』二八、一九六八年)、のち『中世文学試論』(明治書院、一九八四年)に収録。
(24) 島津忠夫「連歌師の文章」(『文学』三八―一、一九七〇年)、のち『連歌の研究』(角川書店、一九七三年)に収録。
(25) 板坂耀子『江戸の紀行文　泰平の世の旅人たち』(中公新書、二〇一一年、一五頁)。
(26) 板坂耀子「地方の文学」(『岩波講座日本文学史』一〇、岩波書店、一九九六年)。
(27) 板坂耀子「蝦夷紀行概見」(『江戸時代文学誌』五、一九八七年)、のち『江戸の旅と文学』(ぺりかん社、一九九三年)に収録。
(28) 菊池勇夫「幕藩体制内の『夷風』について――奥羽社会観を中心に――」(『幕藩体制と蝦夷地』雄山閣出版、一九八四年)。
(29) 菊池勇夫「近世奥羽社会の『蝦夷』問題」(『北海道の研究』四・近世Ⅱ、清文堂出版、一九八三年)、のち「生活文化のなかの『蝦夷』」と改題して『幕藩体制と蝦夷地』(雄山閣出版、一九八四年)に収録。
(30) 佐々木潤之介「他からの目と内の芽と――古河古松軒・菅江真澄と長崎七左衛門・佐藤信淵――」(北海道・東北史

研究会編『北からの日本史』二、三省堂、一九九〇年)、のち「菅江真澄『ふみは千歳に残るものなり』――古松軒・真澄と七左衛門・信淵――」と改稿して『地域史を学ぶということ』(吉川弘文館、一九九六年)に収録。

(31) 三戸幸久・渡邊邦夫『人とサルの社会史』(東海大学出版会、一九九九年)。

(32) 新城常三『新稿社寺参詣の社会経済史的研究』(塙書房、一九八二年)。

(33) 板坂耀子「近世紀行文の『笑い』」(『熊本短大論集』五二、一九七五年)、のち「旅と笑い」と改題して前掲注(27)『江戸の旅と文学』に収録。

(34) 成瀬不二雄「日本絵画における富士図の定型的表現について」(『美術史』一一二、一九八二年)、のち『富士山の絵画史』(中央公論美術出版、二〇〇五年)に改稿収録。

(35) 鶴岡明美「江戸後期絵画の風景表現をめぐる諸問題」(『お茶の水女子大学人文科学紀要』四七、一九九四年)、のち『江戸期実景図の研究』(中央公論美術出版、二〇一二年)に改稿収録。

第十一章　名物瀬戸の染飯をめぐる文化史

はじめに

鎌倉幕府の成立は、それまでの奈良や京都などの都から、常陸国（茨城県）にいたる幹線道としての東海道の性格に大きな変更をもたらした。東海道は京都と幕府所在地の鎌倉とを結ぶ道として、政治や経済・文化はもちろん、軍事の道としての重要性をさらに高め、古代において最主要幹線であった山陽道を圧して国内随一の交通路となった。

東海道を往来する旅人の数が増すにつれて、各地の宿や街道筋の茶屋で旅人に供される食事や菓子などが名物として知られるようになり、旅の疲れをしばし休め、つかのまの娯しみを与えるものとなった。

戦国時代には、西行の秀歌とともに広く知られていた遠江国小夜の中山の西に位置する日坂（掛川市）の茶屋で出された蕨餅や、駿河国岡部宿（藤枝市岡部町）と丸子宿（静岡市駿河区）とのあいだにある宇津山の十団子は著聞し、多くの紀行文などに登場する。

大井川を西から渡って駿河に入り、前島宿（藤枝市）にいたる途中にも、瀬戸の染飯《そめいい》として知られる名物があった。本章は、瀬戸の染飯の起源と展開を明らかにしつつ、戦国時代以降の旅と文化のなかに位置づけて考えてみようとするものである。

一　瀬戸の染飯の起源

天文二二年（一五五三）二月、備前国（岡山県）の法華宗の僧侶五人と在家門徒二〇人前後の人々が、祖師日蓮ゆかりの聖地、相模国比企谷妙本寺（鎌倉市）・武蔵国池上本門寺（東京都大田区）・甲斐国身延山久遠寺（山梨県身延町）の巡拝を目指して旅立った。

一行に加わっていた大村氏の記した『参詣道中日記』(1)によると、かれらは三月二六日に藤枝の四郎衛門方に泊まっている。そして、巡拝を終えた帰途、駿河から遠江に入った四月二三日には次の記事がみえる。

廿三日、かけ川ニ着、道十二里、宿主さたけ、其間ニうつのやたんこ、又せとのそめいゝ、につさかとほり、うたの中山、家二ツ計有、

従来、瀬戸の染飯の初見は、次に掲げる『信長公記』にみえる記事とされてきたが、『参詣道中日記』こそが、それを三〇年ほどさかのぼる瀬戸の染飯の初見史料であり、戦国時代には名物として知られていたことがわかる。

織田信長は天正一〇年（一五八二）、甲斐の武田勝頼を滅ぼしたのち、東海道に出て、駿府から田中城に入った。慶長期（一五九六〜一六一五）に成立したとされている太田牛一の『信長公記』には次の叙述がある。

四月十五日、田中を未明に出でさせられ、藤枝の宿より瀬戸の川端に御茶屋立置き、一献進上申さるゝ、瀬戸川こさせられ、せ戸の染飯とて皆道に人の知る所あり、

この時、信長が瀬戸の染飯を食したかはわからないが、東海道の名物としてすでに広く知られていたことがわかる。

こののち、天正一八年（一五九〇）の豊臣秀吉による小田原攻めに随行した久我敦通の『東国紀行』(2)や、菅沼貞俊の『海道くだり』(3)にも瀬戸の染飯に関する記述がある。

以上が瀬戸の染飯に関わる中世の史料であるが、いずれもその形状や製法・値段などについては書きとめられていない。

二　近世紀行文にみえる瀬戸の染飯

仮名草子の代表的作者であり、唱導家でもあった浅井了意の『東海道名所記』は、万治三～四年（一六六〇～六一）頃刊行され、旅に関心をもつ読者の要望に応える実用性を織り込みつつ、地方の風俗を巧みに紹介しており、のちに流行する名所記や案内記に大きな影響を与えた。(4)『東海道名所記』には、初めて瀬戸の染飯の形や作り方についての記事が登場する。

瀬戸の染飯ハ、此所の名物なり、そのかたち、小判ほどにして、こハめしに、山梔子をぬりたり、うすきの也、男、

染飯は黄色なりけりたび人は　あはぢの瀬戸とこゝをいふべき

と、よミ侍べり、まことに、粟飯ハ黄なるものなれば、かくよみけるにや、

これによると、瀬戸の染飯は小判ほどの大きさで、もち米を蒸した強飯に山梔子を塗った薄いものであった。和歌では、黄色の染飯を「あはじ（淡路）」と粟と掛けて詠んでいる。

山梔子はくちなしのことで、中国では元来、支子（枝子とも）と書かれ、梔子は宋代に改められたものという。果実が長く果皮と種子団塊が密着して黒紫がかった鮮紅色の水梔子と、それより小形で丸みを帯び、一般的に果皮と種皮団塊が分離している山梔子の二種類がある。(5)

くちなしは初夏に濃厚で甘やかな香気を漂わせる白い花を咲かせ、現代ではそれを愛でる人も多いが、古い時代の中国の詩人や日本の歌人には、興趣惹かれ、愛好される題材ではなかったようである。(6)

くちなしを歌った数少ない詩の一つとして、李白とともに盛唐を代表する詩人、杜甫の「梔子」をあげておこう。

梔子比衆木　梔子　衆木に比するに
人間誠未多　人間《じんかん》　誠に未だ多からず
於身色有用　身に於て色　用有り
与道気相和　道と気　相和す
紅取風霜実　紅きは風霜の実に取り
青看雨露柯　青きは雨露の柯《えだ》に看る
無情移得汝　情無く　汝を移し得たり
貴在映江波　貴は江波に映ずるに在り

杜甫は、人間界であまり多くない梔子について、「色有用」で染色に使われること、「気相和」で薬用とされることを詠じ、移植した木の花が江波に映る美しいさまを愛でたのである。

晩秋につける赤味のある黄色の実は、漢方では消炎や鎮痛・利胆などの処方に配合され、初期のもっともまとまった本草書とされる『神農本草経』中品には養生薬として収められており、「五内の邪気、胃中の熱気、面赤酒炮皶鼻、白頼・赤癩・創傷」に効き目があるという。北宋の嘉祐七年（一〇六二）に刊行された、蘇頌の『図経本草』には、梔子の香気について「甚芬香」と記されている。

また、くちなしの実は染料や着色料として用いられ、やや赤味を帯びた濃い黄色に染め上げられた。染織家の志村ふくみ氏は、

光り輝くくちなしの黄は、あまりに影がなく明るすぎる。無媒染なのである。他の染料のように媒染によっ

て変化しない。あくまで輝く黄なのである。黄金色――王者の色であろうか。王者は何者によっても動くことがない。他の色をよせつけない。それ故、孤独、単一である。色にはそれぞれの運命がある。くちなしは無言、そして無地がいちばん美しい(7)。

と、ほかの染料のように媒染によって変化しない光り輝くくちなしの黄を、「黄金色――王者の色であろうか」と表現している。

明和四年（一七六七）刊行の児竹庵編『東街松の友』には、東海道名物の食べ物に関する情報が五三例を数え、距離や位置に関する四三例を凌いでいる。江戸時代後期の東海道は、食い気と色気を満足させる庶民の旅が発達した場であった(8)。そして、食と土産物に対する異常なまでの関心と執着は、日本人の手になる現在の旅行のガイドブックにも継承・拡張されており、日本生活史の一つのテーマと考えてよい。

『東海道名所記』以後、瀬戸の染飯について記述する紀行文のいくつかをあげておこう。

元和三年（一六一七）、徳永種久が京都から江戸へ旅したさいの道の記である『徳永種久紀行』には、七五調の本文に続けて、華やかな黄色に染められた瀬戸の染飯についての和歌が織り込まれている。

堰かずはいとど大井川、四方に海はなけれども、島田と聞けば恐ろしや、川原面を過行けば、急ぐ心の程もなく、瀬戸の染飯と聞くからに、

めしそめてさも花やかにき衣の　布施とりがほのけさぞ川かぜ

尾張藩士で儒者の松平秀雲（君山）は、藩主徳川宗勝の命をうけて、寛保元年（一七四一）、江戸藩邸へ上った。この時の紀行文が『吾妻の道芝』である。

藤枝の辺、茶店に生魚をかけ並べ、鯛よ鯖よなど殊に新鮮也。されど調味の法をしらず、食するに味なし。家毎に名古屋諸白有こと書付しハ、故郷の味を願ひし古人の意を思ひ出されぬ。瀬戸の染飯ハ味もなき物な

がら其製甚雅なり。

秀雲は、瀬戸の染飯を食したようで、味わいはないものの、作り方が雅《みやび》と書きとめた。秀雲は、寛保三年（一七四三）には尾張藩書物奉行となり、美濃についての地誌『濃陽志略』など多くの著作を残した。

幕臣三枝守保の娘で、土屋廉直の妻となった土屋斐子《あやこ》（清風・茅淵）は、文化四年（一八〇七）、江戸から堺奉行となった夫の任地に赴いたが、その道の記を『旅の命毛』として著した。

水もり《（守）》てふ所にやすらひてぞ、瀬戸の染飯なるよしをしりぬ。飯をくちなしもて染めつゝ、おしひらめて干調じたるにて、食ふべき程のものならねど、うつくしうて昔恋しき心地ぞする。あがれる代は駅のさだめ覚束なく、旅路いとうき程にて、野にふし、草まくら結べる頃なれば、干飯もて旅のうゑを凌ぎぬるは、常の事なればにや、在中将《（在原業平）》のかれ飯になみだおとして、ほとびぬるなどそなるためしぞかし、そをもて思へば、染飯など今は名のみにて、旅客の見もいれぬものなれど、是ぞ古き代の旅糧のなごりにやあらん。

斐子は、飯をくちなしで染め、押し延ばし干して作った瀬戸の染飯をみて、在原業平の干飯の故事を思い起こし、食べるほどのものではないが、美しくて昔恋しい心地がし、古い代の旅糧の名残かとしている。

文化二年（一八〇五）閏正月二五日のこと。幕臣の遠山景晋《かげみち》（江戸町奉行「遠山の金さん」として知られる景元の父）は、前年九月にレザノフを大使とするロシア艦隊が長崎に来航して通商要求をしたため、応接使として幕府から派遣される途中、瀬戸川村（瀬戸村の誤り）を通った。このさい、「染飯名物なり、強飯を山梔子にて摺つぶし干し乾したるもの也」（『続未曾有記』）と、染飯を梔子ですりつぶし乾燥させたものと記している。

景晋の旅の前年に刊行されて大好評を博し、のちに多くの模倣作を生んだ十返舎一九の『東海道中膝栗毛』三編上には、瀬戸の立場《たてば》で売られる染飯を陶器の産地である尾張の瀬戸に掛け、さらに両者を「そめつけ」と表現する狂歌を交えて叙述され、東海道の名物としていっそう広く知られるようになっていたから、景晋も食したのであろうか。

打笑ひつゝ、瀬戸川を打越、それよりしだ村大木（青木）のはしをわたり、瀬戸といふ所にいたる、爰はたて場にて染飯の名物なれば、

やきものゝ名にあふせとの名物は　さてこそ米もそめつけにして

桂園派と呼ばれる和歌の一大流派を主宰した香川景樹（桂園）は、文政元年（一八一八）、江戸から伊勢に向かったが、途中の名古屋までの道の記が『中空の日記』と呼ばれている。この紀行文には、随行した菅名節《みさを》が、女性たちの売る染飯を恋慕の情にたとえ、諧謔を交えて詠んだ和歌がつづられている。

十五日（十一月）、今朝空晴れたり、瀬戸川を渡りて頓て瀬戸村なり、女共の染飯売るを買はんとて、節、

おぼつかな誰をか思ひそめいひの　いはぬ色にもみゆるなる哉

瀬戸の染飯はこのほか、近松門左衛門の『丹波与作待夜のこむろぶし』や、竹田出雲らの『仮名手本忠臣蔵』などにも登場する。

三　狂歌に詠まれた瀬戸の染飯

大坂の町人で、近世前期の専門的狂歌作者であった生白堂行風《せいはくどうこうふう》の『古今夷曲集』には、烏丸光広の瀬戸の染飯を詠んだ狂歌が収められている。

瀬戸にて　　光広卿

つく〴〵と見てもくはれぬ物なれや　口なし色のせとの染飯

光広は和歌や連歌・書画などに優れた公家で、この時期の代表的な狂歌作者としても知られ、一〇回以上にわたり京都と関東を往来したことがあったから[9]、この狂歌は瀬戸の染飯を実際目にして詠んだものであろう。染飯

を食べられないのも無理はない、口無しなのだから、と染飯の染料で、実が熟しても口を開かないことから、「口無し」と称されたという梔子にかけてしゃれてみたのである。

この歌は、三十六歌仙のひとり素生法師の作で、『古今和歌集』誹諧歌に収められた、

山吹の花色衣ぬしやたれ　問へど答へずくちなしにして

に着想を得て詠まれたようである。山吹色とは、鮮やかな赤味を帯びた黄色で、梔子の実を煎じて染め、蘇芳を少し加えるとこの色になるという[10]。

また、元和（一六一五～二四）頃に刊行された最初の狂歌撰集である『新撰狂歌集』（編者不詳）の羇旅《きりょ》歌には、次の狂歌が収められている。

有人瀬戸の染飯をよめる、

食はぬとて腹をな立てそ瀬戸の人　飯の色をば梔子にして

この狂歌も、光広のものと同じ発想で、梔子を「口無し」とかけ、食べないからといって腹を立てるな、瀬戸の人よ、と詠んでいる。

狂歌は和歌の形式のなかに諷刺や滑稽などをよみこむ形式で、縁語や懸詞の組み合わせなどの技巧が用いられており、すでに『万葉集』の戯咲歌などにみられる。

谷宗牧が日坂の名物蕨餅を詠んだ歌は、西行の遍く知られた秀歌をもとにしており、戦国期の狂歌の一例である。

年たけて又くふべしと思ひきや　蕨もちゐも命成けり（『東国紀行』天文一三年〈一五四四〉）

年たけて又こゆべしと思ひきや　命なりけりさやの中山（『西行上人集』『古今和歌集』文治二年〈一一八六〉）

烏丸光広と同時代に生きた、美濃の戦国大名斎藤道三の曾孫斎藤徳元は、『関東下向道記』に、

つかひ銭たゆれば喰ぬそめ飯の　瀬戸ゆく人ぞくちなしの色

と詠んでいて、路銭が少なくても食べられるほどの安価なものであったようである。

生白堂行風が延宝七年（一六七九）に刊行した『銀葉夷歌集』には、

中食にせとの染飯春ながら　女郎花にぞにたりにたつく

があり、春に昼食としてとった瀬戸の染飯は、夏から秋にかけて黄色の小さな花をつける女郎花の色に似ている、と詠んでいる。

狂歌は江戸時代初期の大坂から、中期には江戸を中心に流行した。大田南畝（蜀山人・四方赤良）は漢学者・戯作者であるとともに、江戸を中心に流行した天明狂歌を領導する地位にあったが、『蜀山百首』に収める、

山吹の口なしめしやもらんとて　おたま杓子も井出の玉川

は、「山吹の口なしめし」という表現からみて、瀬戸の染飯のごときものが詠まれているのであろう。

信濃出身の俳人小林一茶は、寛政四年（一七九二）三月、句作修行のため、江戸を発って先師の竹阿ゆかりの西国へ向かった。途中、瀬戸の染飯を口にした思いを、

染飯や我〳〵しきが青柏

と詠んでいる。瀬戸の染飯と青柏をともに詠みこんでいるのは、珍しい記録として注目される。柏は旧暦三月頃に新葉が出るから、一茶はちょうど季節のものを目にして、旅情をそそられ、句帖に書きとめたのであろう。

現代の俳諧師・金子兜太氏は、一茶の句の意味を、

われわれのようなものでも、柏の青葉に盛った染飯がいただけるとは嬉しいねぇ。ありがたいねぇ。こう眺めているだけでも、涼しい風が通るようです。

と読み解いている。(11)

四　描かれた瀬戸の染飯

尾張藩士の高力種信（猿猴庵）が天明六年（一七八六）に刊行した『東街便覧図略』には、「せとめいふつ」と書かれた袋と染飯の図が描かれている（図1）。強飯の粒が残った四角い煎餅のような形をし、真中には穴があき、全体の色は黄色である。注目すべきことは、「一袋十二文ツ、」と書かれていることで、染飯の値段が書かれた貴重な史料である。

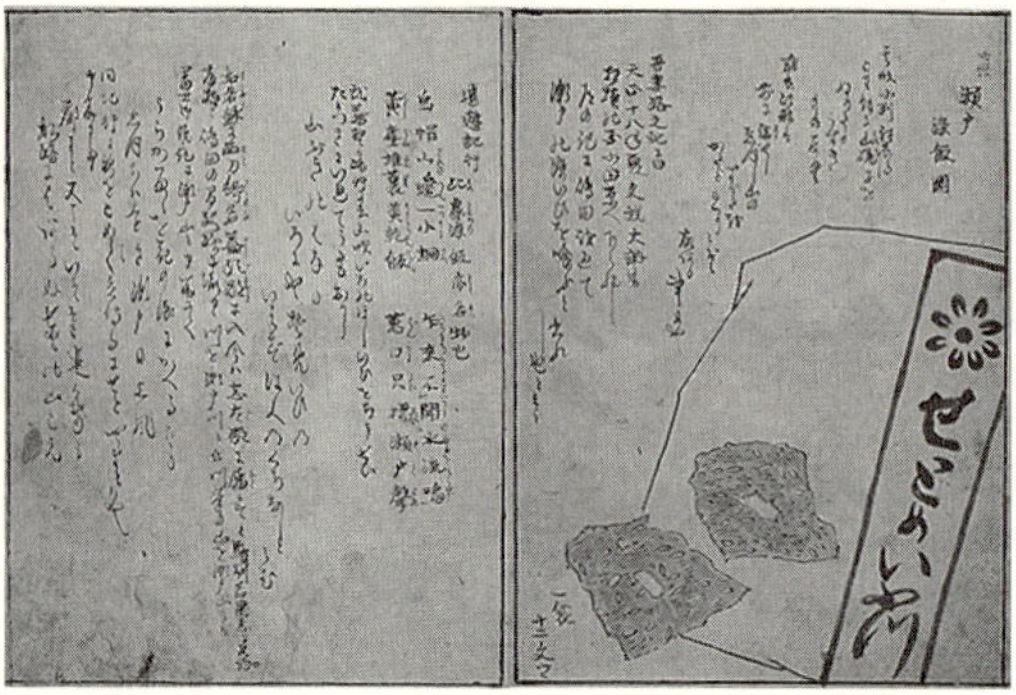

図1　猿猴庵『東街便覧図略』（名古屋市博物館所蔵）

『東街便覧図略』には、駿河国興津宿と由比宿とのあいだにある難所、薩埵峠の倉沢茶屋で売られていたアワビが二四文、サザエが八文であったことも書きとめられていて比較の材料になる。同じ年の江戸相場によると、米一石が一・四三両、一両を銭六貫文で計算して、一文が九円という試算が提示されている。(12)江戸相場を単純に瀬戸の染飯にあてはめる訳にはいかないが、目安としてみれば、「一袋十二文」は一〇八円ということになり、参考材料にはなるであろう（一袋に何個入っていたかはわからない）。

『東街便覧図略』に描かれた瀬戸の染飯は四角であったが、桑原藤泰の『駿河記』（文化六年〈一八〇九〉）には、

此町（上青島）にて山梔子染の強飯を三角に突出で、干て旅人に商ふ。伝に往昔水上の大池にすめる於呂地（大蛇）の鱗にかたどり、

号て瀬戸の染飯と呼、名産とす。

と、「三角に突出で」と書かれているから、時期によって形に変化のあったことも考えられる。また、阿部正信の『駿国雑志』（天保一四年〈一八四三〉）には、糯で作った湯櫃形の大きさでかき餅ほどのものを、四角にして焼いて食べる、岩おこしの類という里人の話が収められている。

元禄三年（一六九〇）に出版された『東海道分間絵図』は、越中富山藩の家臣で、医者であり、地図製作にも優れた能力を発揮した遠近道印（藤井半知）の作であり、[13]絵は浮世絵の祖とされる菱川師宣が描いた。そこには、瀬戸の集落が描かれたなかに、「そめい、名物也」と記されている。

江戸時代後期、幕府管轄の東海道の各宿と沿道の状況について、天保一四年の調査にもとづいて編纂された『東海道宿村大概帳』には、藤枝宿の終わりに、

一、瀬戸新屋村ニ而ハ黄なる染飯を売、瀬戸の染飯とて此所之名物也、

と書かれていて、染飯は幕府の記録にもとりあげられている。

寛政九年（一七九七）に刊行された秋里籬島著・竹原春朝斎画の『東海道名所図会』には、

名物染飯　瀬戸村の茶店に売るなり、強飯を山梔子にて染て、それを摺つぶし、小判形《なり》に薄く干乾して売るなり、

という『東海道名所記』とほぼ同じ文章とともに、瀬戸の染飯を作って売る茶店が描かれている（図2）。店のなかでは老婆が米を蒸し、店先の箱に入れられた染飯の前で旅人が足をとめている。この場面には麁相《そそう》法師の作として、

山吹の花の染飯喰《くハ》しやれと　とへどこたへずくちなしにして

という、「口無し」に掛けた狂歌が書かれている。

春の屋織月編『東海道五十三次柳樽』（嘉永年間〈一八四八～五四〉成立）に収める、

　染飯の見世に色気のない婆あ

という川柳は、おそらく『東海道名所図会』に描かれた情景を詠んだものであろう。

葛飾北斎の作で、享和四年（一八〇四）正月の刊行とみられる『春興五十三駄之内』に収める絵（図3）には、店先に「藤枝本町　瀬戸染飯」の看板が掲げられ、店内には若い女性二人が座り、奥には蒸し器が置かれている。

図2　秋里籬島著・竹原春朝斎画『東海道名所図会』（藤枝市郷土博物館所蔵）

図3　葛飾北斎『春興五十三駄之内』（藤枝市郷土博物館所蔵）

図4　歌川広重『東海道五拾三次』「藤枝」（藤枝市郷土博物館所蔵）

そして、この場面には次の狂歌五首が書かれ、染飯の色に黄金や山吹が掛けられている。

　一丁亭羽狩
染飯にこかねの色もかそへつゝ　一包買ふ春の家つと
　知部方頼
うららかな春の瀬戸村菜の花と　見てや小蝶も通ふ染飯
　若草未繁
花ハまだ見へねと春ハ棚ひきて　かすミかゝれる藤枝の里
　鳴子綱彦
霞引山のすそこハ紫の　八ツ藤枝の里のあけほの
　浅水庵有人
此さとの春に宇治をもおもひ出ぬ　山吹の瀬と瀬戸の染飯

天保後期頃（一八四〇〜四四）に刊行された歌川広重の『東海道五拾三次』には、藤枝の場面に瀬戸川越えの図が収められ、清室真寿美作の「口無し」と梔子を掛けた次の狂歌一首が添えられている（図4）。

口なしのいろをハよそにかしましく　あきなふ妹か瀬戸の染飯

おわりに

天文二二年（一五五三）の『参詣道中日記』に初めてみえる瀬戸の染飯は、太田牛一『信長公記』、久我敦通『東国紀行』などにも登場し、戦国時代には名物として知られていた。

浅井了意の『東海道名所記』には、小判ほどの大きさで、強飯に梔子を塗った薄いものとして、その形が書かれている。江戸時代には、梔子を「口無し」と掛けて、狂歌に多く詠まれ、『東海道名所図会』や『東海道五拾三次』にも描かれた。

江戸時代後期の戯作者柳亭種彦の弟子で、慶応四年（一八六八）二月に没した笠亭仙果の『於路加於比』に、

瀬戸の染飯は忠臣蔵道行の文句にも出、近頃まで売る家ありしが、この程は見えずなりぬ、

と記されている。

藤枝市下青島の石野家には、染飯を包む袋を刷る壺型の版木が残されていて、藤枝市指定文化財に指定されている。大正二年（一九一三）の『青島村誌』には、これとは別の袋が収録されているから、幾種類かあったようである。石野家では明治二〇年（一八八七）二月に没した甚蔵（俳号は鶯後）の代で染飯業をやめ、俳句仲間で元田中藩士の増田近山（染井堂・染井軒）が一時代わって営業したといい[14]、近山が明治二五年（一八九二）六月に没したのち、戦国時代以来、形を変えながら続いた染飯は廃れてしまったものとみられる。

（1）『参詣道中日記』が天文二二年（一五五三）のものであることは、藤井学「中世備前法華門徒の比企・池上・身延参詣について」（水野恭一郎先生頌寿記念論集『日本宗教社会史論集』〈国書刊行会、一九八二年〉、のち「中世備前法華門徒の比企・池上・身延参詣」と改題して、『法華文化の展開』〈法蔵館、二〇〇二年〉に収録）参照。
（2）拙稿「久我敦通『東国紀行』について」（『藤枝市史研究』六、二〇〇五年）。
（3）拙稿「菅沼貞俊『海道くだり』について」（『藤枝市史研究』八、二〇〇七年）。
（4）富士昭雄「解題」（『叢書江戸文庫五〇　東海道名所記／東海道分間絵図』国書刊行会、二〇〇二年、四〇三～四〇七頁）。
（5）久保道徳・吉川雅之編『医療における漢方・生薬学』（廣川書店、二〇〇三年、一五四～一五七頁）。
（6）黒川洋一ほか編『中国文学歳時記　夏』（同朋舎出版、一九八九年、三〇九頁、高橋文治氏執筆）。文献および詩の訓

読と解釈については、埋田重夫氏（静岡大学人文社会科学部教授）の御教示を得た。

（7）志村ふくみ『色と糸と織と』（岩波書店、一九八六年、三八頁）。

（8）板坂耀子「十返舎一九　食い気と色気の弥次北道中」（中西進ほか著『東海道　人と文化の万華鏡』ウエッジ、二〇〇三年、一四七～一四八頁）。

（9）橘りつ「近世初期の東海道の旅行記（一）――烏丸光広の『あづまの道の記』『東行記』『春の曙の記』をめぐって――」（『東洋』一〇―一二、一九七三年、一七頁）。

（10）吉岡幸雄『日本の色辞典』（紫紅社、二〇〇〇年、一八六頁）。

（11）金子兜太『一茶句集』（岩波書店、一九八三年、四四頁）。山本正氏（元藤枝市史古文書専門員）の御教示による。

（12）金森敦子『伊勢詣と江戸の旅　道中日記に見る旅の値段』（文春新書、二〇〇四年、六五頁）。

（13）遠近道印が藤井半知であることは、深井甚三『図翁遠近道印　元禄の絵地図作者』（桂書房、一九九〇年）参照。

（14）山本正氏の御教示による。

第十二章　近世後期神社祭祀をめぐる争論と偽文書

——遠江国榛原郡吉永村の場合——

はじめに

近世村落の氏神の祭祀をめぐって、三〇〇年あまりも前の室町幕府将軍足利義晴の偽文書が作成された。舞台は、大井川東岸で河口にも近い遠江国榛原《はいばら》郡吉永村。この地域は、明治一二年（一八七九）、もと駿河国であった静岡県志太郡に移管され、そののち、大井川町を経て、平成二〇年（二〇〇八）、焼津市に編入された。

偽文書に早く注目した中村直勝氏は、偽文書を作る必要条件のひとつに、「権利義務がもめて、裁判になった時、証拠として提出される資料が、偽作される」(1)ことをあげた。さらに、仲村研氏は、近江国得珍保などの偽文書の検討により、偽文書成立の歴史的意義について、それを生み出す社会的要請のなかで解明することを提案した。(2)

その後、網野善彦氏が、鋳物師などの職人に伝わる偽文書や由緒書を仔細に検討して、「偽文書は文献を基礎とする歴史学の世界と、民俗学あるいは文学の世界とをつなぐ、大切なかけ橋になりうる」(3)と指摘し、相次いで発表した論考を通じて、中世史料学への正当な位置づけと評価の必要を提言したことをうけて関心が高まった。こののち、偽文書や由緒書の作成の経緯や意義・効用を、社会や文化の環境のなかで検討し、歴史事実との関連において考察する研究成果が発表されている。(4)

本章のねらいは、多くの年中儀礼を通じて、村人たちの生産過程全般や、現世における精神生活と村の平和維持の役割をはたした神社の祭祀をめぐって展開された、別当寺と神職との争いの実態を明らかにし、偽文書作成の背景を検討することにある。

一　二通の「将軍足利義晴判物」

初めに、焼津市利右衛門自治会所蔵の二点の文書を掲げる。

【史料1】

（花押）

遠江国榛原郡吉永郷惣社依為供僧職、
円永坊地家棟別弐間之事
右、先年以朝日奈三《（ママ）》郎兵衛尉奏者
帳之面除之上、如前々四分一以下令一切
免許、然上者供僧役事、如前々相勤、
拘置神講田・屋鋪等永不可有相違、
若於違乱之族、可加下知者也、
天文九年庚子卯月十七日　　円永坊
義晴（花押）

【史料2】

（花押）
遠江国榛原郡吉永郷惣社
依為別当職、遷宮祭礼等永
如前々相勤事
右、先年以朝日奈（ママ）三郎兵衛尉奏者
令免許、然上者永不可有相違、
若於違乱之族者、可加下知者也、
天文九年庚子
卯月十七日　　円永坊
義晴（花押）

二点の形状は竪紙、法量はいずれも縦三九・五センチメートル、横五四・二センチメートルで、料紙・筆跡ともに同じである。

二点とも奥上には本文と同筆で、やや大ぶりに「義晴」と書かれ、その下に版刻の花押（花押型）が朱でおされている。天文九年（一五四〇）という年号からみて、義晴とは室町幕府第一二代将軍足利義晴を指すとみられるが、しかしこれらの花押は、義晴のものではない。また二点ともに同型の袖判は誰のものか明らかでない。さらに本来は充所であるはずの「円永坊」が日下に書かれており、様式からみて異例の文書で、あえて文書名を「将軍足利義晴判物」とする。

天文九年前後の将軍足利義晴をとりまく畿内の政情は安定せず、義晴が地方に文書を発給できる状況ではなかった。加えて二点の料紙・寸法や筆跡は同じであるが、その当時のものではなく、江戸時代後半に作成されたものとみられる(5)。

二　新出の今川義元判物

【史料3】

（今川義元）
（花押）

遠州榛原郡吉永郷依
為供僧職、円永坊地家
棟別弐間之事
右、先年以朝比奈三郎兵衛尉（親能カ）
奏者帳之面除上者、如
前々棟別・四分一以下令一
切免許、然上者供僧
役事、如前々相勤、拘置
神講田・屋敷等永不
可有相違、若於違乱之族
者、可加下知者也、仍如件、

天文九庚子
卯月十七日
円永坊

本文書は、前掲の二点を調査したさいに見出したものである。天文九年（一五四〇）四月一七日、今川義元が朝比奈三郎兵衛尉を奏者として、遠江国榛原郡吉永郷円永坊に、供僧職の地位にあることから、棟別役二間などを免除し、神講田・屋敷を安堵したものである。神講田とは、最勝講や舎利講・六斎講など特定の神仏事への使途が定められている神田ではなく、広く神事全般にあてられたものとみられる。

本文書と同じ天文九年に発給された今川義元判物の正文は、これまでに、

① 正月二五日（妙光寺文書、長福寺管理）(6)

② 七月四日（旧久能寺文書、鉄舟寺所蔵）(7)

③ 一二月一三日（天野文書、広島大学文学部国史学教室所蔵）(8)

の三点が知られている。いずれも竪紙が使われ、差出は、奥下に「治部大輔（花押）」と書かれている。

なお、天文八年二月八日（頭陀寺文書）(9)に、初めて「治部大輔（花押）」署判の判物が現れる。この文書は折紙が使われ、袖判が書かれているが、花押は先に掲げた三点と同型の今川義元のものであり、料紙や筆跡などから総合判断して正文とみてよい。

ちなみに折紙・袖判形式の今川義元判物で、天文九年前後のものとして、天文五年（一五三六）一〇月一五日（寺尾文書）(10)、天文一一年（一五四二）一二月一六日（寺尾文書）(11)、天文一二年六月五日（西楽寺文書）(12)などがある。

また、『静岡県史料』第三輯に、廃真福寺旧蔵文書として、次の天文九庚子卯月一七日今川義元判物が『吉永村誌』より採録されている。

【史料4】

遠江国榛原郡吉永郷惣社依為供僧職、

円永坊地家棟別弐間之事
右、先年以朝比奈三郎兵衛尉奏者
帳之面、如前々棟別・四分一以下令一切
免許、然ル上者供僧役事、如前々相勤、
拘置神溝（ママ）田・屋敷等永不可有相違、
若於違乱之族（者脱カ）、可加下知者也、仍如件、
　　天文九庚子卯月十七日　　　義元（今川）（花押）
　　　円永坊(13)

先に掲げた新出の今川義元判物とくらべると、日下の署判と袖判、文言、付年号の位置などに違いがみられる。天文一〇年以降、日下に「義元（花押）」と書かれるのは、書状・感状に限られており、天文八・九年の義元の署判形式については、検討を要する。

『吉永村誌』は大正元年（一九一二）、杉本戸一郎と池谷好が編者となって編纂されたもので、「第三目　名勝遺跡」の「四、医（王）天山真福寺」の項に、「今川氏ヨリ賜ハリタル証書写左ノ如シ」として、次の文書が引用されている（原文にはない読点と注記を施した）。

【史料5】

遠江国榛原郡吉永郷想（ママ）社依為供僧職、
円永坊地家棟別弐間之事
右、先年以朝比奈三郎兵衛尉奏者
帳之面ハ前之（ママ）棟別・四分一以下令一切

免許、然ル上ハ供僧役事、如前々相勤、
拘置神溝田《(ママ)》・屋敷等永不可有相違、
若於違乱之族、(者脱カ)可加下知者也、
天文九庚子卯月十七日　　　円永坊
義晴印(14)

これは、今川義元判物ではなく、同年月日の「【史料1】将軍足利義晴判物」である。しかも編者はこの文書について、何らの疑念も表明していない。また『吉永村誌』には今川義元判物は採録されておらず、なぜ違う文書が採録されるにいたったか、その理由は明らかでない。『静岡県史』資料編七中世三、一五二四号は、『静岡県史料』第三輯が典拠にしたという『吉永村誌』を点検することなく、『静岡県史料』第三輯に収められた、廃真福寺旧蔵文書をそのまま今川義元判物写として収録したものであり、冒頭に「今川義元、遠江国円永坊に、同国吉永郷惣社供僧職を安堵する」という要約文をつけている。

なお、今川義元判物（史料3）と、『吉永村誌』より採録したという『静岡県史料』第三輯に収められた文書（史料4）を比較すると、差出・充所が異なるほか、語句にも異同がみられる。

以上の検討から、本文書（史料3）はこれまで『吉永村誌』『吉永八幡宮大名行列』(15)『大井川町史』(16)などに紹介されたことのない新出史料で、しかも旧大井川町に現存する唯一の今川義元判物として貴重なものである。

今川義元判物にみえる吉永郷は、建武元年（一三三四）七月、後醍醐天皇が南禅寺に寄進した「遠江国初倉庄内大井河以東、鮎河郷・江富郷・吉永郷・藤守郷等」の一つとして初めて現れる。(17)

吉永郷も荘域とする初倉荘は、一一世紀末から一二世紀初めにかけて国司開発による広大な領域型荘園として成立した。(18)

戦国期には、初倉荘も動乱に巻き込まれ、文亀元年（一五〇一）頃には南禅寺による支配は終焉を迎えたが、中世後期にも積極的に開発が進められ、新村を分出していた[19]。

義元から棟別役二間などを免除された円永坊の創建の時期や宗派については明らかでなく、この判物に初めて現れる。この判物には供僧職や神講田の語がみえており、これ以前から、のちに検討する吉永八幡宮の供僧職をつとめていたものと考えられる。円永坊のある吉永村の北に位置する藤守村大井八幡宮の別当は法雲寺がつとめたが、元久二年（一二〇五）の遷座にさいして、武蔵国の真言宗僧万宝法印が宮僧として執行したと伝える。法雲寺は元亀年間（一五七〇～七三）、武田氏の兵火にかかって焼失し、天正二年（一五七四）、その旧跡に曹洞宗大覚寺として開創され、八幡宮別当職は円永坊に引き継がれた。元和五年（一六一九）九月の大井八幡宮棟札に、「宮僧吉永之円永坊宥盛」と記されているのは、円永坊が大井八幡宮別当をつとめていたことを示している[20]。

円永坊は慶長九年（一六〇四）検地をうけて、八月二〇日伊奈忠次により、寺領五石を給与され、徳川家光以後家茂にいたる九代の将軍により五石を安堵されている[21]。

宝永五年（一七〇八）一一月、大阿闍梨恵雄が薬師如来に奉納した鰐口には、「初倉庄吉永村医王山真福寺円永坊」と刻まれている[22]。医王山という山号は、薬師如来に由来するものであろう。寛永一六年（一六三九）、吉永村名主大石藤左衛門分家の利右衛門が独立して利右衛門分という行政区画が成立し、円永坊もそのなかに含まれることになった。『吉永村誌』は円永坊の所在地を、「利右衛門字上島ニアリ」と記している。また『吉永村誌』によると、円永坊と同じ利右衛門字上島の長泉坊はもと円永坊坊中であったという。

寛政三年（一七九一）一一月の「遠江国古義真言宗本末帳」によれば、円永坊は高野山普門院末、御朱印五石、寺中に阿弥陀寺と密蔵院の二字があった。円永坊を普門院末とする初見史料である。「遠江国古義真言宗本末帳」に記載される六七か寺のうち、宝性院末二四、釈迦門院末一八、平等院末一三、普門院末九、理性院末一、無量寿院末一、遍照光院末一となっており、遠江国における高野山勢力の教線の展開と組織編成については、今後検討されるべき課題である。なお、駿河・遠江両国の弘法大師霊場二一か寺を詠いこんだ弘法大師御詠歌はその素材となるものであり、円永坊は六番にあげられている[23]。

『掛川誌稿』（天保年間成立）には、次の記述がある。

　医王山真福寺 真言宗、高野山普門院末　南島に在り、円永坊と号す、御朱印薬師堂領五石、本堂四間、薬師堂三間、行基作の薬師を安置す、弘法大師遺跡、遠駿の内第六番の札所、寺中に池あり、唐池《から》と名く 神祠仏刹、皆在高木氏知行中

これによれば、円永坊の伽藍は、四間の本堂と行基作の薬師如来像を納める薬師堂からなる小寺院であり、境内に唐池があった[24]。

天保五年（一八三四）頃に一応の完成をみたとされる山中豊平『遠淡海地志』[25]によると、朱印高五石の円永坊領は高岳寺控となっている。高岳寺は円永坊東寄りにある曹洞宗寺院で、能登総持寺開山の瑩山紹瑾の後嗣である明峰素哲の法弟雪山玄泉に始まる雪山派の華渓祖菊を開山とし、甲斐国南明寺（現、山梨県富士川町）末である。朱印高一三石六斗で、吉永村に朱印地をもつ五つの寺社のなかでは最大であった。円永坊領が高岳寺控とされているのは、幕末、円永坊が寺領維持に困難をきたす状態になっていたことを示すものであろう。

円永坊に伝来した文書によると、住持の快英は、宝暦八年（一七五八）正月九日、惣法務宮により権律師に任じられ、続いて宝暦一一年（一七六一）五月二日、仁和寺宮により権少僧都に、明和三年（一七六六）九月八日、御室宮により権大僧都に、明和七年（一七七〇）一一月二五日、惣法務宮により法印に昇任している。また、弘化四年（一八四七）六月二五日、住持の黙翁は嵯峨御所（大覚寺）により権少僧都に任じられ、嘉永二年（一八四九）閏四月一二日、嵯峨御所により権大僧都に昇任しており、真言宗円永坊の寺格を知ることができる。

義元判物の奏者朝比奈三郎兵衛尉について、前節にあげた二通の偽文書の解説で、『大井川町史』『吉永八幡宮

い。

大名行列』ともに、信置を指すとする。[26]しかし、信置の生年は、享禄元年（一五二八）とも享禄二年とも伝え、史料初見は天文一七年（一五四八）七月一日、今川義元より三河国小豆坂合戦における戦功を賞されたものである。[27]信置は義元判物が発給された天文九年（一五四〇）に一二、三歳であることから、奏者とすることはできない。

朝比奈三郎兵衛尉は信置の父親徳とするのが妥当である。大石泰史氏によれば、親徳の史料初見は天文五年（一五三六）二月一七日で、今川氏輝段階から今川氏に仕え、親徳の「親」字は義元の父氏親からの偏諱の可能性がある。右兵衛尉・三郎右衛門尉を仮名とし、受領名は駿河守から丹後守にかわった。[28]また、遠藤英弥氏は、親徳が駿河・遠江両国において、今川氏御料所の代官、寺社に対する訴訟取次、土豪層を寄子とする寄親、今川氏当主発給文書の副状の発給、今川氏印判状の奏者として広範な活動をした、と指摘している。[29]ただし、両氏ともに、先に掲げた【史料5】にはまったくふれていない。

円永坊には、安永七年（一七七八）の奥書をもつ「薬師如来縁起幷当寺来由」が伝来した。その概要は次のとおりである。

和田義盛の三男朝比奈義秀がみたある夜の夢に、義秀の所領遠江国榛原郡吉永里の唐池の水底に住む薬師如来が現れた。義秀は早速現地に赴き、高野山末の円永坊の住僧宥我に霊夢を語り、ともに唐池を訪れると、水底から薬師如来が出現した。そこで義秀は、伽藍を建立し、円永坊を院主、真福寺を学頭として、坊中に六か寺をとりたてた。この話を聞いた源頼朝は喜悦して高一〇〇石を寄進し、さらに義秀の五石を加えて、一〇五石安堵の御教書が発給された。

この縁起は、高野山普門院院主圭瑜が法弟秀英に印信を与えて吉永八幡宮別当寺円永坊住持に任命したさい、秀英が作成した可能性が指摘されている。[30]

朝比奈義秀と遠江との関係を示す史料は確かめられないが、父義盛の墓と称する石塔が城東郡和田村（現、掛川市和田）にあったとし、久野氏の家伝に和田の乱との関わりをもつ伝承が知られる(31)。この縁起に朝比奈義秀が登場するのは、義元判物にみえる朝比奈三郎兵衛尉と遠江に点在する和田氏に関する伝承とが素材となり、融合して生まれたものであろう。

三　二通の「将軍足利義晴判物」作成の歴史的背景

二通の偽文書「将軍足利義晴判物」の作成経緯について、ふれておきたい。

文化一三年（一八一六）、吉永八幡宮の祭礼遷宮につき、円永坊と神主鈴木豊前正とのあいだに争論がおこった。その内容を示すのが、次に掲げる一連の文書である(32)。

【史料6】内済済口取替証文

一、此度当村八幡宮御祭礼ニ付、御遷宮之義ニ付、貴寺先規訳合有之候間、赤土村御役所江出訴被成、願書差上被成候ニ付、此方御呼出返答書ニも可及之処、内済被仰聞、内済人立合、御遷宮之儀者貴寺方村方ニ而相頼、社中之義ハ諸事此方ニ而取斗ひ可相勤ニ取極、双方和融熟談いたし候上ハ、重而少茂申分無之候、依之済口取替証文如件、

吉永村神主
（鈴木）豊前正

文化十三子とし

同村扱人
（大石）藤左衛門

善左衛門新田扱人

善左衛門
赤土村扱人
伝右衛門
円永坊様

【史料7】内済済口取替証文

一、今度当村八幡宮御祭礼ニ付、拙寺江掛合等無之、先規通り致相違差縺、依之赤土村国御役所江出訴いたし相願候処、内済被仰聞、内済人立入、御遷宮之儀者村方ニ而被相頼、先規通り拙寺方ニ而相勤、御祭礼者不及申社中之義者貴所方ニ而諸事取斗ひ被成候ニ取極、双方和融熟談致し候上者、重而少茂申分無之候、為其済口取替証文依而如件、

吉永村
円永坊
同村扱人
藤左衛門
善左衛門新田扱人
善左衛門
赤土村扱人
伝右衛門
文化十三年
子八月
豊前正殿

以上二点の史料によれば、吉永村庄屋大石藤左衛門らが内済人として立入り、結局、遷宮については、円永坊

と村方が、社中の儀は鈴木豊前正がとり計らうことで内済した。『吉永村誌』によると、吉永八幡宮では毎年六月・八月・一一月の一五日に大祭が催され、そのうち八月の大祭で利右衛門字大島の本宮から字六軒屋に神輿の渡御が行われるようになったのは、文化一三年（一八一六）が初めという。遷宮をめぐる争論・内済と関わりがあるとみられる。

こののち、天保五年（一八三四）、吉永八幡宮の修復と遷宮をめぐって、円永坊の主張する先規につき、禰宜鈴木豊前正から文化一三年に続いて二回目の異議が唱えられ、円永坊とのあいだで紛議がおこった。

再燃した出入りの経過については、円永坊がこの地一帯を支配していた領主宮城鐵四郎の役所に提出した次の文書に示されている。宮城氏は、元禄一〇年（一六九七）の「元禄地方直し」により、和堅（久三郎・三左衛門）が上総・下総・上野・下野などの三五〇〇石から遠江城東郡・榛原郡に知行替となり、さらに宝永五年（一七〇八）五月、甲斐の五〇〇石を榛原郡善左衛門新田と吉永村のうちに移された[33]。宮城氏の陣屋は、城東郡佐倉村池ノ山にあった[34]。『旧高旧領取調帳』によれば、掛川藩の太田備中守領分一四〇二石九升六合、宮城福之助知行一八七石四斗八升九合、高木義太郎知行六一石九斗二升五合、ほかに八幡社領五石五斗、円永坊領五石などとなっている。太田・宮城・高木の三給地の支配体制は、享保年間（一七一六〜三六）以降に成立したとみられる[35]。

【史料8】

乍恐以書附奉願上候、
遠州榛原郡吉永村
願主
円永坊
同州同郡同村禰宜

相手
豊前正

御遷宮出入

一、願主円永坊乍恐奉申上候義者、当村氏神八幡宮幷牛頭天王御本社等再建修覆有之候節者、従先々拙寺ニ而御遷宮相勤来候処、今般八幡宮幷牛頭天王御本社幷拝殿再建修覆仕候得共、拙寺江少茂掛合無之候ニ付、則二月七日ニ拙寺より懸り村方庄屋藤左エ門方江、右先規通り之訳合段々掛合仕候処、則藤左エ門かたより郷中評議為致、其上ニ而郷中より五給之役人中相談ニ而、禰宜豊前正方江右之趣掛合被致候処、則豊前正被申候義ニ者、古来当宮之義者大同年中建立仕候ゆへ、強而円永坊御遷宮仕来義者無之候筈之処、乍去古来より仕来候訳合之証拠等茂有之候者、ずい分御遷宮之義茂相渡可申候得共、左茂無之候者某甲義も先年吉田殿ニ而神道伝法等相受置候義ニ付、吉田殿江申訳無之候抔与申候義ニ付、村役人中一統右之段先規之証拠等之義ニ付、拙寺江相糺被致掛合候故、則拙寺幷門中先々之留記等相調候処、先年天文年中ニ、依為別当職、御遷宮可相勤之旨、御証文等茂頂戴仕有之候、任其例夫より及御当家慶長年中ニ茂御遷宮有之、拙寺ニ而相勤、夫より以来再建修覆茂毎度有之候処、則拙寺ニ而御遷宮相勤候留記茂有之、其後近代明和年中ニ茂再建有之、其節茂先規通り拙寺ニ而御遷宮相勤、其末寛政弐戌五月十四日夜、出火ニ而御本社宮殿者不及申、幷拝殿ニ至迄不残焼失仕候処、其後拙寺先住威敢法印　御神帛勧請仕、是迄為御神体御遷宮相勧（勤カ）置候処、去ル文化十三子年御祭礼之義付差縺候て、則其節茂御支配所赤土村御役所江奉願上候処、御内誅被仰付、御遷宮之義者拙寺ニ而相勤可申筈ニ取極、双方和融取扱済口取替証文印紙等茂有之候答仕候処、則村役人中又々先所江数度掛合被致候上ニ而、村役人中拙寺江右之答申参候ニ者、此度者修復ニ者無之候、只屋根替而已ニ而御遷宮ニ者不申抔与剛情而已申候而、先達而御遷宮之綱被致候義者返答茂無之候故、拙寺申候義者、

是迄当村氏神御宮御本社之義者萱葺ニ有来り候処、此度者小板ニ而見事ニ葺調、猶又屋根裏者不及申、垂木ニ至迄不残新規ニ相成、其上御拝者不残建替、彫物ニ至迄新たニ而相成、其外欄干外廻り等迄新たニ相成、地形者切石ニ而三尺以上茂築上け候ゆへ、屋根替と者申せ共、修覆ニ相出来候得者、是非共御遷宮可被致様取斗ひ呉候与、種々利害申候得共、村役人中一向其取用ひ無之候而、夫而已不成拝殿抔之地形等茂築上、修覆茂追々出来候ニ相見江候間、何卒御支配之以御威光を、乍恐御見分之上ニ而、何分拙寺江先規通り御遷宮被為仰付被下度、幾衛ニ茂奉願上候、

以上

紀州高野山普門院末寺

遠州榛原郡吉永村

願主

円永坊㊞

天保五午四月

宮城鉄（鎮）四郎殿

御役所

遷宮出入に関する円永坊と鈴木豊前正の主張や反論などについて、傍線部分を中心にまとめると、次のようになる。

●円永坊の言い分

吉永八幡と牛頭天王社の再建修覆のさいは、円永坊が遷宮をつとめるのがならわしである。しかるに、今回の拝殿再建修覆にあたっては、当寺へ掛けあいなく進められているため、二月七日、庄屋大石藤左衛門へ先規通り

行うよう、掛けあった。藤左衛門は郷中評議し、五給の村役人ら相談のうえ、禰宜鈴木豊前正に釈明を求めた。

●鈴木豊前正の言い分

大同年中（八〇六〜八一〇）創建の八幡宮の遷宮について、これまで円永坊が関わったことはない。古来から円永坊が遷宮に関わった証拠などがあれば、遷宮についても円永坊に渡すが、それもないのであり、しかも私は先年、吉田殿より「神道伝法」を受けていることから、このまま引きさがっては、吉田殿に申し訳がたたない。

豊前正の釈明をうけ、村役人から円永坊へ、豊前正の求める「証拠等之義ニ付」糺された。それに対して、円永坊は、天文年中（一五三二〜五五）、従来別当職の地位にあることから、遷宮をつとめるべき旨の証文を頂戴しており、また慶長年中（一五九六〜一六一五）・明和年中（一七六四〜七二）などの再建修覆も当寺がつとめた。寛政二年（一七九〇）五月一四日夜の出火により、宮殿・拝殿など焼失したが、当寺先住の威敢法印が御神帛を勧請し、御神体遷宮をつとめた。先の文化一三年（一八一六）の差しもつれにあたっても、遷宮は当寺がつとめる内済が成立している。

●鈴木豊前正の反論

今回は屋根の葺き替えで、修覆にはあたらず、遷宮の儀式にはおよばない。

●円永坊の再反論

八幡宮は本来萱葺きであるが、今回は小板による葺き替えで、屋根裏は垂木にいたるまで、加えて彫物・欄干外回りなどまで新規に造られている。屋根替えという豊前正の言い分はあたらず、明らかに修覆であるから、先規通り、当寺へ遷宮の儀礼を仰せつけてほしい。

以上の両者の主張が展開されたのち、結局、庄屋藤左衛門らは円永坊の言い分を認め、従来通り円永坊が遷宮を執り行うこととし、円永坊には宮城鐵四郎役所に提出した願書の取り下げを依頼した。さらに、豊前正は、円永坊に対して、吉永村村方三役連署による詫状を提出した。

差上申誤り一札之事

一、此度当村八幡宮御遷宮之儀ニ附、貴寺方江先規之訳合等有之候処、法外之不法申立、先規通りニ致相違、依夫ニ従貴寺様、先々之留記寺（等カ）御調之上、以証拠書御支配佐倉御役所江出訴被成、願書差上候ニ付、則拙者御呼出、既ニ御吟味ニ茂可相成之処、左候得者御尤之程も難斗、後難ニ茂可相成段、実以奉恐入候、右ニ付村役人中相頼、幾重ニ茂貴寺様江訴訟仕候間、何分貴寺様之御憐憫ニ而、先達而御役所江差上被成候願書御願下被下候ハヽ、難有仕合奉存候、且又御遷宮之儀者、御上様之任御下知ニ、貴寺様ニ而御勤被成候共、重少茂申分無御座候、依而差上申誤一札如件、

天保五午四月

吉永村　鈴木豊前㊞

同村 百姓代　甚　八㊞

同 組頭　喜右衛門㊞

同 庄屋　藤左衛門㊞

同村
円永坊様

禰宜鈴木豊前はこの一札で、円永坊が「先々之留記」を調べたうえで、宮城鐵四郎の佐倉陣屋に提出した「証拠書」にもとづいて出訴したのち、みずからの陣屋への呼び出し、吟味をうけて、自分の主張を「法外之不法申立」と認め、願書の願い下げと先規通りの円永坊による遷宮を求め、庄屋藤左衛門・組頭喜右衛門・百姓代甚八と連名で円永坊に詫びたのである。円永坊が「先々之留記」を調べ、宮城鐵四郎の佐倉陣屋に提出した「証拠書」の内容は明らかでないが、偽造された二通の「将軍足利義晴判物」も含まれていたとみてよく、これらは円永坊の意図通りに効力を発揮したのである。

このあと両者は和解し、五月二七日下遷宮、五月三〇日上遷宮が営まれ、円永坊は翌六月、和解と遷宮について宮城鐵四郎役所に届けた。以上の経過をたどって、遷宮をめぐって再燃した円永坊と豊前正の差しもつれは、円永坊の全面勝利で決着した。

村の秩序と安寧を維持して村運営を担う村役人にとって、氏神の祭祀は重要な役割をもった。直接に神事を司る禰宜鈴木豊前正は、別当寺円永坊の羈絆を脱して自立化を図ったのであるが、その主張は村役人の認めるところとならなかった。結局、村役人は豊前正には詫状を、円永坊には願書の取り下げを求めて、争論を収拾させたのである。

この時、円永坊が証拠として提出した文書のうち主要なものは、遷宮に関わる内容からみて、「【史料2】将軍足利義晴判物」を指すと考えられる。「【史料1】将軍足利義晴判物」の本文は、天文九庚子卯月十七日今川義元判物（史料3）とほぼ同じであることから、これが【史料1】の作成の根拠になったものとみられる。【史料2】のもととなる今川義元判物があった可能性がないわけではないが、【史料1】の根拠となった今川義元判物には「依レ為二供僧職一」とされていたのに対し、【史料2】では「依レ為二別当職一」、遷宮祭礼などを永くつとめるよう、命じている点に眼目がある。

料紙と筆跡が同じ【史料1】と【史料2】は、吉永八幡宮遷宮をめぐる円永坊と禰宜鈴木豊前正との争いが文化一三年（一八一六）にいったん内済したのち、天保五年（一八三四）に再燃したさい、円永坊によって天文九庚子卯月十七日今川義元判物（史料3）をもとに作成された可能性が高い。利右衛門自治会所蔵文書のなかに、この今川義元判物の三点の写があり、そのうちの一点の奥書に、「天文九年ゟ天保三年迄凡及二百八十三年一」と書かれているのは、天保年間の吉永八幡宮遷宮をめぐる争いにあたって、円永坊が証拠文書としてこの今川義元判物の写を作り、さらに証拠としての効力を高めるため、時の室町幕府「将軍足利義晴判物」を作成するにいたったことを示唆していると考えられる。

この今川義元判物と二通の「将軍足利義晴判物」を比較すると、義元判物にはない吉永郷「惣社」が【史料1】に、同じく「遷宮祭礼」が【史料2】に記載されており、遷宮争論にさいして、これら二点の根拠を強調することが、円永坊による偽文書作成の最大の狙いだったのである。

吉永八幡宮の創建については、大同元年（八〇六）と伝えられているが[36]、確かな史料は見出せない。慶安二年（一六四九）八月二四日徳川家光朱印状により、八幡宮・熊野権現両社領として七石五斗が認められている。『掛川誌稿』には、朱印地二石の熊野権現の前に、朱印地五石五斗、拝殿四間半、祠九尺、祭礼毎年八月一五日、神主鈴木豊前の天満宮を載せるが[37]、これは八幡宮の誤りであろう。なお、熊野権現は吉永村の氏神として崇敬され、もと上島にあったが、のち八幡宮と相殿となり、別当職は円永坊がつとめた[38]。

吉永村周辺に八幡宮が多く鎮座し、しかもその別当を真言宗寺院がつとめていたことは注目される。藤守の大井八幡宮（別当法雲寺廃絶後は円永坊、前述）、下江富（別当大満寺）、上泉（別当観音寺）、上新田（別当大満寺）などがそれにあたり、これらの寺院はいずれも高野山普門院末であった。田遊びで知られる藤守の大井八幡宮は延暦年間（七八二～八〇六）の創建と伝えられる。(39) 八幡宮の勧請と組織化についての分析は、残された課題である。

吉永八幡宮の遷宮争論をめぐって円永坊から訴えられ、敗れた鈴木豊前正がいつから八幡宮神職であったかははっきりしない。宝暦七年（一七五七）一二月、吉永村海岸の八幡宮などの朱印地と直轄領林との境分に関する一札にみえる八幡宮神主の「五郎太夫」は鈴木豊前正の先祖と考えられている。(40) 慶安二年（一六四九）八月二四日徳川家光朱印状では、吉永八幡宮・熊野権現両社領七石五斗の寄進と合わせて、「禰宜屋敷」の諸役も免除されており、この時点での地位は禰宜であった。(41)

こののち、先にあげた文化一三年（一八一六）八月の内済に関わる文書では、鈴木豊前正や鈴木豊前を名乗っているから、宝暦七年（一七五七）以後に鈴木の姓と豊前正の受領名を得たことになる。これらは兼帯していた熊野社ゆかりの鈴木姓と、宇佐八幡宮所在の豊前国が配慮されたことによる命名とみられる。

天保五年（一八三四）四月の遷宮争論のさい、鈴木豊前正は、先年吉田殿にて「神道伝法等」を受けたことを主張した。吉田家の神道裁許状を獲得するには多額の費用を要し、村の支援なしには困難であった。豊前正は争論の過程で、神道裁許状を提出した形跡はなく、豊前正は吉田家と何らかのつながりをもとうとしたようであるが、「神道伝法等」の内容は明らかでない。高埜利彦氏によれば、吉田家が全国の神社や神職を支配するうえで、大きな梃子になったのは、寛文五年（一六六五）の諸社禰宜神主法度であったが、実際にはその組織化が大幅に進んだのは、文化年間（一八〇四～一八）以降の六〇年間であった。(42) 吉永八幡宮の鈴木豊前正の場合も、その該当例とみてよいであろう。駿河国の場合、天文一八年（一五四九）二月二八日浅間社兵部大輔村主泰貞の例(43)や、青山八幡宮の石橋三郎左衛門の依頼をうけて神龍院梵舜がとりついだ、官途を中務少輔とするなどの神道裁許状の発行が早い事例として知られるが[44]、遠江・駿河両国における吉田家の神社・神職組織編成を明らかにする作業はほとんど進められていない。

なお、弘前藩の神職編成については、百姓身分の禰宜から、太夫号や苗字を名乗り、さらに進んで吉田家に入門して受領名をもらった事例が指摘されている[45]。鈴木豊前正もまた同様の事例と考えることができる。井上智勝氏の見解によると、近世における神道裁許状の機能は、祭祀者の地位確定に収斂され、神職身分を確保する手段となったのであり、神職は吉田家の許状による身分保障を得て、在地社会における自己を中心とした祭祀秩序を形成した[46]。

吉永八幡宮の鈴木豊前正の類例として、安芸国山県郡において、俗名・太夫号を用いていた「神職的存在」も、文化・文政期（一八〇四〜三〇）にはおおむね吉田家による組織化を経て、専業神職として身分確立をとげていったとする指摘[47]も参考になる。

おわりに

江戸時代後半、吉永八幡宮の遷宮、ひいては祭礼などによる利権をともなう経営の主導権をめぐる紛議のさい、天文九庚子卯月十七日今川義元判物（史料3）をもとにして新たに作成されたと考えられる【史料1】と【史料2】の「将軍足利義晴判物」は、在地における別当寺円永坊の従来からの地位を基礎として（文化一三年〈一八一六〉の内済のさい、遷宮が円永坊・村方の取り計らいとされた点に注目）、円永坊の主張を認める効力をもったのであり、文化財としての意味とは別に、円永坊と吉永八幡宮の歴史を考えるうえで、重要な史料である。

慶応四年（一八六八）九月、円永坊が駿府藩島田郡政役所に提出したと考えられる「御尋ニ付以書附奉申上候」には、先に掲げた朝比奈義秀による円永坊開創縁起、徳川将軍九代の朱印状をあげ、宗門については、「古義真言宗紀州金剛峯寺普門院末、触頭東都芝弐本榎学侶在番触下」と述べている。[48]「東都芝弐本榎」は江戸芝二本榎の学侶方触頭を指しており、円永坊がその触下にあったことを示している。この書附の最後は、「此外今川義元公・伊奈備前守殿之御判物有之候」でむすばれている。この「今川義元公（中略）御判物」こそ、本章初めに掲げた【史料3】天文九庚子卯月十七日今川義元判物を指しており、円永坊はその存在に気づいていたのであったが、日の目をみることはなかった。また、二通の「将軍足利義晴判物」をあげなかったのは、偽文書を作成した本人のみがもつ一種のうしろめたさがあったからであろう。

円永坊は、吉永八幡宮の祭祀をめぐる神主との争論で勝利を収め、従来の権益を維持したものの、すぐそこに足音の迫っていた幕末・維新の激動を乗り切ることはできなかった。明治六年（一八七三）、円永坊は無禄・無檀・無住のゆえをもって廃寺となった。[49]神仏分離とそれにともなう廃仏毀釈の形態は多様であり、地方権力のあり方や地域の宗教状況によって、「神社」についての認識は異なっていた。[50]それらについて論ずる準備はないが、本章で明らかにした事例は、多様性の一例を提供している。

神仏分離の過程で、境内にあった薬師堂の薬師如来は、明治九年（一八七六）長楽寺に移し、仏体・器具などは榛原郡小夜中山久遠寺に真言宗の縁故をもって送られたという。久遠寺は久延寺の誤記とみられる。東海道小夜の中山沿いにたつ久延寺は、慶長年間（一五九六～一六一五）の真言宗僧宥弁によって、真言宗に改められたといい（『掛川誌稿』）、円永坊と同じ高野山普門院末であった。明治六年九月一五日に開校した小学校は、初め円永坊を校舎とした。[51]現在、往時を偲ぶよすがは、旧地に建てられた薬師堂と、やや離れたところにある歴代住持の墓を残すのみである。

（1）　中村直勝「偽文書ものがたり」（『古文書研究』創刊号、一九六八年、三〇頁）。

（2）仲村研「中世における偽文書の効用」（『日本歴史』三〇三、一九七三年）、のち「保内商業と偽文書」と改題して『中世惣村史の研究』（法政大学出版局、一九八四年）に収録。
（3）網野善彦「偽文書について――その成立と効用――」（『書の日本史』四、平凡社、一九七七年）、のち「偽文書の成立と効用」と改題して『日本中世の非農業民と天皇』（岩波書店、一九八四年、五二七頁）に収録。
（4）近年の成果として、久野俊彦・時枝務編『偽文書学入門』（柏書房、二〇〇四年）、山本直孝・時枝務編『偽文書・由緒書の世界』（岩田書院、二〇一三年）などがある。
（5）『県記録選択『大井川下流域の大名行列・奴道中』記録作成事業報告書　吉永八幡宮大名行列』（大井川町教育委員会生涯学習課、二〇〇一年、一二一～一二三頁）では、これら二点について、「偽『足利義晴判物』」として紹介し、「学者の研究によれば戦国期判物の形式・料紙と違い偽書とされている」と指摘されている。以下、『吉永八幡宮大名行列』と略記する。
（6）『静岡県史』資料編七中世三（一九九四年、一五一八号）。
（7）前掲注（6）『静岡県史』資料編七中世三、一五二八号。
（8）前掲注（6）『静岡県史』資料編七中世三、一五三八号。
（9）前掲注（6）『静岡県史』資料編七中世三、一四八八号。
（10）前掲注（6）『静岡県史』資料編七中世三、一三九八号。
（11）前掲注（6）『静岡県史』資料編七中世三、一六〇七号。
（12）前掲注（6）『静岡県史』資料編七中世三、一六二八号。
（13）『静岡県史料』第三輯（一九三四年、七九四頁）。
（14）杉本戸一郎・池谷好編『吉永村誌』（一九一三年、五六頁）。
（15）前掲注（5）『吉永八幡宮大名行列』一二五～一二六頁。
（16）『大井川町史』上巻（一九八四年）、下巻（一九九二年）。
（17）南禅寺文書建武元年七月十二日後醍醐天皇綸旨案（『静岡県史』資料編六中世二、一九九二年、四五号）。
（18）『静岡県史』通史編一原始・古代（一九九四年、八四〇～八五五頁、石上英一氏執筆）。石上氏は、初倉荘を大伝法院

領とする従来の通説の誤りをただし、美福門院以後の本家や、一三世紀後半にいたる領家の伝領についても叙述している。

(19) 黒田日出男「中世後期の開発と村落」(『歴史学研究』三四六、一九六九年)、のち「中世後期の開発と村落諸階層」と改題して『日本中世開発史の研究』(校倉書房、一九八四年)に収録。

(20) 前掲注(16)『大井川町史』上巻、二三七〜二四一頁。

(21) 伊奈忠次により実施された吉永村検地については、神崎彰利「近世前期村落の動向——遠江国榛原郡吉永村を中心に——」(『明治大学刑事博物館年報』一一、一九八〇年)にくわしいが、この時点での吉永村の耕地は、田一一町二反歩余、畠八町五反余であった(本多隆成「遠江国初倉荘の村落構造」『人文論集』三三〈静岡大学人文学部、一九八三年〉、のち『近世初期社会の基礎構造——東海地域における検証——』〈吉川弘文館、一九八九年、六〇頁注24〉に改稿収録)。

(22) 前掲注(5)『吉永八幡宮大名行列』一二四〜一二五頁。

(23) 前掲注(16)『大井川町史』下巻、七八二〜七八五頁。

(24) 地名の南島は上島の誤りであろう。また高木氏知行については、吉永村の北西部に采地があったが、円永坊のある上島を領有したのは宮城氏であり、宮城氏知行の誤りである。

(25) 山中豊平／山中真喜夫編『遠淡海地志』(一九九一年)。

(26) 前掲注(16)『大井川町史』上巻、二四七〜二四八頁。前掲注(5)『吉永八幡宮大名行列』一二三頁。

(27) 関口宏行「駿河先方衆朝比奈駿河守信置——その壮絶な生涯——」(『駿河の今川氏』三、一九七八年)。黒田基樹「武田氏の駿河支配と朝比奈信置」(『武田氏研究』一四、一九九五年)、のち『戦国期東国の大名と国衆』(岩田書院、二〇〇一年)に収録。

(28) 大石泰史「妙本寺文書から見た戦国時代——個別文書の具体的検討——」(『千葉史学』二四、一九九四年)。

(29) 遠藤英弥「今川氏家臣朝比奈親徳の政治的立場」(『駒沢史学』七七、二〇一一年)。

(30) 前掲注(5)『吉永八幡宮大名行列』一二一〜一二二頁。

(31) 拙稿「遠江久野氏の成立とその歴史的環境」(『久野城』Ⅳ、一九九三年、本書第三篇第九章)。

(32)　前掲注(5)『吉永八幡宮大名行列』一二五～一二九頁。以下、争論に関する史料は、すべてこれによる。なお、読点と返り点を改編した。
(33)　『中泉代官』(磐田市誌編纂委員会、一九八一年、一一四頁)、『大井川町史』中巻(一九九一年、四九三頁)。
(34)　『佐倉村誌』(『静岡県小笠郡浜岡町史資料編別冊二　旧村地誌　佐倉村誌・朝比奈村郷土誌』浜岡町、二〇〇二年)。
(35)　『静岡県史』通史編四近世二(一九九七年、九六三～九六四頁、若林淳之氏執筆)。
(36)　前掲注(14)『吉永村誌』六一頁。
(37)　斎田茂先・山本忠英編『掛川誌稿』(名著出版、一九七二年、五二七頁)。
(38)　前掲注(14)『吉永村誌』六一頁。
(39)　『静濱村誌』一九一二年。
(40)　前掲注(13)『大井川町史』中巻、六八二～六八三頁。
(41)　前掲注(13)『大井川町史』中巻、一二三頁。
(42)　高埜利彦「江戸幕府と寺社」(『講座日本歴史五　近世一』東京大学出版会、一九八五年)、のち『近世日本の国家権力と宗教』(東京大学出版会、一九八九年)に収録。
(43)　井上智勝『近世の神社と朝廷権威』(吉川弘文館、二〇〇七年、第二章「神道裁許状と諸社禰宜神主制度」五三頁)。
(44)　『舜旧記』慶長十八年十月七日条。
(45)　田中秀和「近世の領国地域における藩制と宗教」(『歴史学研究』六七七、一九九五年)、のち「宗教者組織と霞(掠)──地域社会の宗教的環境──」と改題して、『幕末維新期における宗教と地域社会』(清文堂出版、一九九七年)に収録。
(46)　前掲注(43)井上智勝「神道裁許状と諸社禰宜神主制度」。
(47)　引野亨輔「近世中後期における地域神職編成──『真宗地帯』安芸を事例として──」(『史学雑誌』一一一─一一、二〇〇二年)。今村直樹氏の御教示による。
(48)　前掲注(5)『吉永八幡宮大名行列』一三〇頁。
(49)　前掲注(14)『吉永村誌』五六頁。

（50）　阪本是丸「神仏分離研究の課題と展望」（『神社本庁教学研究所紀要』一〇、二〇〇五年）、のち『近世・近代神道論考』（弘文堂、二〇〇七年）に収録。
（51）　前掲注（14）『吉永村誌』七一頁。

余篇

小杉榲邨の幕末・維新——近代化のなかの国学——

はじめに

阿波出身の国学者小杉榲邨《すぎむら》は、明治二八年（一八九五）五月、多年にわたる美術史研究の成果を『大日本美術史』巻之一として、みずから主唱者のひとりとなり創設した大八洲学会から出版した。この書は本文六八枚、書法のみに紙数が使われ、以後継続出版の構想は実現されなかったのであるが、榲邨の主著のひとつとなった。そして日本美術の基礎に「誠心の精美」を見出すにいたった榲邨にとって、さまざまな意匠の発現したものこそ、愛惜してやまない、「気韵高く、品格の佳しき、神妙の趣致」である書道をも含む美術諸分野の作品であった。

教部省出仕以来交友があり、一歳若い帝国大学文科大学教授栗田寛は本書に叙を寄せ、榲邨の学問と人格とを評して次のようにいう。「わか友小杉榲邨ぬしハ、古学に志ふかく、古器古物を好ミて、之か研究を加へ、また特に古のミならす、今をも能知れるか故に、古の事をひきて、今の人を導きものせむとするなり」と。

本篇は、幕末・維新の激動期を生きた榲邨七七年の生涯をふりかえって、父や師、同学の士らとの交友を通じて深められていった学問の方法の形成過程や特徴について分析することにより、榲邨にとっての幕末・維新の激動期の意味を問うものである。それはまた、近代化のなかで榲邨と国学のはたした役割を明らかにするための基礎作業でもある。(1)

一　阿波在住期の学問的環境

小杉榲邨は、天保五年（一八三四）一二月三〇日[2]、徳島城下の住吉島（現、徳島市住吉）に生まれた。父は徳島藩主蜂須賀家の中老西尾氏に仕える小杉五郎左衛門明真《あきざね》、母は稲井氏出身の縫子。西尾氏の上屋敷は、徳島城から東へ、福島川に架かる福島橋西詰にあり、住吉島に下屋敷があって、小杉家の人々は下屋敷のなかの長屋に住んでいたとみられる[3]。

幼年以来の通称は五郎で、明発を名乗り、真瓶・杉園・榲邨と号した。榲邨は明真の長男で、こののち、弟忠祐、妹とめ・園子が生まれる。忠祐は母方の稲井姓を名乗っており、稲井氏の養子に迎えられたものとみられ、幕末には淡路の海上警備の任につき、また上洛して警衛にあたったこともあった。

榲邨の手習い師匠は、親戚の梅津連によると、徳島城下福島に住む林春丈で、小杉家の人々はみな手筋がよく、妹のとめは手習いに行かず、榲邨の書いた手本によって立派な手振りをみせたという。このとめと、徳島の森瑞良とのあいだに明治二年（一八六九）一一月一〇日に生まれた美二郎は、のちに実子のなかった榲邨夫妻の養子になった[4]。榲邨の養子に迎えられた美二郎が学問の関心のまったく異なる養父の学統を継ぐことはなく、そのことが、経済的理由に加えて、榲邨没後における厖大な蔵書散佚の大きな要因になったとみられる。

幼少より読書や執筆を好み、もの学びを始めた榲邨の最初の師は、父明真であった。榲邨の『幽囚日詠』によると、慶応三年（一八六七）三月一七日、知人らが集って徳島の小杉家で明真の七〇歳の年賀の式が催され、それに先立つ誕辰の正月六日、うちうちに祝いが行われているから、寛政一〇年（一七九八）正月六日の生まれということになる。兄の倉橋貞幹は、榲邨の言動を諌めることもあったが、文久三年（一八六三）八月八日に没した。

明真は初め昭真を名乗り、西尾氏より禄三〇石を給されていた。和漢の学にくわしく、和歌は有賀長基の門人となって、詠歌大概の秘伝を伝授されたといい、みずから榲邨に詠歌・歴史などを教えた。(5)

（1） 榲邨と歌学

近世地下歌壇で確固たる地位を築いた有賀家は長伯に始まり、長因・長収・長基・長隣と続いて歌学を業とした。長伯は松永貞徳流を継承した望月長孝、続いて平間長雅に学び、啓蒙的な歌学入門書や歌語辞典・歌枕辞典などを相次いで編集・刊行して、歌の普及指導に大きな役割をはたし、多数の著書は広い読者層に受け入れられ、永い生命をもち続けて普及した。(6)

徳島藩主蜂須賀氏歴代のうち、三代光隆は堂上歌壇の飛鳥井雅章に師事して、歌集『星螢』を編纂、四代綱道も雅章に学び、歌集『愚詠草集』『蜂須賀の集』を編集した。(7) さらに五代綱矩の子吉武は中院通躬に学ぶとともに、地下歌壇で勢威のあった有賀長伯を京都から二度招いている。享保九年（一七二四）、有賀長伯は吉武の招きによって徳島城西の丸で歌会を催しており、有賀家の歌風は徳島にもおよんでいた。徳島藩士のなかには、長伯の師である望月長孝や平間長雅に師事する者が多く、長雅没後、彼らは長伯のもとに移ったと考えられる。なお、元禄（一六八八〜一七〇四）・宝永（一七〇四〜一一）頃の徳島藩には、榲邨の主人西尾氏の先祖にあたるとみられる、西尾数馬安言・守真らを含む四〇名内外が歌人として認められる。(8)

榲邨は一八歳の時、父明真の勧めによるのであろう、有賀氏歌道後見上田元彊の指導をうけ、作案巧者の評価を得て、父から詠歌大概の秘伝を授けられたが、のち「聊か感する所ありて、二十歳ばかりの頃看破しての後、安政四年今の本居豊穎先生の門に入」り、有賀家の門を離れている。(9)

静岡県立美術館所蔵「旧藤江家蔵小杉文庫」には、長伯の和歌懐紙、長収の和歌短冊、徳島藩御用絵師渡辺広輝の紅梅月影図に長基が和歌賛を加えたものや、長基の和歌詠草が収められている。また檻郁は貞享二年（一六八五）三月、平間長雅筆授の『詠歌大本秘決』を所蔵していた(10)。これらは檻郁若き日の歌学びの状況を示しているし、有賀派歌人としての自負をもっていた父の収集品であった可能性も考えられる。元治二年（一八六五）四月一〇日、檻郁は森瑞良（妹とめの夫）とともに、八万村（現、徳島市八万町）にあった家老長谷川氏の別荘で文人らがしばしば訪れたという延生軒を訪ねている。ここの歌仙の間は元禄年間（一六八八～一七〇四）に平間長雅が仮寓したところで、見学のさいには「心せよ」と父明真から聞いたことを『幽囚日詠』に書きとめていることは、明真にとって有賀派の祖長伯の師である平間長雅が、みずからの詠歌を支える基盤になっていたことを示しているものであろう。

（2） 檻郁と書

後年、書家としても名をなした檻郁は、幼年の頃は、父明真の筆意をまねて持明院流であった。また明真は、持明院流の能書家で近世屈指の蔵書家としても知られた屋代弘賢の詞道を学び、敬意を寄せていた。一一代徳島藩主治昭に登用されて藩儒となり、天明七年（一七八七）幕府儒者として抜擢された柴野栗山を通じて、弘賢は一二代藩主斉昌の知遇を得た。没後、五万冊にのぼったと伝えられる弘賢の蔵書「不忍文庫」の多くは、蜂須賀家に譲られており、さらに栗山の遺言によって徳島藩に寄贈され、のちに「万巻楼本」と呼ばれた厖大な蔵書とともに、「阿波国文庫」の大半を構成することになった。

檻郁は、弘賢の編著になる浩瀚な『古今要覧稿』が、明治三八～四〇年（一九〇五～〇七）にかけて国書刊行会から出版されたさい、その第六巻に「源弘賢翁小伝」を寄せている。そのなかで、弘賢について、

公務の余暇、つねに書斎にこもり、冬は火桶を置ず、夏は団扇をつかはず、一途に要書にまなこをさらし、

或は書札に心をゆだね、又毎朝水浴を怠らず、八十の老齢に及ぶもなほしかなりしといひ伝ふ、

と記したのは、調査研究に対する信念や蒐書の方法など、学者としての弘賢の生き方に強い尊敬と共感を寄せたものとみるべきであるし、父明真が敬意を払った弘賢の伝記を執筆するにいたった誇りも込められていると考えられる。

また榲邨は、一四代藩主茂韶《もちあき》が旧藩士のうち、篤学者の希望により、およそ一〇部を限って、不忍文庫本・万巻楼本を頒与したさい、みずからも不忍文庫本・阿波国文庫本数部を拝領した、と述べている。現に東京国立博物館や大東急記念文庫などが所蔵する榲邨旧蔵書のなかに、「不忍文庫」「阿波国文庫」の蔵書印が捺されたものがある。

榲邨はさらに「小伝」のなかで、自身が弘賢の記した「日々の事を随見随録せし、今の手帖ともいふべき簡易の記事七十本」、「享和元年に、その祖先の人々をまつれる仮名の祭文」、越智定政が裃姿で小刀を佩いた師の弘賢を描き、弘賢没年の天保一二年(一八四一)に幕府儒官林家の賛を加えられた「照影」の三点を所蔵していることも書きとめた(11)。静岡県立美術館所蔵「(藤江家旧蔵)小杉文庫」には、弘賢の和歌短冊二点と書状一点があり、いずれも榲邨により掛幅装に仕立てられている。

このほか、弘賢が蜂須賀斉昌に阿波産の硯を所望し、喜んだ斉昌が那賀郡産の鎧石で作った丸硯を鳴門の海辺の老松で作った蓋に入れ、「なるとの旭」と銘をつけ、蓋には画師鈴木芙蓉が荒波を描き、河野流左が彫ったものを贈り、弘賢愛翫の品になった。没後、それは「不忍文庫」とともに阿波に戻ったが、いつしか榲邨の手に帰している(12)。

（3） 榲邨と漢学

榲邨は一二歳より徳島藩学の寺島学問所に入った。学問所は寛政三年（一七九一）四月、寺島巽浜の塀裏御用屋敷に建設され、寛政一二年（一八〇〇）頃、寺島本町に移されて、明治二年（一八六九）にはのちに述べる通り、徳島城西の丸に設立された長久館に継承された[13]。

学科は漢学のみで、朱子学を主としており、徳島藩学に国学はとりいれられなかった。教員は儒者八人、素読方九人、調方四人などからなり、学生は素読生一〇〇人余、質問生三五人、輪講会読生一五人、聴講生七〇人で、学校に納める費用は無料であった。教科書は四書五経を中心に、輪講は五と一〇の日に『孟子』、会読は四と九の日に『春秋左氏伝』、講義は二の日に『小学』、七の日には『論語』と『孟子』が繰り返されていた。素読は、榲邨が入学した頃は、朝五つ時より九つ時まで行い、前日学んだ所を調方の前で復読したのち、素読方について学び、質問は素読方に尋ねる規定であった。

榲邨は晩年まで漢籍を蒐集することはなかったが、静岡県立美術館所蔵「藤江家旧蔵小杉文庫」には、多数の国学者の和歌短冊や和歌懐紙などに混じって、徳島藩儒でのち幕府儒官となって名声高かった柴野栗山の二行書や、その弟貞穀の子で、実子のなかった栗山の養子となって藩儒を継いだ碧海の二行書をはじめ、藩儒柴秋邨の七言絶句、榲邨と交友のあった徳島藩御用絵師守住貫魚の美人図に藩儒高雲外が賛を加えたものなどがある。これらが収集された理由は、のちに国学に転じた榲邨が、若き日に受けた学問所での学恩を深く胸底にとどめたことによるものであろう。

（4） 榲邨と国学

榲邨は一五歳で元服して、徳島藩中老西尾志摩安福（数馬とも、号は其拙）に仕えた。西尾志摩は文学や書をよくし、明治二四年(一八九一)九月二五日に没した。徳島市福島一丁目の慈光寺墓地に、最後の藩主蜂須賀茂韶による題額、榲邨撰書になる石碑がある。(14)榲邨は安政元年(一八五四)には西尾氏の江戸詰めに随行して、一年ほど江戸に滞在した。この時期は、アメリカペリー艦隊の再来航、日米和親条約調印、下田・箱館開港など騒然とした状況を呈していて、榲邨は公武の動静や、諸藩の近況を見聞して、国体の尊厳をわきまえ知るには、神典歴史に通じる必要を痛感し、同四年(一八五七)、江戸赤坂紀伊藩邸内古学館の本居豊穎《とよかい》に名簿を提出して門人になるにいたった。これが国学者榲邨の出発点となる。榲邨が明治三四年(一九〇一)九月に著した「徴古雑抄編纂の趣旨」によれば、江戸出役を好機に、「いちじるしき古典家の門をたゝき」、正史・雑史・日記などを渉猟し、また来往の途次、京都や大阪の名家にも立ち寄って探究心を高めていった。

和歌山藩一〇代藩主徳川治宝《はるとみ》は好学の士として聞こえ、教育・学問・文化の振興に尽くした。(15)治宝は寛政一二年(一八〇〇)、本居宣長を和歌山に招聘し、進講させた。宣長没後、養嗣子の大平は治宝の命をうけて和歌山に移住、本居国学の普及に功績をあげ、文化三年(一八〇六)、治宝の指示により開始された紀伊続風土記の編纂に関わった。大平の養嗣として学統を継いだ内遠《うちとお》も紀伊続風土記の編纂にあずかっている。

幼少の一三代藩主慶福(のち一四代将軍)の傅《ふ》として勢威のあった家老で新宮藩主の水野忠央《ただなか》は、『丹鶴叢書』を編集するなど国学に関心を寄せており、その興隆のため、安政元年(一八五四)に開いたのが古学館であった。ここでは内遠が河内の村田春野とともに教授として国学を講じた。翌年に没した内遠の跡は、長子で二二歳の豊穎が継いだ。

榲邨が古学館に入門した時、豊穎や村田春野のほか、教授として江戸出身で内遠門人の小中村清矩《きよのり》がおり、小中村は文久二年(一八六二)には頭取に就任している。榲邨は古学館に入門した安政四年(一八五七)の八月、「玉屋本日本紀」書写のため、姫路の秋元安民の紹介によって水戸の久米幹文と初めて対面している。(16)久米は内遠や平田篤胤らに学んでおり、古学館で楹郁が久米のほか、清水浜臣や伴信友らと交友のあった江戸の黒川春村らと結んだ親交は、交友の範囲を一気に広げる縁となり、楹郁の後半生に大きな意味をもつことになる。

慶応三年（一八六七）四月、西尾氏から父明真に託された楹郁宛の書状七通が、使者によって蟄居中の楹郁に届けられた。それらは、江戸に住む小中村清矩から「うちかたらひ置し考証の事ども相談の文」（文久三年〈一八六三〉二月付）とその催促文（同年五月付）、江戸に住む久米幹文から借覧の書籍は、伴信友について国学を修めた姫路藩の秋元安民に転貸した旨の書状（同年四月付）、京都滞在中の大多喜藩士で系譜研究を進めていた鈴木真年の「阿波国の忌部の系統の事を論しつる、其論のいまだしかりしを再考して、意見を問ふなる文」（同年五月付）と安否を尋ねる書状（同年九月付）、岡山出身で秋元安民と交友のあった大阪浪人の萩原広道の「古語拾遺の文中、わが阿波国に係れることの意見を試みたるをかたらひ越す文」（元治元年〈一八六四〉四月付）、秋元安民から久米幹文より転借した書籍を返却した旨を記した書状（文久三年一〇月付）であった。これらの書状は、楹郁が古学館で築き上げた小中村らとの交友が、その後も続いていたことを示している。

楹郁の交友について詳論する余裕はないが、書籍の貸借、書簡による議論などにみられる交流の広がりについては注目する必要がある。小中村との関係は、のちにも述べるように親密であり、小中村が明治二八年（一八九五）一〇月一一日に没したさい、楹郁は誄《るい》のなかで、「師の如く父兄の如くに敬ひ」[17]と述べた。

楹郁の学問形成にとって、阿波における国学の伝統はきわめて重要な役割をはたした。阿波国学の始祖とされるのは大田豊年である。大田は本草学から始まって古典や歴史の研究に入り、村田春海の門人、大江広海に国学や和歌を学び、本居大平に入門して、徳島で国学と和歌を講じた[18]。

大田とほぼ同じ時期に生きた永井精古《きよひさ》も重要な人物である。永井は阿波大麻比古神社の神官で、賀茂真淵高弟の伊勢内宮の神官荒木田久老に『万葉集』『日本書紀』などを学び、『阿波国式社略考』などを著し、阿波における神典講習の主唱者となった。門人に早雲高古・新居《にい》正道らがいる。新居は本居内遠に国史や和歌を学んだ徳島藩中老、坪内重岡の門人で、榲邨も親しく教えをうけた師であった。新居は明治二年（一八六九）、徳島城西の丸に開設された長久館の助教として国学を講じ、のち大麻比古神社の禰宜をつとめた。本居大平・内遠に学んだ早川清魚は、一二代藩主斉昌より国学と和歌によって寵遇され、のち大麻比古神社禰宜をつとめた。

榲邨が学問の方法や資料の収集で大きな影響をうけた人物は、本居宣長・大平に学んだ野口年長である。野口は広い研究関心をもち、蔵書家としても知られ、阿波の地理・歴史などを実地に調査した。主な著書として、永井精古の『阿波国式社略考』を批判継承した『阿波国式社略考論』、藩主の命をうけて藩内の物産・地理・歴史などを叙述した『廻在録』がある。榲邨は嘉永末年から、東大寺領新島庄絵図などの野口の蔵本や写本を借りて書写している。榲邨は五四歳年長の野口を「師翁」「老翁」と呼んで尊敬し、後年、

年長ハ安政五年に七十七、八にて身まかりぬ、若かりし頃より我国典に心を尽し、わきて本国《アハノクニ》の古昔《イニシヘ》を何くれ篤く考へ覈《アカ》し、榲邨幼稚のほとより、此翁にこと〱ひ聞て、少しく我皇国の大道をふミ見そめし師翁なれば、つねに言行などよくうかゞひをり、実に明治六年八月、御本社の御所在を認《ト》め得しハ、全くこの翁の積年苦辛《トシマネクカラウ》して、とさまかうさま考へ置しとくによれるなりけり、(19)

と回顧している。

池辺真榛《まはり》は萩原広道に国学を学び、のち本居内遠に入門した。榲邨より四歳年長で、榲邨は先輩として敬意を表した。真榛は阿波の記録を広く調査し、研究分野は歴史・神道・制度・国文学などにわたり、著書に『古語拾遺新註』『栄花物語略註』などがある。藩士樋口藤左衛門の家臣であり、陪臣としての勤皇活動の罪を問われて、文久三年（一八六三）、榲邨とともに禁獄され、病没した。榲邨はのちに述懐して、次のように表現した。

歴史典故のかたはしを弁へむとの志を立て、怠らざる決意は、先輩重岡・真榛等の指教による所なり。実に

真棆ハ、一時の俊才にして、著述はた何くれあり、平生浪華の萩原広道、姫路の秋元安民等と深く交際して、かたみに古典国文の評論研究を事とせしも、時勢変遷のをりに際し、事にあたりて死去せしは惜むべし、[20]

榲邨の親しい友人、松浦長年は、野口年長に国学を学び、長久館で榲邨や早雲高古とともに、阿波国続風土記の編纂に関わり、のち東京に出て、明治八年（一八七五）四月に太政官正院歴史課を改称した修史局の第四課に出仕しており、東京でも二人の交友は続いたとみられる。榲邨が和歌山藩の古学館に入学したのは、坪内重岡ら本居国学を学び、内遠とつながりある人々の推薦によるものと考えられるし、また阿波国続風土記の編纂も紀伊続風土記の影響をうけたものであろう。

（5）幽閉・謹慎時の活動

幕末の徳島藩は、慶応四年（一八六八）正月一三日に病没した一三代藩主斉裕と、跡を継いだ茂詔のもとで、危急の激動期を迎えた。徳島藩は、公武合体論の立場をとっており、尊王攘夷運動に走る藩士や志士は藩論に背くものとして弾圧された。文久二年（一八六二）四月、江戸詰めとなった西尾志摩に随行した榲邨は、同志とともに勤王の国論一致を図る活動をみせた。このの ち西尾志摩は知行二一〇〇石に一五〇〇石を加増されて家老となり、仕置に任じられ、一〇月、藩主名代として上京、茂詔も入京して勅命により皇居の守備をつとめた。[21]

榲邨は西尾志摩に先立って京に入り、帰国後、翌年正月より、本居国学の先輩、池辺真棆ら同志を語らい、志士の周旋をいっそう活発に行った。その結果、正月二四日、榲邨は「わか身陪臣たるの卑賤をわすれて、とり〳〵執り行ひし軽挙の罪をいたく譴責」（『幽囚日詠』）という藩命による禁獄の宣告をうけ、西尾氏邸内の長屋続きにつくられた伏屋に幽閉された。この時、西尾志摩は仕置を罷免、加増一五〇〇石を召し上げられており、榲邨と同じく禁獄された池辺真棆の主人樋口藤左衛門が役儀召し上げの処分をうけたこととともに、家臣の僭越行為

の責任をとらされたものであろう。(22)

二月一六日、榲邨から出されていた書籍一覧願が許され、二〇日になって、最初に蔵書の『古事記伝』『令義解』『万葉集』が父明真の書いた目録とともに差し入れられたことにより、辛苦のなかの幸いとして、専心に研究する榲邨の気持ちを奮い立たせた。そして、『古事記伝』を読んで、本居宣長の多識に感銘し、また『万葉集』を熟読して、中古に古万葉と唱えられたのは、初めの三巻ほどと考えるにいたった。榲邨はさらに続けて、『延喜式』『江家次第』『日本書紀』をとり寄せ、読んでいる。榲邨の宣長に寄せる崇敬は篤いものがあり、九月二九日の正忌には、宣長自筆の「月前紅葉」の短冊を掛幅装に仕立てたものを掲げ、歌を詠んでいる。(23)

櫛も梳らず、湯浴みもしない日々が続いた四月二四日、藤田彪《たけき》（東湖）の『回天詩史』の一節、「発汗淋漓、衣服日汚、臭気衝㆑鼻、（中略）楽年豊於褌衣之間也必矣、亦可㆓一笑㆒」を書きとめている。これは、弘化元年（一八四四）、徳川斉昭が幕府から致仕謹慎の処分をうけた五月、ともに失脚し江戸小石川の水戸藩邸内の小屋に幽閉された東湖に、榲邨がわが身をなぞらえて、その心境に思いを寄せたものであろう。このあとに続けて、

　　けつりせぬねミたれ髪にあかつきの　かひなくあしき名をやたちなむ

など物名（隠し題）三首を詠んでいる。

元治元年（一八六四）三月一二日、榲邨はようやく幽閉を解かれ、自宅謹慎となった。この年、号を真瓶から榲邨に改めている。(24)初め父明真の名に因むと思われる明発と称したが、(25)榲邨が安政四年（一八五七）正月に書写した「阿波国板野郡田上郷戸籍断簡」などに真瓶の号がみえている。「徴古雑抄」のなかで、書写年月日の明らかなもののうちもっとも古い嘉永四年（一八五一）六月に、野口年長所蔵本を書写した「ミよしき」（続編阿波上一）の識語にみえる「真みか」は真瓶のことと思われ、一七歳頃には真瓶の号を使っていたことになる。榲邨は、花卉を愛し、とくにみずからの氏にちなむ杉を愛でて、杉園の号も使い、蔵書印にも「杉園蔵」をしばしば

用いた。安政二年（一八五五）三月一五日に書写した「昔阿波物語」に「榲園」と書き、ほかの写本に「寿芸曾能」「須芸曾能」と記すことから、本来「すぎその」と称したものであろう。

榲邨は菅原道真を崇敬しており、幽閉中祭祀が滞っていたことから、早速所蔵の坐像[26]を楠木正成像[27]とともに祭っている。のち撫養《むや》郷（現、鳴門市撫養町）に仮寓したさいも、道真の二月二五日の正忌には、里浦（現、鳴門市里浦町里浦）の天神宮に詣でたり、風雨激しいなか、黒崎村（現、鳴門市撫養町黒崎）に住む江戸屋生仙のもつ道真像を拝しに行ったりしている。親戚の梅津連によれば、東京では毎月二五日、亀戸天神に必ず参詣したという。

この頃、阿波国の古書を収集して、遺存古文書考証を作成し、さらにかつて集めおいたものや、のちに述べる野口年長が書写したもの、松浦年中（長年）や市原栄寿の斡旋により新たに借覧・書写するものなどをもとにして、阿波国風土記名蹟考の編纂を決意し、来訪者を謝絶するほどに勤しんだ。「幼きほどより、本国のふることをあなぐりもとむる癖」（『阿波国徴古雑抄』の冒頭に収める榲邨自筆の編纂趣意書）のあった榲邨は、この時期、精力的に関係資料の収集と書写を行った。榲邨の聞いた阿波の古老の話によれば、天正年間（一五七三〜九二）、土佐の長宗我部元親が阿波に攻め入ったさい、古くから伝来の宝物は焼失したと伝えられており、榲邨は遺存する古文書・記録などの調査によって、こうした古老の嘆きを晴らしたい、という動機があったことを記している。

榲邨は家が薄禄であったことから写字を内職として生計の足しにしていたといわれ、また研究を進める過程で、のちの参考になると考えたものは、古文書・古記録から典籍・図画などにいたるまで、みるにしたがって書写し、注解と校合を加えた。五〇年以上におよぶこれらの旺盛で驚嘆すべき精力的な活動は、「徴古雑抄」とみずから命名した史料集などにまとめられることになる。

父明真が阿波の郷土史に関心をもっていたことが榲邨に影響を与えたと思われ、「徴古雑抄」には明真が文政年間（一八一八〜三〇）に書写した「阿州足利平島伝来記」「阿州三好記大分前書」「阿州三好記弁寺立屋敷割次第」が合綴されている。

（6）撫養での活動

檻郎は三月一六日、自宅謹慎も解かれたが、城府内居住の遠慮を求める西尾氏の内意をうけ、かつて折々に漫遊したことがあって知友も多く、風流士の多く集う板野郡撫養郷北浜（現、鳴門市撫養町北浜）に移ることを決めた。撫養には津があり、古代以来、水上交通や物流の要衝となっていた。また、北浜は近世には塩浜稼の家が多かった。

檻郎は二三日、舟で撫養郷に着き、産土神社境内にある氏子たちが祭礼の折に集まる客殿に仮寓することとなった。二五日、阿部照子と結婚の儀をあげた。照子は天保九年（一八三八）三月一〇日、徳島藩士阿部八十之進の娘として生まれ、兄に一郎がいた。檻郎と照子は結婚の契りをむすんでいたが、檻郎の幽閉によって挙式が遅れていたのであった。檻郎は、式を終えてのち、

けふよりハわれをたすけてもろともに　君と国とに身をつくさなむ

と詠んでいる。この時、照子は名を滋子と改めている。滋子は和歌を詠み、十三絃や月琴を弾き、茶道を嗜み、裁縫に長けた賢婦人との評を得た。

檻郎は西尾氏から在勤の折に与えられた二人扶持・四石の部屋住料を、北浜でも給されたが、もとより十分ではなく、寺子屋を開いて四〇人ほどの子どもを教え、夜学に、若き頃浜田長十郎・児玉治郎三郎らに習った喜多流の謡の手ほどきをした。檻郎と交友のあった井上頼圀は、明治一六年（一八八三）に築地の祝いの席で、日頃厳格な檻郎が浄瑠璃の合邦辻《がっぽうつじ》を語ったことを珍しい感じがした、と追懐している。檻郎卜居の話を聞きつけて、

皇典の講義や和歌の指南を依頼する者が、慶応二年（一八六六）初春までには五〇名にのぼったという。楓邨は知友の招きをうけて詩歌会や茶会などに出席することもあり、北浜から東へ程近い里浦北方にある柿本人麻呂を祭る人麻呂社（人丸神社）で影供《えいぐ》を行っている。(28)父明真が市原栄寿とともに楓邨を訪れたこともあった。この時期、香川景樹門の有力歌人で、近衛家に仕えて勤皇運動に関わっていた薩摩出身の八田知紀とのあいだで書状をやりとりしている。

楓邨が仮の住まいとした神社は山王権現を祭神とし、合殿に、承久の乱後、幕府によって廃された仲恭天皇を祀り、そのうしろに八幡宮や金比羅権現などが合祀されていた。明治三九年（一九〇六）一月、楓邨が北浜から西へ三キロメートルほどの木津（現、鳴門市撫養町木津）に鎮座する金刀比羅神社拝殿前の伊部焼製狛犬記念碑の由来を書いた(29)のは、撫養への仮寓が縁となっているのであろう。

慶応二年三月二〇日、藤井藍田の一周忌を北浜から撫養川を挟んで北西に位置する黒崎の西光寺で営んでいる。藍田は、呉服商綿屋を継いだが、家業に専念せず、画を田能村竹田、詩文を広瀬淡窓・旭荘に学んだ(30)。藩儒の新居水竹・柴秋邨らと交友があり、数か月西光寺に寓居したこともある。志士として活動し、慶応元年（一八六五）五月、新撰組に捕えられ、のち処刑されたという。藍田ゆかりの西光寺での法事には、旧知の柴秋邨も徳島から訪れている。この年一〇月、楓邨は承久の乱後、土佐に配流され、のち阿波に移って没した土御門天皇の陵墓考証のために、里浦の旧跡をめぐっている。

（7）徳島帰参後の活動

明治元年（一八六八）一二月五日、「臨時御下問御用」に備えて楓邨の徳島への呼び戻しを求める藩命をうけた西尾氏より、帰参し父との同居を告げる懇命が伝えられた。楓邨の撫養仮寓中に交友をむすんだ人々や寺子屋で学ぶ子らに別れを告げ、里浦の天神宮、人麻呂社、古城山の妙見菩薩に参詣している。八日、舟で徳島に戻る途中、榲邨は妻滋子から、

ふるさとに綿のころもたちかえる　御供つかふるたもとゆたけし

と歌いかけられたのに対し、「いと〳〵うれし」と、喜びを表している。榲邨は、福島橋の畔の南にあった船着場に迎えに出ていた両親や弟妹、親戚とともに我が家に戻った。およそ三年八か月ぶりの、妻滋子をともなっての帰宅であった。ここに文久三年（一八六三）正月以来の罪晴れて、ようやく「おほやけ人」（『幽囚日詠』）となったのであった。そして、藩制改革の資料として、大宝令についての質問をうけ、撫養仮寓中に調査してまとめた「土御門院天皇御遷幸旧蹟考」が上覧に備えられた。

学問と教育に深い関心を寄せていた一三代藩主斉裕の跡を継いだ茂詔は、明治二年正月、徳島城西の丸の藩主隠居所に寺島学問所を移して規模を拡大し、長久館と称した(31)。

長久館は初め、斉裕が安政三年（一八五六）九月、江戸八丁堀邸に設けた文武学校で、練兵の大鳥圭介、儒学の新居水竹ら教授陣を擁して、水準の高い教育が行われたが、文久二年、藩士が江戸を去るとともに廃止された。徳島の長久館はこの名を継承し、寺島学問所に加えて、三月に洋学校と医学校が移され、五月には国学教場や撃剣場が置かれた。漢学が一等生八人、二等生二〇人、三等生三五人、質問生八〇人、素読生二七〇人、聴講一五〇人の合計五六三人であったのに対し、国学生は二〇人とわずかで、しかも明治四年（一八七一）の廃藩置県までのわずか二年余のあいだではあったが、この時、徳島藩学に初めて国学がとりいれられた意義は大きい。

長久館の設立に尽力したのは、日比野六太夫と新居水竹の二人で、水竹は教授頭（のち学頭と改称）をつとめた。国学の教育には教授・助教・会読方があたり、学生は二〇人、教科書は『令義解』『古事記』『国史略』などで、二と七の日に『令義解』『古事記』などの講義、また定日に『国史略』の会読が行われた。

楹郁はこの年、徳島藩士に列せられて禄高現米七〇石を給され、一一月一七日、国学助教に任じられて、二と七の日に『令義解』『古事記』、五の日に『万葉集』を講義し、地誌編纂掛を兼務して、これまでの学問の蓄積を教育研究に活かすことになる。

翌年五月一四日、楹郁は徳島藩庁より阿波国続風土記編纂掛兼務を命じられ、廃藩置県による編纂中止まで従事した。藩主斉昭・斉昌二代に仕えた京都出身の佐野山陰が、藩命をうけて編集した『阿波志』は、近世阿波地誌のもっとも重要な成果であるが、楹郁は明治三年（一八七〇）一二月、「早雲家奉祀東西両川田村神社旧記」を「阿波志編輯用書類函底ニ探リ得テ謄写」している。これは阿波国続風土記編纂に関わって、『阿波志』編纂のために収集された資料を閲覧・謄写したことを指すものと思われる。

一〇月、徳島藩制改革にともない、楹郁は徳島藩庁権少属となり、戸籍兼社務係をつとめて神社行政にも関わり、さらに少属に進んだ。明治五年（一八七二）一〇月九日には、新たに成立した名東県の少属、さらに権中属兼大講義となり、翌年には徳島藩御用絵師であった守住貫魚に代わって、大麻比古神社（現、徳島市明神町）の宮司を兼ねた。この年の一二月一四日、土御門天皇の摂津水無瀬宮への還遷式にさいし、楹郁は名東県官吏として従事している。

明治四年五月、政府は神社の社格制度をたて、阿波国忌部神社を国幣中社に列した。忌部神社は大嘗祭に麁服などを貢進した阿波忌部氏の祖神天日鷲神を祀り、『延喜式』に載る名神大社であった。しかしその鎮座地については、江戸時代以来論争があり、明治五年三月に設置された教部省では小中村清矩や、のちに入省した大沢清臣・栗田寛が調査にあたっていた。政府はこれを、名東県権中属兼大講義楹郁の上申書と考証書、教部省権大録大沢清臣らの実地報告にもとづき、明治七年（一八七四）、麻植郡山崎村（現、吉野川市）に鎮座する忌部神社と決定した。(32) その後、讃岐の国幣中社田村神社権宮司細矢庸雄らより、美馬郡西端山村（現、つるぎ町）の御所平とする異論が出され、明治一四年（一八八一）に最初の決定は覆されて、西端山村御所平と改定された。しかしなお論争は終わらず、明治一八年（一八八五）、徳島市勢見山に社地が選定され、明治二五年（一八九二）、新たに忌部神社が創建された。

榲邨は稀にみる激しい鎮座地論争の当事者となったのであるが、藤井貞文氏は、「榲邨の考証なるものは、文献的にも、伝承的にも頗る稚拙であり、就中、唯一の重要なる拠証とする正慶元年の契約状なるものは、明治十三年十一月二十二日に古筆了仲・同悦が偽物と鑑定した程、殆ど問題にはならない[33]」と指摘している。

その後、忌部神社所在地論争については、近世において主に麻植郡の寺社および神官のあいだでの問題であったのに対し、近代になると、地域運動として展開し、古代以来の由緒の確認が求められ、その過程に近代国家成立期における地域の歴史意識の覚醒や具体化の軌跡をみる見解[34]や、江戸時代の在村国学者による忌部神社・忌部郷研究の蓄積を明らかにし、論争を諸段階に区分した諸説の再検討が提出されている[35]。

二　教部省入省

明治二年（一八六九）七月、太政官の上に再興された神祇官は、祭祀と宣教の機能を与えられたのであるが、神道家や国学者の長年にわたる念願が実現したのもわずか二年ほどで、明治四年（一八七一）八月八日、神祇省に降格となった。さらに翌年三月一四日、政府は左院建議を契機に、神祇省を廃止して教部省を設置し、祭事祀典は太政官正院内の式部寮、宣教は教部省の所管とされ、以後、教部省が宗教行政や教化をつかさどることとなった[36]。

左院建議の中心となった左院副議長で、文部大輔兼制度局御用掛の江藤新平は、教部省設置後、その御用掛を も兼ね、規則制定にあたった。四月には教部省管轄下に教導職十四級の制度が設けられ、全国の神官・僧侶を任命し、「敬神愛国」[37]など三条の教則による国民教化のための大教宣布運動が開始されて、各地で説教が実施されることになる。

（1）教部省への出仕

教部省の設置は、祭政教一致の原則の著しい後退であり、神道家などの強い不満をひきおこしたが、政府は仏教側をも動員する強力な宣教体制を作るという宗教政策の転換を行った[38]。この時、榲邨は教導職大講義に任じられている。教部省発足二か月後の五月には、神祇官以来、指導的地位にあった教部大輔福羽美静が神道と仏教の協力関係をめぐる議論の過程で免職され、司法大輔宍戸璣《たまき》が後任となった。

教部省が設置された明治五年（一八七二）から八年（一八七五）にかけて、宗教界は大きく揺れ動いたが、七年に有力な神官や国学者を中心にして神祇官再興論が活発に展開されたこともそのひとつである[39]。

名東県権中属兼大講義の榲邨はこの年、教部省に出仕することになり、七月三〇日に着任した。明治七年一月五日付け『東京日日新聞』によれば、榲邨が行幸の節の路傍における立礼の式について、式部寮に伺い出、その結果、「路傍ニ片ヨリ笠帽ノ類ヲ脱シ、立ナガラ頭ヲ低レテ可然ヨシ演達」が下されている。この頃、榲邨は名東県東京出張所詰長をつとめ、忌部神社の所在地に関わる教部省への調査申請のため上京中であった。明治五年三月に教部省が設置されると、神社に関する種々の調査にあたるため、榲邨と旧知の小中村清矩・久米幹文・井上頼圀、六年には栗田寛、七年には大沢清臣ら学者や神道家が相次いで入省している。

明治七年二月二日、榲邨は忌部神社の所在地につき、教部大輔宍戸璣に上申書を提出し、五・六日頃、教部省に出頭して、考証課長小中村清矩に面談、この時、九等出仕栗田寛が応接した[40]。

五月一五日、榲邨は教部省権大録大沢清臣らと忌部神社の実地調査を命じられ、この日、東京を発って、徳島に向かった。七月二〇日より少し前、榲邨の教部省考証課へ抜擢の評決をうけて、教部大輔宍戸璣より名東県令久保断三へ内話があり、二〇日、教部中録転任の指令書が届き、七月三〇日に着任した。忌部神社所在地を榲邨の主張どおり、麻植郡山崎村の天日鷲神社に確定する達が出されたのは、一二月二二日のことであった。

榲邨の教部省入省の要因として、七年四月、教部省による特選神名牒の編纂開始が考えられる。その背景には、榲邨が徳島藩から引き続き名東郡の社務係として神社行政を担当し（教導職大講義でもあった）、とくに論社の忌部神社所在地調査にあたっていたこと、和歌山藩古学館以来旧知の考証課長小中村らの推薦があったとみられること、さらに教部大輔宍戸璣と名東県令久保断三がともに萩藩出身であったことも考慮に入れておいてよいであろう。

教部省に入った榲邨は、大手町二丁目一番地の教部省一号官舎に、妻滋子、父明真、母縫子とともに住んだ。榲邨の孫・正氏の作成した「明治時代の小杉宅所在所」によれば、このほか、国文学者になった元木直一・森寿太郎、徳島藩御用絵師守住貫魚の次男で、洋画に進んだ守住勇魚、皇漢学者の佐伯右文も一時同居したことがあったという。榲邨はこののちも、鳥居龍蔵・喜田貞吉ら、浩志を抱いて上京する同郷の後輩の面倒をよくみている(41)。

明治二年（一八六九）六月、太政官は府藩県に命じて式内社や崇敬社の調査報告の提出を命じたが、進捗せず、翌年二月、太政官は布告を発して府藩県に「式社崇敬社調書」を提出させた。その後、閏一〇月、神社規則制定のため、「大小神社取調書」の提出を府藩県に命じたが、調査困難により、猶予願い出が続出する状況であった。

明治七年（一八七四）四月、教部省が特選神名牒の編纂を太政官に伺い出、翌五月許可された。その編纂の趣旨は明治四年（一八七一）五月に、神社の社格制度を設けた政府が、「式社の衰ふる、或は氏子なきあり、古社の崇むべき者にして人の崇敬せざるあり、其終に湮滅に帰せんことを恐る」という理由にあった(42)。

そこで、教部省は府県に、「延喜式内幷国史見在ノ神社」「格別ノ古社」「其地方ニ深キ由縁ノ神社」の調査取調書の提出を命じた。しかし、期限の九月を過ぎ、さらに一一月になっても、提出しない府県が多く、榲邨がつとめた名東県にいたっては、明治九年（一八七六）六月・八月の両度にわたって猶予を願うほどであった。名東県では榲邨が教部省に転出したあと、適任者を得なかったのであろう。

この時、教部省はとくに編纂掛を設け、社寺課・考証課の小中村清矩・栗田寛・井上頼圀らを掛員にあて、榲邨もその一員となった。稿本は全部榲邨の自筆で、小中村・栗田らの付箋・加筆が多かったという。

明治八年一二月から翌年一〇月にかけて、教部大輔宍戸璣の命をうけて、榲邨は大沢清臣・栗田寛らとともに、浅草八番堀の浅草文庫（湯島の書籍館を移転したもの）に一時保管されていた正倉院文書の調査と書写を行った[43]。この調査を通じて、榲邨は多数の影模と謄写を実施して所蔵し、また「必ず史乗本文と遺存現品と相対照して、はじめて事蹟の全豹を知るといふを持論[44]」とするようになった。「御野国加毛郡半布里戸籍」などが流失するにいたったのも、この時のことであったと考えられる。

（2）修史館への出仕

明治一〇年（一八七七）一月、政府の教化政策の変更によって教部省は廃止され、その事務は内務省に「官社及一般神社寺院及宗教ニ関スル事務ヲ管掌スル」ことを目的として新設された社寺局に引き継がれた。榲邨はこの時、小中村清矩・大沢清臣らとともに、内務省社寺局に移り、さらに一一年一二月、修史館第二局甲科七等掌記に転じている。

修史館は明治二年（一八六九）の史料編輯国史校正局にさかのぼり、のち太政官正院歴史課、修史局を経て、一〇年一月に設置されたもので、三局からなり、榲邨のつとめた第二局は甲科（南北朝以降織豊時代まで）・乙科（徳川時代）からなり、それぞれ一等編修官川田剛（甕江）と重野安繹が総括していた。この年、飯田武郷や井上頼圀らも修史館に出仕していた。掌記は一等から八等まであり、「群議ニ就テ事実ヲ分纂校録シ兼テ図書ヲ管シ又出納往復及ヒ館内雑務ヲ掌ル」ことを職務とした。明治一〇年一月の職制によれば、一等編修官の年俸一八〇〇円（一三年一月、二四〇〇円に改定）に対して、七等掌記の月俸二〇円（同じく二五円）であった。川田剛の懇請によって、教部省廃止の翌二月修史館に四等掌記として出仕した栗田寛は、翌年一〇月辞職して水戸に帰った。久米邦武とともに三等編修官であった依田百川（学海）は、

この年、栗田寛、兄没するにより官を辞して故郷にかへり、小中村清矩・小杉榲村《ママ》の二人掌記となる。小中村は内務省寺社局より兼帯す。(45)

と日記に書きとめているから、榲邨は栗田の後任とみられる。

川田は漢学のみならず国文学にも造詣深く、榲邨・小中村・黒川真頼らとも親交があり、明治一二～三年（一八七九～八〇）頃、自宅でかれらと『栄花物語』『古事記』などの輪講をしていた。(46)龍門文庫に、榲邨が明治一五年（一八八二）六月、尊経閣文庫の珍籍を川田に縦覧したさいの榲邨の手録などを田中教忠が転写した目録がある。(47)また川田が明治二九年（一八九六）二月二日に没した時、刎頸の友依田学海が書いた甕江伝を榲邨が筆記している。(48)

この頃、榲邨は「腸胃病」の持病を抱えていて、明治一二年一〇月一一日付で太政官書記官に宛てた、「阿波国板野郡撫養藻塩蒸風呂」での湯治願が『公文録』二Aに収められている。一〇月一三日付で許可され、榲邨は一八日に出発、一二月二日付で帰京届を提出している。「撫養藻塩蒸風呂」とは、榲邨が元治二年（一八六五）四月から三年八か月ほど仮寓していた北浜の東隣に位置する弁財天村（現、鳴門市撫養町弁財天）にあった藻風呂のことと考えられ、春秋に養生人が多く、五代藩主綱矩も世子の頃、岡崎屋敷滞在中に立ち寄ったという。(49)

　樞邨が修史館につとめていた明治一二年三月、文部大書記官西村茂樹による古事類苑編纂の建議が認められ、小中村清矩を編纂主任として編纂が始まった。古事類苑はこの時期の国学者による日本の知の綜合、結実と評価されるものであるが、総目録巻頭の「古事類苑編纂事歴」によれば、樞邨は明治一三年四月九日編纂掛に任じられている。明治二三年（一八九〇）四月、文部省から皇典講究所に委託されたのち、検閲委員長川田剛のもと、樞邨らとともに編纂委員をつとめた松本愛重によると、樞邨は文学の部をまとめることになっていたという。[50]

　樞邨は明治一四年（一八八一）、津和野藩出身で国学者大国隆正門下の福羽美静らによる好古社（機関誌は『好古叢誌』、明治三三年〈一九〇〇〉九月以後『好古類纂』）設立に加わり、副社長となった。好古社は近世の好古家や古物家たちの伝統を継承し、古器旧物の収集とその保護を目的として、毎年四季に好古会を開き、社員の収蔵品の展観、品評、講説が行われ、樞邨もしばしば出陣している。明治二四年、樞邨は伯爵松浦詮社長のもとで副社長をつとめ、のち井上頼圀とともに『好古類纂』の校閲者となった。

（3）　東京大学文学部附属古典講習科時代の活動

　明治一五年五月、東京大学文学部附属古典講習科が新設され、樞邨は准講師として迎えられた。[51]樞邨はこののち、大八洲学校・東京美術学校・東京帝国大学文科大学・国語伝習所・早稲田大学・日本女子大学校・大成中学校・東京裁縫女学校高等師範科などで教壇に立ち、日本歴史や日本美術史などを講じたが、それらについては、稿を改めることにしたい。

　東京大学総理加藤弘之を助けて、古典講習科の学科目編成などに尽力したのは、文学部教授小中村清矩であった。[52]加藤の目的は、世をあげて洋学偏重に赴き、自由民権運動が高揚するなか、衰えつつある「本邦之旧典古格又ハ歴史物語等」の伝統的学問の復権を図ることにあった。樞邨は雑史・辞章を担当し、第二期生として佐佐木信綱らと入学した和田英松によれば、榲邨は平田篤胤『古史徴開題記』と斎部広成撰『古語拾遺』を講義し、とくに『古史徴開題記』によって歴史学一般を教えたという(53)。小中村は「古史に分け入らん山口の栞」として『古史徴開題記』をあげており(54)、榲邨は『古史徴開題記』に対する当時の評価とともに、小中村の説も参考にしたものとみられる。

古典講習科が設置された明治一五年には、四月三〇日に神宮皇学館設立、一一月四日に皇典講究所（明治二三年〈一八九〇〉國學院を設置）が開設されており、国典と神道を発揚する節目の年になった。

榲邨は皇典講究所で「美術と歴史との関係」という講演を行い、それらは『皇典講究所講演』に二五回にわたり収録されている。皇典講究所講演は、明治二二年一月九日に第一回が開かれ、二九年（一八九六）八月発行の第一八〇号におよんだ。榲邨の講演の初回はその第五号に収められている。

また六月には、皇典講究所の開設に尽力した井上頼圀と、東京大学助教授で日本古代法の飯田武郷の発意による史学協会が創立の運びとなった。この時期の榲邨にはとくに目立った政治活動はみられないが、久米幹文や丸山作楽らとともに史学協会創立の賛成人になっていることは注目してよい。

翌一六年（一八八三）六月一〇日、史学協会は正式に発会し、七月一二日に『史学協会雑誌』創刊号が発行され、国学者と水戸学者の結集する国体史観の組織となった。『史学協会雑誌』は、宮地正人氏によれば、国体史観の理論化の試みであり、そのなかで論じられたテーマを理論構成からみると、

（1）日本建国の特殊性

（2）それを理論的前提とした天皇・皇室と国民とのあいだの動かすべからざる君臣関係

（3）日本の国家としての優秀性の強調

が三つの基本軸となると指摘されている(55)。

榲邨は明治一六年から翌年にかけて、『明治日報』に和歌をしばしば寄稿している。『明治日報』は、平田国学の重鎮であった丸山作楽が忠愛社を組織して、明治一四年（一八八一）七月一日に創刊したものである。丸山は翌一五年三月、福地源一郎（桜痴）らとともに自由党・改進党に対抗する政府系の立憲帝政党を結成して、自由民権派と鋭く対立した。史学協会は丸山がその幹事長をつとめるなど、立憲帝政党と機関紙『史学協会雑誌』も深い関わりをもち、学術面では皇典講究所と一体の関係にあった(56)。忠愛社は『史学協会雑誌』の印刷を担当し、一二号以後は大売捌所にもなっていた。

（4）大八洲学会の設立

明治一八年（一八八五）一二月、榲邨は栗田寛・大沢清臣・飯田武郷とともに、『日本書紀』編纂を主宰した舎人親王の一一五〇年の祭典を、東京永田町日枝神社境内の星岡茶寮で、本居豊穎を祭主として執り行っている(57)。

明治一九年四月、本居豊穎・久米幹文・榲邨の主唱により大八洲学会が設立、七月には機関誌『大八洲学会雑誌』（明治二五年〈一八九二〉『大八洲雑誌』、明治三九年〈一九〇六〉『大八洲』と改称）が創刊された。その目的は、「通信を以て、互に質問答弁し、神典　歴史　制度　辞章歌文語格　農、工、商業　芸術　産物　地理　風俗等の古今沿革を亮知する」ことにあった。編輯人は明治二五年五月の巻之四七以後、本居豊穎・木村正辞・久米幹文・飯田武郷・榲邨の五人による毎月交代制にいたるまで、榲邨の専任であった。

千家尊福・福羽美静・丸山作楽・木村正辞・栗田寛・小中村清矩ら、水戸学者を含む国学・国家神道のイデオローグたちが賛成会員となり、会員数はこの年の末で七〇〇名、明治二五年一月には二四〇〇名にたっしていた(58)。一九年末の時点で、地方会員のうち阿波が三七名ともっとも多いのは、榲邨の影響力によるものであろう。

大八洲学会の事務所は、初め日本橋本石町の魚住長胤宅に置かれたが、のち数度移転して、『大八洲雑誌』の時期には神田区三崎町の大成中学校内に置かれたことがある。大成中学校の前身大成学館の創始者杉浦鋼太郎は、大八洲学会の会員であり、雑誌の発行人となっていた。榲邨は明治三九年一月、大成中学校長として迎えられ、さらに四三年（一九一〇）一月には同校に併設されていた、国語・国文の研究を目的とする国語伝習所長になっている。

大八洲学会には大八洲学校が設立され、校長には『万葉集』や音韻学の研究に業績のあった木村正辞が就任し、榲邨も本居豊穎・久米幹文らとともに教員になり、のちには校長をつとめた。大八洲学会と『大八洲学会雑誌』の性格は、神道が国体の維持に必要なもので、国体の基本を知り、尊皇愛国の大義を弁えることに歴史学の要義を認めるところにあり、大八洲学会は「国学と国家神道の理論家集団」とみなされるものであった(59)。

榲邨も副社長として深く関わった好古社につどう国学者たちによる、前近代の遺物・文化の紹介や保護運動、さらに彼らと重なりをみせた『大八洲学会雑誌』による、国学者たちの日本歴史や日本文化を広く全国に紹介・啓蒙した業績は軽視されてはならず、詳細な分析の余地が残されている(60)。

三　帝国博物館出仕以後

（1）　帝国博物館への出仕

明治二二年（一八八九）五月一六日、図書寮博物館は廃止され、帝国博物館・帝国京都博物館・帝国奈良博物館が設置された。榲邨はこの年の六月七日、帝国博物館歴史部美術部傭に任じられ、翌年三月には歴史部技手になっている。この時の総長は九鬼隆一、歴史部長は宮内省諸陵頭川田剛、美術部長は東京美術学校幹事岡倉覚三（天心）であった。榲邨が帝国博物館に入ったのは、修史館時代の上司であった川田剛の推薦によるものではなかろうか。

榲邨は明治二二年一一月、延喜八年（九〇八）七月一七日周防国玖珂郷戸籍を石山寺宝物点検のさいに書写しているが、これは帝国博物館職員としての仕事と考えられる。「徴古雑抄」のなかには帝国博物館の罫紙を用いて書写されたものが多い。榲邨は在職中、明治二四年（一八九一）から美術史編纂員岡倉天心を中心に帝国博物館で始まった日本美術史の編纂にも関わり、黒川真頼・三宅米吉らとともに、明治三三年（一九〇〇）のパリ万国博覧会に向けて編纂され、初めて活字になった体系的な日本美術史である『稿本日本帝国美術略史』（農商務省蔵版、国華社、明治三四年〈一九〇一〉）の編纂材料の検討や校正も担当した。(61)

榲邨は、明治二三年（一八九〇）三月、臨時全国宝物取調局書記兼鑑査掛に就任した。臨時全国宝物取調局は、明治二一年（一八八八）九月二七日、図書頭九鬼隆一を委員長として宮内省に設置された。この時、社寺や個人所蔵の宝物を調査し、優秀品に鑑査状を発行・登録しており、文化財の国家による選別評価が本格的に実施され、指定や保護の行為につながる途をひらいた。(62)

明治二七年（一八九四）八月、帝国博物館技手の榲邨は、東京美術学校より書学授業の嘱託をうけている。さらに明治三二年六月には高等官七等に叙されて、日本歴史や、病気のために辞任した嘱託教員黒川真頼が担当していた金工史と漆工史の講義資格も認められた。この年一二月、「授業上励精」により賞与三〇〇円の給付を認める指令案が、さらに三四年三月には「職務格別勉励」により二二五円の支給を認める指令案が『公文雑纂』二Aに収められている。

明治二〇年前後は、近代日本における大きな転換期の一つで、欧化を徹底・拡大しようとする風潮が現れる一方で、それに対抗していわゆる国粋主義が勃興し、社会や文化のあらゆる面で伝統を見直そうとする、それ以前の伝統主義と異なる動向が現れた。(63)臨時全国宝物取調局もその一つの現れと考えられる。榲邨は在職中、宝物取調のため、滋賀・愛知・奈良・鹿児島・熊本・京都などへ出張している。

明治三〇年（一八九七）一〇月三一日、古社寺保存法の制定にともなって古社寺保存会が設立されると、臨時全国宝物取調局は廃止され、榲邨は帝国博物館から岡倉天心・黒川真頼とともに保存会に参加している。在職中、古社寺保存国宝計画調査委員として、神奈川・東京・滋賀・福井・石川・香川・愛媛・京都・奈良・大阪・兵庫・和歌山・山梨・富山・新潟などへ出張しており、この前後の文化財調査にあたって、榲邨のはたした役割は大きい。古社寺保存法制定にいたる明治二〇年代の古社寺保存法政策は、九鬼隆一ら官僚による文化財保護行政の一環としてなされ、その特色は、文化財保護と「皇室の崇敬」をむすびつけようとするものであり、天皇制の文化的統合として意識され、具体化された(64)。

明治三三年（一九〇〇）七月の官制改正によって、帝国博物館は帝室博物館にかわり、榲邨は列品の鑑査解説、編纂著訳にあたる歴史部学芸委員となった。翌三四年四月、正倉院文書の調査に先鞭をつけ、学識ありとの理由により、文学博士の学位を与えられ、このの ち朝廷より賜ったものとして、その文と歌に「文学博士」の文字と印章を落款とするようになった。

さらに明治三五年一一月には、帝国古蹟取調会の調査委員に就任している。これは明治三三年二月に創立されたのであるが、北清事変や経済不況により中断されていたものを、宮中よりの下賜金千円をうけて、歴朝の聖蹟、皇宮の旧蹟、皇族の陵墓などの調査にあたることを目的として再開されたもので(65)、その背景には、日清・日露両戦争前後から顕著にみられた、国土の急激な破壊行為から保護を求める動きの高まりがあった(66)。

（2）榲邨の収集活動

榲邨は、阿波の国史や地誌の資料集成と研究から始めて、上京後、原物を閲覧できる立場についたことから、対象をしだいに全国に広げ、また研究の分野も美術史・書道史・国文学などへと拡大していった。教部省から修史館・帝国博物館へと仕事の場をかわるにともない、資料調査の機会は拡大し、著作も増加した。若年以来書写・収集したものの多くを、内容と地域によって分類・集成したものが「徴古雑抄」である。料紙は、教部省・内務省・古事類苑・帝国博物館・帝国大学の罫紙のほか、天台宗真盛院・加茂別雷神社・蜂須賀・大八洲学会の罫紙も使われている。

檻邨の収集品は、国学者の著作や和歌・神祇関係・古文書・和歌集・絵画・拓本・仏像・仏具・硯など広い分野にわたっている。それらは、檻邨の没後まもなくの頃から大正初年にかけて、古書籍商の売立てにかけられ四散した。その多くは現在、静岡県立美術館[67]・東京国立博物館・龍門文庫・国立国会図書館・東京都立中央図書館加賀文庫・天理大学附属天理図書館・東洋文庫・四国大学凌霄文庫・早稲田大学・京都大学総合博物館・東京大学史料編纂所・大東急記念文庫・国文学研究資料館・北海学園大学北駕文庫・愛知県西尾市岩瀬文庫・宮内庁書陵部などに分散所蔵されている[68]。

国体論者檻邨にとって、外国に称誉される日本の美とは、「本邦固有の精神善良誠実の意匠より出て、その手術にあらはれたるものをさす、(中略)精神誠実の意匠は、君をおもひ、国を愛する、忠孝の至情のあふれ出たるもの[69]」にほかならず、書道・絵画・彫刻・陶瓷器・鋳金などはその一分野であり、とりわけ書道こそ、美術の諸分野のなかでその微妙を極めるもっとも重要なものであった。その成果は、「はじめに」で述べた通り、明治二八年(一八九五)五月、大八洲学会から『大日本美術史』巻之一として上梓された。

また、皇典講究所での講演「美術と歴史との関係」の目的のひとつは、「支那西洋に心酔して本来をや丶忘れんとしたる、老少の僻見をも破る」こと、つまり日本固有の美の価値と意義を明らかにすることにあった。

家計にゆとりのあったとはいえない檻邨が、国学者や歌人らの作品を多数収集したのは、書法と和歌の研究資料として活用したいという狙いがあったからである[70]。歌人としての檻邨の出発点は、すでに述べた通り、父明真の手ほどきにあった。明真は地下歌壇で勢力のあった有賀長基の門人であり、楓邨も初めその門にあった。静岡県立美術館所蔵「藤江家旧蔵小杉文庫」の史料総数三四七点のうち二四八点は近世に属する。その最大の特徴は、契沖・荷田春満・賀茂真淵・本居宣長・平田篤胤をはじめとする著名な国学者に関するものが、和歌短冊・懐紙・草稿など多彩な分野にわたって収蔵されていることで、これらは楓邨が意識して収集したものであろう。

さらに有賀長伯・長収・長基ら地下歌人とともに、飛鳥井雅昭（雅章の前名）・武者小路実陰・中院通躬・慈延法師・小沢蘆庵ら堂上歌人たちの作品がみられることも注目される。これらは新しい時代に対応しようとするよりも、あくまでも近世和歌の伝統を広く継承して、みずからの実作に生かすことを信念とする楓邨の姿勢を示すものであろう。

（3）楓邨の詠歌活動

楓邨は明治三一年（一八九八）二月、宮内省御歌所参候に任じられる栄誉をうけた。御歌所は明治四年（一八七一）一月に設けられた歌道御用掛を前身とし、文学御用掛・御歌掛を経て、同二一年（一八八八）六月、宮内省に設置されたものである。明治三〇年一〇月に職制が変更されて、長・主事一人、寄人七人、参候一五人、録事若干となった。参候は多く華族から任命され、歌会の式典をつかさどる職務としたが、のちには録事などより寄人に昇進する階段にもなった[71]。長をつとめた薩摩藩出身の高崎正風は、楓邨と交流のあった八田知紀に学び、宮廷歌人の中心として、桂園派とそれに近い歌人たちを御歌所に結集したのである[72]。小泉苳三氏は、「久米幹文・小杉楓邨等は当時も歌人として認められてはゐたが、その詠歌は概して言へば、芸術的価値に乏しく、常識的な内容を平弱な歌調で表現してゐるに過ぎなかつた。一体に創作力に欠けてゐて新時代の和歌たる気魄等は全然見出せない。いはば最も御歌所派に近く且つより以上に保守的な歌調子[73]」と、楓邨の歌風を評している。

慶応から明治にかわった一八六八年を画期として、前後数年の時期に生まれた森鷗外・幸田露伴・夏目漱石・島崎藤村ら一八六八年の世代は、西洋流高等教育の最初の世代であるとともに、漢籍の素読の最後の世代でもあるという特徴をもっていた(74)。それに対して、志士の世代に属する福沢諭吉と同じ天保五年（一八三四）生まれの榲邨は、『月刊百芸雑誌』創刊号（明治三九年〈一九〇六〉四月）の「和歌の新派旧派」で、次のように語っている。

私共《わたくしども》は所謂《いはゆる》天保爺《てんぽうおやぢ》で、和歌《わか》の方《はう》では旧派《きうは》と云《い》はれて、余《あま》り当世《たうせい》には流行《はや》らない方《はう》をやつて居《を》りますが、一つ奮発《ふんぱつ》して今《いま》の新派《しんぱ》の様《やう》な歌《の》を詠《よ》んで見《み》やうと思《おも》つたこともありましたが、何《なに》しろ天保度《てんぽうど》の悲《かな》しさ、どうもうまく詠《よ》めないのに閉口《へいこう》して、今《いま》では諦《あきら》めてしまつて、我《われ》は旧派《きうは》なりと蔭弁慶《かげべんけい》でも何《なん》でも管《かま》はんから威張《いば》つて居《ゐ》る心算《つもり》です。

榲邨の自己認識と諦念と開き直りとが混じった表現になっているが、このあとに続けて、和歌の旧派・新派は近頃に始まったことでなく、『万葉集』『古今和歌集』以来、時勢に応じて歌の調子が違ってくる、とも述べている。ここには、榲邨の法隆寺再建論を、「和歌の新派旧派」の前年の明治三八年（一九〇五）に、慶応三年（一八六七）生まれの建築史家関野貞や、明治一〇年（一八七七）生まれの美術史家平子鐸嶺という榲邨より三〇歳以上若い研究者が相次いで批判したさい、性温厚ながら自信家で、学説論争を好まなかった榲邨が、「今さら若い者を相手に老人が議論するまでもなかろう」と、気の毒なほどに悄然としていた心情(75)と共通するものがある。

榲邨がみずから語った「天保爺」とは、たとえば明治二〇年前後に、文久三年（一八六三）生まれで幕藩体制を事実上体験していない徳富蘇峰らが、「天保の老人よ、去れ」と論じ(76)、また慶応三年生まれの正岡子規が、「天保老爺の頑固なる僻見(77)」と表現したように、志士の世代に属する旧世代特有の旧弊と空気とを批判し揶揄する言葉として使われた。子規は御歌所の権威や、天保七年（一八三六）生まれの御歌所長高崎正風を厳しく批判して、和歌の革新運動を展開している。

先の榲邨の談話は、伝統的権威に挑戦する正岡子規や、明治三五年（一九〇二）に子規が没したのちは伊藤左千夫らに継承された新しい和歌の動向を見聞しながら、榲邨が洩らした偽らざる心情であったろうし、伝統の世界に浸りきっていた榲邨にとって、「時勢に応じ」た新しい精神にもとづく歌づくりはけっして叶いがたいことでもあったろう。

子規は当世の嘆かわしい歌人として、公卿・貴女・女学生より先に、国学者・神官をあげ、その保守、平凡、陳腐を批判した(78)。子規は明治二九年（一八九六）の雑誌『日本人』に七回にわたって連載した「文学」のなかで、この年に発表された榲邨の和歌にふれている。今様を作るものが極めて少なくなったなかで、榲邨が『国華』二巻一三号（明治二九年六月）に寄せた「夕に蛍を見て」は「善き方なり」と寸評を加えた(79)。また『太陽』二巻一五号（明治二九年七月）に載せられた歌はことごとくとるに足りないが、「独り小杉榲邨氏の詠養蠶歌と題する長歌は此雑誌に於ける圧巻のみならず近時和歌傑作の一なるべし(80)」と称賛した。しかし、『太陽』二巻一六号所載の「氷を喫て思へらく」は、「文亦拙し。養蠶歌と同じ作者とは思はれず(81)」と厳しい批評も忘れなかった。

明治四二年（一九〇九）六月一〇日、妻の滋子が七二歳で亡くなった翌年三月二九日、榲邨は牛込区牛込二〇騎町二八番地の自宅で生涯を閉じた。春秋七七。翌日、東京帝室博物館評議員・勅任待遇と二〇〇円が下賜され、四月二日に青山斎場で神式により執行された葬儀には、勅使として侍従伯爵清水谷実栄が遣わされた。会葬者七〇〇名余におよび、古学館以来五〇年以上にわたり、師弟としての交わりを続けた本居豊穎が、

学はなりをへてありしのみならず、その学博くしておのれのかけても及ばぬふしさへ多かれば、おのれはたゞ友として常にかたらひつゝあり(82)、

と、誄を読みあげた。榲邨と同じ明治三四年（一九一〇）四月に文学博士の学位を授与された三宅雄二郎（雪

嶺）は、『同時代史』この年の故人録に榲邨をあげて、徳島藩の陪臣、古典を池辺真榛に学び、東京大学古典科に授業し、歿するの日帝国博物館評議員を命ぜられる。古事に通じ、書をも善くす。[83]と、簡潔に業績を記した。

おわりに

榲邨の著作についての詳細な検討は今後の課題としたいが、彼の学問的関心は神学・有職故実・制度（神葬祭・度量衡など）・歌学・文学・芸能・地誌などの伝統的国学の体系を継承するとともに、美術や書道・工芸・考古など多岐にわたった点に特徴がある。

その方法は、榲邨が「古物家」として知られていた[84]ことに示される通り、「古物」の博捜収集、および驚嘆すべき根気と熱意に支えられた書写にもとづく考証と注解であった。学問の近代化の過程で、榲邨は坪井正五郎らとの交友を通じて、人類学など新しい学問にも関心を示して東京人類学会の会員にもなり、好古社・大八洲学会・難波津会・考古学会などの学会創設にも尽力した。しかし、榲邨は伝統の墨守を善しとして、復古思想の枠を出ることはなく、国学者として学問諸分野（日本史学・考古学・日本文学・美術史学など）の分化する以前の包括性を守り抜いたのであり、その反面として専門性と体系性に欠け、合理的把握において、国学者による文献学の限界を越えることはなく、また資料の実証性・検証性・関連性・法則性、個別資料のもつ価値を敷衍深化させる資料学の広がりにおいて、新たに輸入され、顕著な業績をあげつつあった西洋学術の方法論に対抗できるものではなかった。さらに榲邨が国学者として習得していた擬古文[85]は新しい時代には通じがたくなっており、榲邨の著作の普及を困難にさせる要因となった。

榲邨を「考証・校勘という方法を用いて、総合的な日本文化研究を行なう考証派国学者の最後の世代[86]」に位置したと評価するのはおおむね妥当な見解であろう。つとに伊東多三郎氏は、明治以来の国学研究を反省して、国学と明治維新との関係をこそ第一の課題とすべきと論じた[87]。阪本是丸氏が提言するように、近代天皇制国家をイデオロギー的に支えた思想や歴史観、国体の制度を支えた古典知識や考証の基盤に、近世以来の国学のイデオロギーや考証学が存在することに目が向けられなければならない[88]。

同時に近世思想史研究における国学重視に反省を求め、「復古神道は体よく、政治家に利用されたのみ」で、戦前の小中学校の国学重視の教科書は、神祇官の流れを受け継いだ教育官庁の作成したものとする中村幸彦氏の指摘[89]にも注意しておく必要がある。近年、明治期の国学者について検討が進められ[90]、また新たな視点からの分析も発表されているが[91]、従来の諸業績を基礎にして、幕末から維新期、さらに近代までを見通した総合研究が求められている。

幕末から維新の激しい変革期を生き抜き、晩年になって「私共は所謂天保爺」と自称した国学者小杉榲邨は、今や近代学術史の大海の波間に消え去ろうとしている。阿波国学の豊かな伝統を継承し、最後の煌きをみせた榲邨の生誕一八〇年を迎えた今、埋もれたままになっている榲邨を含む阿波国学の諸業績に光をあて、研究基盤を築き上げるための著作の集成と詳細な分析が強く望まれる。

（1） 榲邨の経歴を考えるさい、次の資料が大きな拠りどころとなる。
「文学博士小杉先生履歴」第一回～第五回（『心の花』四―一〇～一二、五―一・二、一九〇一～〇二年）、のち『歴史地理』（一五―五・六、一六―一～三、一九一〇～一一年）にも掲載された。
『幽囚日詠』（一九一〇年）。文久三年（一八六三）一月、勤皇活動を咎められて幽閉され、明治元年（一八六八）に許されるまでの日々の心情が、国学者の自己表現の出発点というべき和歌に託して綴られている。

明治四三年（一九一〇）三月二九日に没した榲邨を追悼して、同郷の後輩喜田貞吉が中心になっていた日本歴史地理学会編の『歴史地理』一五―五に収められた「小杉博士記念録」。とくに「博士の略年譜」、井上頼圀「小杉博士を憶ふ」、萩野由之「小杉博士の逸事」、関根正直「おもひで」、和田英松「小杉博士の逸事談」、梅津連「追懐」（梅津連は榲邨の親戚で、大蔵省に勤務し、明治一五年〈一八八二〉七月頃、牛込区牛込納戸町三三番地の榲邨方に一時同居していたという）、喜田貞吉「故小杉博士の事ども」。

また、昭和女子大学近代文学研究室『近代文学研究叢書』一一巻（昭和女子大学光葉会、一九五九年）に収録されている「小杉榲邨」も、とくに著作年表や資料年表が詳細で参考になる。

なお、榲邨の蔵書の内容や正倉院文書の調査、学問の特徴の概要については、拙稿「小杉榲邨の蒐書と書写活動――正倉院文書調査の一齣――」（『正倉院文書研究』三〈一九九五年〉、のち『日本中世の政治権力と仏教』〈思文閣出版、二〇〇一年〉に収録）で論じており、本稿で一部重複する箇所がある。

（2）榲邨の生年月日について、前掲注（1）「文学博士小杉先生履歴」（第一回）には、天保八年（一八三七）九月二八日とされ、教部省以来交友の続いた井上頼圀は榲邨の死没記事で、「戸籍上では天保九年の生れ」（『静岡民友新聞』明治四三年〈一九一〇〉四月一日）と語っている。

（3）「綱矩様御代御山下絵図」「徳島藩御城下絵図」（いずれも『徳島市史』別巻　地図絵図集、一九七八年）。なお、のちに述べる忌部神社所在地論争に関わって、榲邨が高知県令渡辺国武宛に提出した建言書（愛知県西尾市岩瀬文庫所蔵）に、「阿波国名東郡住吉嶋百四十八番地居住　小杉榲邨　東京府下麹町区富士見町二丁目三拾七番地寄留」と署名されており、「住吉嶋百四十八番地」が生地のことと考えられる。

（4）明治二三年（一八九〇）、徳島から東京遊学に旅立った鳥居龍蔵は、東京帝国大学助手若林勝邦の紹介を得て、同郷の先輩である榲邨の小石川音羽一丁目の自宅を訪ねて宿泊、そののち、榲邨宅のすぐ近くの坂上に住んでいた未亡人のとめの家にしばらく下宿（下宿料一か月一円五〇銭）したことを、『ある老学徒の手記――考古学とともに六十年――』（『鳥居龍蔵全集』一二巻、朝日新聞社、一九七六年、一六三頁以下）に書きとめている。

この時、鳥居はとめの子で同居していた美二郎と知り合っている。美二郎は神田の某小説出版社に通っており、叔父榲邨の国学を好まず、黄表紙や洒落本などに関心をもち、小石川音羽橋畔の貸本屋からしばしば戯作本を借読して、同店随一の贔屓客であった。鳥居は美二郎によって戯作や江戸の土地文化について多くを知ったという。「創立当時の武蔵野会と私」（同上、五一八頁）にも、同様の内容が書かれており、鳥居は美二郎から戯作物の話を聞いて江戸趣味をもつようになり、本所や深川などを訪れたという。

榲邨没後、美二郎らによる榲邨旧蔵の正倉院御物などの売却事件については、東野治之「小杉榲邨旧蔵の正倉院及び法隆寺献納御物――その売却事件と鷗外の博物館長就任――」（直木孝次郎先生古稀記念会編『古代史論叢』下〈塙書房、一九八九年〉、のち『大和古寺の研究』〈塙書房、二〇一一年〉に収録）にくわしい。

（5） 有賀派の祖で、長基の三代前にあたる長伯の師である平間長雅の和歌秘伝書『詠歌大本秘訣』を指すか。榲邨は本書を所蔵していて、第四四回好古会（明治三八年〈一九〇五〉一一月四日・五日、本郷区湯島切通し坂上麟祥院、『好古類纂』二―一一、一九〇六年）に出陳している。

（6） 上野洋三「有賀長伯の出版活動」（『近世文芸』二七・二八合併号、一九七七年）、同「堂上と地下――江戸時代前期の和歌史――」（『和歌史』和泉書院、一九八五年）。のち、いずれも『元禄和歌史の基礎構造』（岩波書店、二〇〇三年）に収録。

（7） 『徳島市史』四巻　教育編・文化編（一九九三年、六四六頁）。

（8） 後藤捷一編『有賀以敬斎長伯阿波日記』（大阪史談会、一九五八年）。同編『有賀長伯阿波日記外篇』（大阪史談会、一九六七年）。

（9） 小杉榲邨「歌学及び国学者の系統」其二（『大八洲雑誌』一六〇、一八九九年、一一頁）。

（10） 第四四回好古会出陳、前掲注（5）参照。

（11） 榲邨は、「屋代弘賢　石摺　一幅」を第四九回好古会（明治四一年〈一九〇八〉一〇月一七日・一八日、本郷区湯島切通麟祥院、『好古事彙』二、一九〇九年）に出陳している。

（12） 第四一回好古会出陳（明治三七年〈一九〇四〉六月一四日～二〇日、上野公園内桜ケ岡日本美術協会列品館、『好古類纂』二―五、一九〇四年）。

（13） 文部省蔵版『日本教育史資料』参（冨山房、一八九〇年、八五五頁以下）。

(14)富久和代「小杉榲邨の書」(『水脈』三、二〇〇二年、一〇六頁)。松下師一氏の御教示による。
(15)笠井助治『近世藩校に於ける学統学派の研究』下(吉川弘文館、一九八二年、九一六頁以下)。
(16)小杉榲邨「久米幹文先生逝去に付ての祭文」(『大八洲雑誌』一〇二、一八九四年、三五頁)。
(17)『えびかづら』一四(皇典講究分所内雑誌部、一八九五年)。『まこと』四(宣揚社、一八九五年)。
(18)藤井喬『徳島先賢伝』(原田印刷出版、一九八七年、四六頁以下)。
(19)小杉榲邨「忌部神社鎮座考弁妄」(愛知県西尾市岩瀬文庫所蔵)。
(20)前掲注(9)小杉榲邨「歌学及び国学者の系統」其二、一一頁。
(21)『徳島県史』三巻(徳島県、一九六五年、二九〇頁)。
(22)前掲注(21)『徳島県史』三巻、二九一頁。
(23)榲邨は晩年までこの短冊を所蔵していたが、現在所在不明。
(24)真瓶は榲邨によれば、『漢書』の覆醤の故事にあわせた雅号という。覆醤は『漢書』列伝揚雄伝第五七下にみえる叙述を指しているものと考えられる。
　前漢末の文人思想家揚雄は貧賤を憂えず、若い頃から学問を好み、みていない書物はないほどであったが、酒を嗜み、名声を求めようとしなかった。禄利を得ようとしない揚雄に、劉歆が「吾は後の人が醤の口を覆うのにこれを使いはしないかと恐れる」といったのに対し、揚雄はなにも答えなかった。「醤瓿――醤の瓿の口を覆う、かめのふたにする――は著述の世に行われず、反古になること。また自分の詩文・著述の謙称」(小竹武夫訳『漢書』七列伝Ⅳ、ちくま学芸文庫、一九九八年、三四三頁)とされている。石川丈山の漢詩文集に、この故事にならうと思われる『覆醤集』がある。若い頃、酒を嗜んだ榲邨が醤瓿を、酒を醸すことなどに使われた瓶にかけ、接頭語の「真」をつけたものであろう。榲邨が寺島学問所で身につけた漢学の教養を示すものである。
(25)「徴古雑抄続編」(国文学研究資料館所蔵)の「蜂須賀家先祖勲功覚書」(阿波六上)、「大阪御陣有人帳」(同)、「益田豊後一件翁ものがたり」(阿波六中)などの奥書に明発の名がみえるが、いずれも書写年月日が記されていない。
(26)明治三五年(一九〇二)四月に行われた菅原道真千年祭のさい、貴族院副議長・侯爵黒田長成の依嘱により、亡くなる前年延喜三年(九〇三)当時の服装を考証し、東京美術学校教授・帝室技芸員の山名貫義に描かせて太宰府神社に奉納されたが、その下絵は榲邨所蔵のもので、第四九回好古会（前掲注11）に出陳されている。
(27) 摂津湊川広巌寺の木像を浮田一蕙が模写したもので、第四〇回好古会（明治三六年〈一九〇三〉一一月二一日・二二日、麹町区有楽町神宮奉斎会本部、『好古類纂』附録）、第四九回好古会（前掲注11）に出陳している。
(28) 榲邨は徳島藩御用絵師の渡辺広輝画、有賀長基賛の柿本人麻呂像を所蔵していたが、現在所在不明。
(29) 小橋靖「木津・金刀比羅神社の石造物」（『鳴門路』四、二〇〇二年、一六四～一六五頁）。
(30) 前掲注(18)藤井喬『徳島先賢伝』、二三九頁以下。
(31) 前掲注(13)文部省蔵版『日本教育史資料』参、八五三頁以下。
(32) 忌部神社所在地論争については、『徳島県史』五巻（一九六六年、六一九頁以下）、藤井貞文「忌部神社所在地考――明治史学出発の課題――」（『神道学』八三号・八四号〈一九七四年・一九七五年〉、のち『江戸国学転生史の研究』〈吉川弘文館、一九八七年〉に収録）など参照。
(33) 前掲注(32)藤井貞文「忌部神社所在地考」二三五頁。藤井氏は、考証に敗北した榲邨にとって、「恐らく大いに彼を刺戟し、遂に後年の博士小杉榲邨を育てたのではないか。若し然りとすれば此の論争も強ち無意味ではなかつた。其れは単に榲邨一人だけの事ではなく、小中村清矩・栗田寛等の如き教部省の官員も同様であつた。当時の学問・考証が如何に幼稚であつたとしても、斯くて明治の歴史学を育成した径路の一面が見られるとしたならば、此の論争も亦一つの成績である」（二五三頁）とも最後に述べている。
(34) 長谷川賢二「式内忌部神社所在地論争における古代・中世へのまなざし――『由緒』としての歴史意識をめぐって――」（『阿波・歴史と民衆』Ⅲ、徳島地方史研究会、二〇〇〇年）。
(35) 丸山幸彦『在村国学者・儒学者の阿波古代史研究についての史学史的研究――明治初期の『阿波国風土記』編纂に関わって――』平成一四年度～平成一五年度科学研究費補助金（基盤研究(C)(2)）研究成果報告書、二〇〇四年、第二編第一章。
(36) 阪本是丸「教部省設置に関する一考察――神道国教化政策の展開を中心に――」（『国学院大学日本文化研究所紀要』四四〈一九七九年〉、のち「教部省設置の事情と伝統的祭政一致観の敗退」と改題して、『明治維新と国学者』〈大明堂、一九九三年〉に収録）。同「日本型政教関係の形成過程」（井上順孝・阪本是丸編『日本型政教関係の誕生』第一書房、一九八七年）。

（37）中島三千男「大教宣布運動と祭神論争――国家神道体制の確立と近代天皇制国家の支配イデオロギー――」（『日本史研究』一二六、一九七二年）。宮地正人「形成過程からみた天皇制イデオロギーの特質」（『歴史評論』三一五、一九七六年）、のち「近代天皇制イデオロギー形成過程の特質」と改題して、『天皇制の政治史的特質』（校倉書房、一九八一年）に収録。

（38）安丸良夫「天皇制下の民衆と宗教」（『岩波講座日本歴史』一六　近代三、岩波書店、一九七六年）、のち『安丸良夫集』三（岩波書店、二〇一三年）に収録。

（39）阪本是丸「明治初期における政教問題――左院・教部省と真宗教団――」（『宗教研究』五七―三、一九八三年）、のち「教部省の設置と政教問題」と改題して、『国家神道形成過程の研究』（岩波書店、一九九四年）に収録。

（40）小杉榲邨「阿波国麻殖《ママ》郡忌部神社所在に就て」（『歴史地理』五―一・二、一九〇三年）。

（41）榲邨は、明治二三年（一八九〇）に上京した鳥居を小石川の自宅に泊め、その後一時近くに住む妹とめの家に下宿させたし（前掲注4参照）、鳥居と市原きみ子とを引き合わせ、同三四年（一九〇一）一二月の結婚にあたっては坪井正五郎とともに媒酌人をつとめた。市原きみ子が撫養尋常小学校の訓導を一年足らずつとめたことがあったことも、撫養に仮寓していた榲邨にとって奇縁であったろう。また明治四一年（一九〇八）、鳥居一家の蒙古出発にあたって、「翼には皇国のおもさのせてゆけ　とつくにかけるわか鳥居ぬし」という壮行の和歌を贈っており（前掲注4『ある老学徒の手記』二三七頁）、「御歌所参候文学博士榲邨」の署名と「忌部宿禰」「小杉園榲邨」の印章の捺されたそれは、現在徳島県立鳥居記念博物館に収められている。榲邨が鳥居の風丰と才能とを、「一種非常の奇才を逞くする若壮者」と鋭く見抜いていたことは、中薗英助『鳥居龍蔵伝――アジアを踏破した人類学者――』（岩波書店、一九九五年、八二頁）参照。

　喜田は明治二六年（一八九三）、東京帝国大学に入学したのち、榲邨にともなわれて蜂須賀茂韶侯爵邸を訪ね、阿波の鳴門の渦巻の形の落雁を下賜され、自分だけ口にするのがもったいなくて郷里の親に送っている（「六十年の回顧」『喜田貞吉著作集』一四巻、平凡社、一九八二年、七四頁）。また、喜田は資料の借覧などで榲邨の世話になり、法隆寺再建・非再建論争にとり組む動機となったのは、榲邨や黒川真頼との談話であった（前掲「六十年の回顧」一〇七頁以下、および『喜田貞吉著作集』七巻、平凡社、一九八二年、二三九頁以下)。
(42)『特選神名牒』内務省蔵版(磯部甲陽堂、一九二五年)。
(43)皆川完一「正倉院文書の整理とその写本――穂井田忠友と正集――」(坂本太郎博士古稀記念会編『続日本古代史論集』中巻、吉川弘文館、一九七二年)。西洋子「明治初期の正倉院文書の整理」(『東京大学史料編纂所研究紀要』二、一九九二年)、のち『正倉院文書整理過程の研究』(吉川弘文館、二〇〇二年)に収録。前掲注(1)拙稿「小杉榲邨の蒐書と書写活動」。
(44)小杉榲邨「美術と歴史との関係」(『皇典講究所講演』五、一八八九年、二頁)。
(45)『学海日録』明治十一年十二月二十八日条(岩波書店、一九九二年)。
(46)大久保利謙「川田剛博士の『外史弁誤』について」(『日本近代史学の成立』吉川弘文館、一九八八年、二四七頁)。
(47)『龍門文庫善本書目』(一九八二年、四〇二頁)。
(48)『学海日録』明治二十九年二月四日条。これは、学海が『太陽』二―五・六(『学海日録』一〇巻、月報四に再録、一九九一年)に寄稿した「吾親友川田甕江」のことであろう。
(49)『角川日本地名大辞典　三六　徳島県』(角川書店、一九八六年、六四一頁)。
(50)松本愛重「古事類苑編纂苦心談」(『国学院雑誌』一四―五、一九〇八年、六四頁)。
(51)古典講習科時代の榲邨については、拙稿「東京大学文学部附属古典講習科」(『日本歴史』六一三、一九九九年、本書補説)でふれたことがある。
(52)この時期の小中村清矩については、大沼宜規「古典講習科時代の小中村清矩――日記にみる活動と交友――」(『近代史料研究』二、二〇〇二年)参照。
(53)和田英松「古典講習科時代」(『国語と国文学』一一―八、一九三四年、三六頁)。
(54)小中村清矩「国史学の栞」(『国学院雑誌』一―三、一八九五年、七四頁)。
(55)宮地正人「幕末・明治前期における歴史認識の構造」(『日本近代思想大系』一三、岩波書店、一九九一年、五五二頁)。
(56)前掲注(55)宮地正人「幕末・明治前期における歴史認識の構造」五五二頁。
(57)『東京日日新聞』明治一八年(一八八五)一二月一八日。榲邨はこの時祭壇に掲げられた守住貫魚筆の舎人親王像を所蔵しており、明治三六年（一九〇三）一一月二一日・二二日の第四〇回好古会に出陳したが（麴町区有楽町神宮奉斎会本部、『好古類纂』附録）、現在所在不明。

(58) 宮地正人「近代天皇制イデオロギーと歴史学――久米邦武事件の政治史的考察――」（東京歴史学研究会編『転換期の歴史学』合同出版、一九七九年）、のち『天皇制の政治史的研究』（校倉書房、一九八一年）に収録。

(59) 前掲注(58)宮地正人「近代天皇制イデオロギーと歴史学」一五七頁。

(60) 阪本是丸「明治国学の研究課題」（『日本思想史学』二六、一九九四年）。

(61) 『稿本日本帝国美術略史』については、高木博志「日本美術史の成立・試論――古代美術史の時代区分――」（『日本史研究』四〇〇〈一九九五年〉、のち『近代天皇制の文化史的研究』〈校倉書房、一九九七年〉に収録）参照。

(62) 田中琢「遺跡遺物に関する保護原則の確立過程」（小林行雄博士古稀記念論文集刊行委員会編『考古学論考』平凡社、一九八二年、七七一頁）。臨時全国宝物取調局における榲邨らの調査の実態については、古川史隆「臨時全国宝物取調局による滋賀県社寺宝物調査の記録――明治二十一年――」（『滋賀県立琵琶湖文化館研究紀要』二一、二〇〇五年）、海野圭介「明治期の宝物調査記録と古筆――小杉榲邨『鑑定筆記』をめぐって――」（久下裕利・久保木秀夫編『平安文学の新研究――物語絵と古筆切を考える――』新典社、二〇〇六年）が参考になる。

(63) 植手通有「平民主義と国民主義」（前掲注38『岩波講座日本歴史』一六　近代三、三六〇～三六一頁）。

(64) 高木博志「近代天皇制の文化的統合――立憲国家形成期の文化財保護行政――」（馬原鉄男・掛谷宰平編『近代天皇制国家の社会統合』文理閣、一九九一年）、のち「立憲成立期の文化財保護」と改題して、前掲注(61)『近代天皇制の文化史的研究』に収録。

(65) 『東京日日新聞』明治三五年（一九〇二）一一月二三日。

(66) 前掲注(62)田中琢「遺跡遺物に関する保護原則の確立過程」七七四頁。

(67) 小杉文庫調査団編『藤江家旧蔵小杉文庫目録』（静岡県教育委員会、一九八一年）、静岡県立美術館編『藤江家旧蔵小杉文庫名品抄』（静岡県立美術館、一九八八年）参照。

(68) 大沼宜規「小杉榲邨の蔵書形成と学問」（『近代史料研究』一、二〇〇一年）は、榲邨の蔵書形成について初めて詳細に論じ、榲邨の蔵書印・識語印や、国立国会図書館・東京大学史料編纂所・北海学園大学北駕文庫所蔵の書名リストと蔵書形成過程表(稿)を掲げており、貴重な成果であるが、なお付加すべきものもあり、機会を改めて論ずることとしたい。

(69) 前掲注(44)小杉榲邨「美術と歴史との関係」三頁。

(70) 榲邨と書道との関係については、前掲注(1)拙稿「小杉榲邨の蒐書と書写活動」でふれた。

(71) 恒川平一『御歌所の研究』(還暦記念出版会、一九三九年)。

(72) 兼清正徳『香川景樹』(吉川弘文館、一九七三年、二五〇頁)。

(73) 小泉苳三『近代短歌史』明治篇(白楊社、一九五五年、一九一頁)。

(74) 加藤周一『日本文学史序説』下(筑摩書房、一九八〇年、三二三～三二四頁)。

(75) 前掲注(41)喜田貞吉「六十年の回顧」一〇七頁。同「法隆寺再建・非再建論の回顧」(『喜田貞吉著作集』七巻、平凡社、一九八二年、二三三頁)。

(76) 丸山真男『「文明論之概略」を読む』上(岩波新書、一九八六年、三三頁以下)。

(77) 正岡子規『獺祭書屋俳話』(日本新聞社、一八九三年)、『子規全集』四巻(講談社、一九七五年、一六七頁)所収。

(78) 正岡子規「文界八つあたり」(『日本』明治二六年三月二四日号)、『子規全集』(一四巻、講談社、一九七六年、二四頁)所収。

(79) 『日本人』二四。前掲注(78)『子規全集』一四巻、一三三頁。

(80) 『日本人』二五。前掲注(78)『子規全集』一四巻、一三七頁。榲邨の「詠養蠶歌」は、同六一頁に採録。

(81) 『日本人』二六。前掲注(78)『子規全集』一四巻、一四七頁。

(82) 本居豊穎「小杉榲邨ぬしをしのぶ詞」(『歴史地理』一五―五、一九一〇年)。『国学院雑誌』一六―四(一九一〇年)にも同文が収録されている。

(83) 三宅雪嶺『同時代史』四巻(岩波書店、一九五二年、九七頁)。

(84) 「文士の雅号」二(『中学新誌』一―三、一八九七年、七七頁)。

(85) 近世国学者のあいだに成立した擬古文の役割については、中村幸彦「擬古文論」(春日和男教授退官記念会編『春日和男教授退官記念語文論叢』桜楓社、一九七八年)参照。のち『中村幸彦著述集』一二巻(中央公論社、一九八三年)に収録。

(86) 前掲前掲注(68)大沼宜規「小杉榲邨の蔵書形成と学問」一二頁。
(87) 伊東多三郎「国学史研究の動向」(『史学雑誌』五九―一〇、一九五〇年)、のち『近世史の研究』第二冊(吉川弘文館、一九八二年)に収録。
(88) 前掲注(60)阪本是丸「明治国学の研究課題」一四頁。
(89) 中村幸彦「国学雑感――直毘霊をめぐって――」(前掲注85『中村幸彦著述集』一二巻)。
(90) 前掲注(68)大沼宜規「小杉榲邨の蔵書形成と学問」、前掲注(52)大沼宜規「古典講習科時代の小中村清矩」、藤田大誠「明治期国学者横山由清に関する覚書――その学問と教育――」(『神道宗教』一八七、二〇〇二年)、齋藤智朗「明治二十年代初頭における国学の様相――池辺義象の著作を中心に――」(『国学院雑誌』一〇四―一一、二〇〇三年)など(後者二点は樋口雄彦氏の御教示による)。
(91) 小野将「近世の『国学』的言説とイデオロギー状況」(『歴史学研究』七八一、二〇〇三年)など。

【参考】小杉榲邨出陳目録(稿)

会名称、開催日時、場所、典拠誌名、刊行年月の順に記した。資料名につけられている榲邨の注記は省略した。また、資料名や榲邨の注記から現所蔵者を判断・推定できる場合は、資料名の次に記載した。

○第一九回好古会　明治二四年一〇月二五日　上野公園内桜ケ岡日本美術協会列品館(『好古叢誌』一編三、明治二五年三月)
仏説文陀竭王経(天平一二年三月一五日、元興寺旧蔵)
仏説戒消災経(天平一二年五月一日、東大寺旧蔵)
大仏殿御常燈料田等目録(永仁二年三月日)→井上書店待賈文書
東大寺領大和国散在田地幷抑留交名事(文和二年一〇月六日)
貞和元年九月十日御油庄童子太郎請文
○第二一回好古会　明治二五年一一月二〇日　永田町日枝神社境内星岡茶寮(『好古叢誌』二編一、明治二六年一月)
東大寺献物帳影写博物館版行本

延暦六年曝涼帳　影写→東京国立博物館所蔵
延暦十二年六月曝涼帳　影写→国立国会図書館所蔵
弘仁二年九月官物勘録　影写
従弘仁五年九月十七日至天長三年九月一日雑物出入帳　影写
雑物出入継文　附斎衡三年六月雑財帳巻末一紙　影写
鬼界嶋にて拾ふ所経文一字一石

○第二二回好古会　明治二六年四月二三日　永田町日枝神社境内星岡茶寮（『好古叢誌』二編九、明治二六年九月）

万暦三十五年正月朝鮮王李昖徳川幕府へ奉る書→京都大学文学部博物館所蔵
万暦四十五年五月朝鮮王李琿徳川幕府へ奉る書
壬戌五月朝鮮王李焞徳川幕府へ奉る書
天和二年九月徳川綱吉公より朝鮮王へ返書
延享五年六月徳川家重公より朝鮮王へ返書
宝暦十四年三月徳川家治公より朝鮮王へ返書
真淵贈四位大人文

○第二四回好古会　明治二七年五月二七日　永田町日枝神社境内星岡茶寮（『好古叢誌』三編六、明治二七年六月）

古今歌切　伝云貫之朝臣筆→静岡県立美術館所蔵
扇面書　伊東東涯　細井広沢　服部南郭
正倉院御物図　北倉　中倉　南倉

○第二五回好古会　明治二八年四月二八日　永田町日枝神社境内星岡茶寮（『好古叢誌』四編下巻、明治二八年一一月）

小仏像並小仏具類　一三点
古尺横造（模カ）　一五点
古升模造　五点

○第二七回好古会　明治二九年五月三日　永田町日枝神社境内星岡茶寮（『好古叢誌』五編下巻、明治二九年一一月）

光格天皇宸筆古歌御短冊
綱吉将軍筆墨画山水
諸国文書→早稲田大学所蔵
真淵大人三十六歌仙考→静岡県立美術館所蔵
○好古会秋季展覧会　麹町区有楽町神宮奉斎会本院（『考古界』三篇七号、明治三六年一一月）
浮田一蕙筆楠公像
守住貫魚筆一品舎人親王像
百済阿佐筆聖徳太子像（御物写）
岡田為恭写玄上琵琶撥皮画→静岡県立美術館所蔵
富士谷御杖短冊
上田秋成短冊
町田久成写正倉院御物琵琶撥皮画
北村季吟筆釜の銘→静岡県立美術館所蔵
岡田為恭詠歌
本居宣長詠歌
村田春海詠歌
喜多村節信詠歌
加藤千蔭詠歌
○第四〇回好古会　明治三六年一一月二一日・二二日　麹町区有楽町神宮奉斎会本部（『好古類纂』附録〈号数記載なし〉）
東大寺旧蔵古文書→東京大学史料編纂所所蔵（？）
諸国古文書→早稲田大学所蔵（？）
真淵大人三十六歌仙考→静岡県立美術館所蔵
法隆寺旧蔵献物御物聖徳太子御肖像　摸写

一品舎人親王御肖像　守住貫魚画
摂津国広厳寺安置木像楠公御肖像　浮田可為写
園城寺旧蔵益田孝所有小野道風朝臣肖像　摸写
町田久成自写旧蔵紙本着色正倉院御保存琵琶撥皮古画図　摸写→静岡県立美術館所蔵
岡田為恭摸写玄上撥面古画図→静岡県立美術館所蔵
建部綾足梅に鳥画→静岡県立美術館所蔵
楫取魚彦梅画→静岡県立美術館所蔵
北村季吟茶釜の銘句→静岡県立美術館所蔵
宣長大人文房四友歌　懐紙→静岡県立美術館所蔵
富士谷御杖・上田秋成短冊　合装→静岡県立美術館所蔵
喜多村節信・加藤千蔭短冊　合装→静岡県立美術館所蔵
村田春海王昭君長歌→静岡県立美術館所蔵
岡田為恭自詠半切がき→静岡県立美術館所蔵（？）
○第四一回好古会　明治三七年六月一四日～二〇日　上野公園内桜ケ岡日本美術協会列品館（『好古類纂』二編五集、明治三七年一〇月）
楠長諳筆御成敗式目
松花堂筆酒徳頌→静岡県立美術館所蔵
本阿弥光悦筆草書明人単鳳翔讃加筆
河本八大夫筆五月雨日記
三条実美公懐紙
近衛忠熈公懐紙
藤貞幹製古瓦譜
樵談治要

薫物方
大仏測定図
荷田春満歌→静岡県立美術館所蔵
村田春海歌→静岡県立美術館所蔵
加藤千蔭擬東歌→静岡県立美術館所蔵
下河辺長流の文→静岡県立美術館所蔵
荷田蒼生子消息→静岡県立美術館所蔵
細川幽斎侯かな書　扇面
伊藤東涯詩　扇面
細井広沢詩　扇面
服部南郭詩　扇面
北向雲竹うた　扇面
松平楽翁侯歌　扇面
森川竹窻うた　扇面
硯　銘なるとの旭　屋代弘賢遺物
硯　端渓　加藤千蔭遺物
○第四二回好古会　明治三七年一一月一二日・一三日　上野広小路桜館（『好古類纂』二編七集、明治三八年五月）
天平勝宝文書　計帳破残を以て修覆となす→静岡県立美術館所蔵
二位尼消息→静岡県立美術館所蔵
契沖阿闍梨短冊→静岡県立美術館所蔵
本居翁詠草　県居翁加筆→静岡県立美術館所蔵
渡辺広輝筆六歌仙→静岡県立美術館所蔵
八橋売茶翁自画讃→静岡県立美術館所蔵

長禄三年伊予国三島神社奉納歌
守住貫魚筆阿波鳴門真景
寧楽宝庫御物模造彩色手匣
上総国埋木製造筆船

○第四三回好古会　明治三八年五月二四日～二八日　上野公園内桜ケ岡日本美術協会列品館（『好古類纂』二編九集、明治三八年一一月）

光格天皇宸筆　短冊家隆卿歌
典仁親王御筆
大原重成卿競馬自画讃→静岡県立美術館所蔵
日野資枝卿・滋野井公麗卿詠草→静岡県立美術館所蔵
楫取魚彦筆酒泉猩々図→静岡県立美術館所蔵
加藤千蔭歌色紙短冊・抱一上人菖蒲画→静岡県立美術館所蔵
香川景樹懐紙→静岡県立美術館所蔵
千種有功卿懐紙→静岡県立美術館所蔵
新玉津島社歌合　貞治六年三月廿三日→静岡県立美術館所蔵
舞御覧旧記古本模写
詠唱歌古本模写
将軍家宣公筆扇面
那波活所筆扇面
安東東野筆扇面
はせを筆扇面
深川親和筆扇面
関思恭筆扇面

来章筆月夜探梅図→静岡県立美術館所蔵
滋野井公麗卿文詞→静岡県立美術館所蔵
蘭洲筆山水画→静岡県立美術館所蔵

○第四四回好古会　明治三八年一一月四日・五日　本郷区湯島切通し坂上麟祥院（『好古類纂』二編一一集、明治三九年五月）

耕雲大神宮参詣紀行→東京大学史料編纂所所蔵
東東洋富嶽図　伴蒿蹊・上田無腸賛歌
東甫筆琵琶図　横井也有賛
天龍道人筆雪梅→静岡県立美術館所蔵
法隆寺旧蔵仏幡金物零残
渡辺清筆清少納言図　田中大秀賛歌→静岡県立美術館所蔵
春日神社旧蔵本楽所補任　影写
承応四年三月里村玄陳連歌巻
泥製仏像　大和国橘寺発見
泥製仏像　大和国山田寺発見
土偶　小形　陸奥国南津軽郡某村発見
土壺　小形　同上
石冠　飛弾《（ママ）》国吉城郡小鷹利村大字中野字大洞開墾地発見
近江国三村山瓦硯
古今集歌巻
詠歌大本秘決　平間長雅筆授貞享二年三月
狩野探信守政筆林和靖図
橘曙覧筆竹の図

○第四五回好古会　明治三九年六月一〇日　神田神社境内開花楼（『好古類纂』三編二集、明治三九年一一月）

寂蓮法師筆　後撰集歌きれ
本居宣長翁筆　万葉集玉緒琴序源氏物語玉小櫛序→静岡県立美術館所蔵
同　春庭翁筆　夕落花短冊
同　大平翁筆　船中納涼歌→静岡県立美術館所蔵
林子平書
智仁親王御歌ひかへ
名家尺牘　なにはの巻
伴林光平遺物短冊挟
風字研(硯)　亡友横井時冬所贈
御代のひかり　古瓦譜親友高橋健自所贈　三一七点

○第四六回好古会　明治三九年一一月三日・四日　本郷区湯島切通し坂上麟祥院（『好古類纂』三編四集、明治四〇年一一月）

伝云藤原行成卿筆　秋歌切
二条為右卿筆新千載集切
三好長治短冊→静岡県立美術館所蔵
日頃の正広短冊→静岡県立美術館所蔵
山本舟木短冊→静岡県立美術館所蔵
上田余斎・藤貞幹短冊→静岡県立美術館所蔵
中山大納言愛親卿筆→静岡県立美術館所蔵
高橋宗直一行→静岡県立美術館所蔵
亀井道載筆二行→静岡県立美術館所蔵
柴野栗山筆二行→静岡県立美術館所蔵
加藤千蔭歌二行→静岡県立美術館所蔵
田中大秀歌二行→静岡県立美術館所蔵

○考古学会第一二総集会　明治四〇年六月二二日　上野公園東京美術学校（『考古界』六篇九号、明治四〇年一一月）
貫之筆歌切　亀山切→静岡県立美術館所蔵
藤原行成筆寛平御時皇后宮歌全紙零残
藤原行成筆歌切為恭摸写
名不知秋歌切
観音寺文書→早稲田大学所蔵
鳳凰堂九品文　堀川俊房筆（原本山城宇治鳳凰堂扉）
正倉院御物琵琶撥面　摸本
冷泉三郎筆琵琶撥皮図→静岡県立美術館所蔵
正倉院御物残零物摸写図
正倉院御物最勝王経帙簀図
古物写真図六種
正倉院御物摸写古物図
○第四七回好古会　明治四〇年一〇月一七日〜一九日　神田神社境内開花楼（『好古類纂』附録〈号数記載なし〉）
奈良方楽所古伝楽所補任
古写舞御覧日記　模本
古写詠唱歌　模本
管絃御聴聞之次第　舞楽上覧之次第→北海学園大学北駕文庫所蔵
松永貞徳翁筆消息　八月に係る
栗山賞楓詩加藤千蔭書　懐紙合装→静岡県立美術館所蔵
蘆庵夕眺望のうた→静岡県立美術館所蔵
天龍道人筆葡萄りすの図
阿波国徳島観音寺住職南山碩学閑々子墨戯　達磨図

御杖・秋成秋の歌　合装→静岡県立美術館所蔵
河内国狭山池古樋の釘（建武年間のもの）
徳島城正殿（鳩の間といふ）　棟瓦釘（慶長二年築城の時のもの）
同　丸瓦釘（元禄年間修繕の時のもの）
南蛮へうたん銕（慶長舶来にして稲葉家旧蔵）
中院通茂卿発句　水の一字名
野宮定基卿郭公短冊→静岡県立美術館所蔵
中院通躬卿秋歌短冊→静岡県立美術館所蔵
武者小路実陰卿冬歌ちらし懐紙→静岡県立美術館所蔵
勅点日野資枝卿　詠草　合装→静岡県立美術館所蔵（半分）
滋野井公麗卿　同→静岡県立美術館所蔵（半分）
阿波少将治昭朝臣（寛政より文政の人）半切二行語→静岡県立美術館所蔵
大原重成卿筆競馬図→静岡県立美術館所蔵
大原重成卿・松平楽翁侯花歌短冊　合装→静岡県立美術館所蔵
清水谷公正卿・二条関白斉敬公夏歌短冊　合装→静岡県立美術館所蔵
千種有功卿ちらし懐紙→静岡県立美術館所蔵
紀伊権大納言斎彊卿筆滝に鯉の図→静岡県立美術館所蔵
阿波宰相斉裕卿・津山中将斉民朝臣藤歌短冊　合装
三条内大臣公爵実美公懐紙→静岡県立美術館所蔵
近衛従一位忠煕公懐紙→静岡県立美術館所蔵
久我従一位建通公懐紙
東久世正二位伯爵通禧卿詩　三行
蜂須賀正二位侯爵茂韶卿筆書経語（中納言在官時代書）

松浦従二位伯爵詮卿かな文字　一行　半せつ紙

○第四八回好古会　明治四一年三月六日〜九日　上野公園内桜ケ岡日本美術協会列品館（『好古類纂』三編一二集、明治四一年九月）

女装沿革図

近世女装考

近世女風俗考

本朝古金石木文搨本　四〇種→静岡県立美術館所蔵

烏丸卜山・裏松固禅花歌→静岡県立美術館所蔵

天龍道人筆墨梅→静岡県立美術館所蔵

平野国臣歌

桜東雄歌→静岡県立美術館所蔵

藤田東湖詩→静岡県立美術館所蔵

藤本鉄石春蘭題詞

佐久間象山小品文→静岡県立美術館所蔵

○第四九回好古会　明治四一年一〇月一七・一八日　本郷区湯島切通し坂上麟祥院（『好古事彙』二集、明治四二年八月）

一品舎人親王像　守住貫魚筆

道風朝臣肖像→東京国立博物館所蔵

菅相公考案像下絵

楠公束帯木像摸写

尊氏将軍騎馬像

小堀遠州像摸写

屋代弘賢像　石摺

春日行秀筆歌仙色絵坂上是則像

高崎正風筆人麿歌聖像
百済河成画四天王像
桓武天皇宸影写
嵯峨天皇宸影写
醍醐天皇宸影写
阿波国一宮大宜都比売神像木製　守住貫魚拝写
野見宿禰参内図→東京国立博物館所蔵
鎌足公像
淡海公肖像
鳥毛立女図屛風まくり摸写→東京国立博物館所蔵
少年男女遊戯図→東京国立博物館所蔵

補説　東京大学文学部附属古典講習科

明治四〇年（一九〇七）四月二七日、東京帝国大学の集会所（山上御殿）で、東京大学文学部附属古典講習科の同窓会が開かれた。その准講師であった小杉榲邨の子孫のもとに残された記念写真には、松林の前で小杉のほか、古典講習科の設置に力を注いだ加藤弘之や、講師の本居豊穎《とよかい》・坪井九馬三《くめぞう》・井上哲次郎、卒業生の萩野由之らが背広や紋付き羽織袴姿で威儀を正して写っている。小杉の書きつけには、「庭上ニ下リテ撮影ス、ヲリフシムラ雨注キ来レトモ、暫ク堪ヘテ写シ了ヘヌ」と記されている。

加藤はこの日の日記に、「午後一時過より大学集会所古典科同窓会ニ被招参ル、八時過帰ル」と書きとめた。坪井は古典科出身者の懇親会が山上御殿で開かれたこと、また井上はこの日の夜、大学集会所に赴き、卒業生の関根正直らと会い、一同写真をとったことを、それぞれの日記に記している[1]。

古典講習科は明治一二年（一八七九）一二月、東京大学法理文三学部総理加藤弘之が和書講習科の設置を文部省に建議したことに始まる。加藤の目的は、世をあげて洋学偏重に傾き、衰えつつある「本邦之旧典古格又ハ歴史物語等」についての伝統的学問の復権を図ろうとするところにあった。この時は認められなかったため、加藤は同一四年（一八八一）一二月ふたたび建議を提出し、翌年五月三〇日に承認された。

この時期は国会期成同盟や自由党・立憲改進党などの活動によって自由民権運動が高揚しており、それに対して儒教主義的教育の貫徹をもとめる勅語が出され、神宮皇学館や皇典講究所が設置されたのも、古典講習科と同じ明治一五年（一八八二）のことであった。もっとも三上参次によれば、文学部長で西洋崇拝の外山正一は設置に反対であったというから、もともと苦難の旅立ちではあった。

規則によると、二〇歳以上三〇歳以下の年齢制限があったが、准講師佐佐木弘綱の子で国書課第二期生の信綱のように一二歳で入学した例もあった。講義は西洋流の科目を排して、和漢の歴史や文学・法制などの考証に重点がおかれ、明治初期の神道国学は姿を潜めている。沿革や改編などについては、『東京帝国大学五十年史』上冊（一九三二年）・『東京大学百年史』通史一（一九八四年）などでややくわしく明らかにされているものの、実態や役割などについてはなお検討すべき課題が残されており、別の機会に譲りたい。

学科目や教員組織などの編成に尽力したのは、文学部教授小中村清矩《きよのり》であった。近世国学と近代の国語・国文学との橋渡し役をつとめた小中村は、明治一五年（一八八二）九月一八日の開業式で、当科の目的は、「醇然たる国学専門の学科にて、歴朝の事実、制度の沿革、並に古今言辞の変遷等を弁明」することにあると演説した。教部省時代の小中村の部下であった小杉は、『古史徴開題記』と『古語拾遺』を講義したが、小中村は古史に分け入る「山口の栞」として、平田篤胤の『古史徴開題記』をあげており、小杉は小中村の説にしたがったものと考えられる。

明治一八年（一八八五）四月、古典講習科の募集は停止され、翌年の帝国大学令の公布とともに改組された帝国大学文科大学に附属されることになり、結局同二一年（一八八八）に廃止された。

佐佐木信綱によると、廃止案は森有礼文相の発意により、第一期生卒業とともに自分たち第二期生は卒業できなくなると伝え聞いて驚いたが、文学部講師の内藤耻叟《ちそう》が森に直接談判したことから、中途での廃止案は撤回されたという。

明治一九年一月二二日の『東京日日新聞』は、加藤が大学総理から元老院に転じて以来、多くの教授らが兼任を解かれ、「森文部大臣には、痛く漢書、国書を講習するを無用視」しているため、古典科は廃止されるだろうとの噂が広まっているという記事を載せている。

古典講習科が短命に終わった理由のひとつとして、財政問題がある。設置の諸費用は大学の経費とは別途の交付が文部省に申請されており、当初から永く続く見通しはなかった。さらに大きな要因は、教育制度改革の重大な転換期にめぐりあわせたことにある。

この時期文部行政の中心にいたのは森有礼であった。森は明治一七年（一八八四）五月、文部省御用掛に任じられ、翌年一二月、伊藤博文内閣の文部大臣に就任した。「学政官吏」という強い自覚をもち、みずからの見聞にもとづく欧米先進諸国の教育制度を範としながら、独自に教育の理念と役割を追求する信念によって教育制度の改革を進めた。森の理念にしたがって「国家ノ須要ニ応スル」有為の人材養成を目指した帝国大学令が公布されたのは、明治一九年（一八八六）三月のことである。

一方、古典講習科設立を推進した加藤は明治二年（一八六九）頃、議事体裁取調所で森と同僚だったことがあり、二六歳も年下で洋行帰りの森に独断の弊が強いと反発をもっていた。(2) 加藤は教育理念を異にする森とは相容れず、明治一九年一月、大学総理の職を離れたのち、帝国大学総長に任じられたのは、森が暗殺された同二二年（一八八九）二月の翌年五月であった。

卒業生の多くは、学問と教育分野を中心に若くして多彩な活躍をみせた。今また大学改革の疾風怒濤のただなかにあって、古典講習科のたどった運命を見直しながら、学問・教育の近代化における遺産と、一方で抗しがたく失われたものに思いをめぐらせている。

（1）　加藤弘之と坪井九馬三の日記については、中野実氏（東京大学大学史史料室）の御教示を得た。

（2）　犬塚孝明『森有礼』（吉川弘文館、一九八六年）。

あとがき

調査で心をいれて史料に向かいあうたび、気分は引き締まり、高まりもする。そうして史料の奥に潜む歴史の断片を掘り起こして明らかになった事実と、これまで知られている事がらや人物との思いがけない結びつきに驚嘆し、それらを丹念に紡ぎながら、新しい世界をきり開くのは、この上ない喜びである。それとともに強く感じることは、長い時の変転のなかで、史料を守ってきた所蔵者に対する敬意と、これからも伝える大切さである。

昭和五二年（一九七七）一〇月、私は静岡大学人文学部に着任し、ほどなく静岡県の袋井市史編纂事業に参加した。本書収録の旧稿のうちもっとも早い第九章はその成果である。続いて、金谷町史・静岡県史・藤枝市史に執筆委員や専門委員・編纂委員として関わったから、三七年にわたる静岡大学在職中のほとんどの期間に及んだことになる。

とりわけ昭和六〇年（一九八五）から一三年をかけて完結した静岡県史編纂は、同学の先達たちに導かれて、知見を拡大する得がたい好機となった。静岡県内はもとより県外にまで調査する機会を与えられ、編集すべき史料の対象が古文書・古記録・典籍・金石文・経巻・聖教類・文学作品と広範囲にわたったことから、研究の領域と関心を広げることにもつながった。なかでも静岡県内に現存する五部大乗経や大般若経を調査する幸運に恵まれ、経典と地域社会との関わりを考える着想を得たことは印象深い。第二章・第三章・第五章・補論1～補論3は、静岡県史での調査にもとづくものである。

その後、平成一〇年（一九九八）に始まり、二一世紀を迎えたのち、一五年を要して終了した藤枝市史では編纂専門委員長をつとめた。第十一章と補論5はその調査から生まれた。

また委員ではないが、岐阜県の可児市史編纂事業の一環として始まった薬王寺調査に、乞われて大般若経を担当した。市史編纂室のご理解によって、調査は関係する岡山県・滋賀県・京都市・静岡県と広い地域に及び、大般若経の成立と背景など詳細に分析する十分な時間と便宜を与えられたことは、今も記憶に鮮やかである。その成果は第四章にまとめられている。

本書に収めた論文の多くは、これらの調査にもとづく所見と分析をまとめたものである。いずれも調査なくしては実らなかったものであり、所蔵者をはじめ、労苦をともにし、御教示を仰いだ関係の方々に、改めて深い謝意を表するとともに、本書をもって学恩に報いたいと思う。調査結果にもとづく考察には力を尽したつもりであるが、その後の研究の進展は著しく、思わざる過誤もあるであろう。収録論文の大半は、報告書など多くの方々の目にふれにくいものであったから、一書にまとめることで、関連分野の研究に何がしかの寄与ができれば幸いと思う。

仏教と政治権力や地域社会とのつながりに関心をもったのは、九州大学大学院在学中のことだった。それから三五年余り、ふり返れば丑年生まれにかこつけた、まことに緩やかで寄り道多き足取りというほかないが、いまは本書をみずからの器量による到達点と自覚し、「牛の歩みも千里」を心にとめ、歴史に対して聡明であることを自戒として、次の目標に向かいたい。

本書の刊行にあたり、株式会社思文閣出版の原宏一氏には格段の御高配にあずかり、また担当の三浦泰保さんには、万端に行き届いた丁寧な編集作業を通じて、本作りにかける熱意と気魄など学ぶことが多かった。深く感謝申し上げる。

最後に、本書が亡き両親と養母、泉下の友宗像修三君への手向けとなり、あわせて近く還暦を迎える妻恭子の記念ともなれば、ささやかな幸せである。

二〇一四年八月

湯之上　隆

索　引

た

ち

つ

て

と

◎著者略歴◎

湯之上　隆（ゆのうえ　たかし）

1949年　鹿児島市に生まれる
1968年　鹿児島県立甲南高校卒業
1972年　静岡大学人文学部人文学科卒業
1977年　九州大学大学院文学研究科史学専攻博士課程中途退学
1977年　静岡大学人文学部助手
1995年　博士（文学、九州大学）
現　在　静岡大学人文社会科学部教授

主要著書

『三つの東海道』（静岡新聞社、2000年）、『日本中世の政治権力と仏教』（思文閣出版、2001年）、『静岡県史』通史編２中世（共著、静岡県、1997年）、『くすりの小箱――薬と医療の文化史――』（共編、南山堂、2011年）

静岡大学人文社会科学部研究叢書 No.46
日本中世《にほんちゅうせい》の地域社会《ちいきしゃかい》と仏教《ぶっきょう》

2014（平成26）年10月10日発行

定価：本体8,000円（税別）

著　者　湯之上隆
発行者　田中　大
発行所　株式会社　思文閣出版
〒605-0089 京都市東山区元町355
電話 075-751-1781（代表）

印　刷
製　本　株式会社 図書印刷 同朋舎

ISBN978-4-7842-1773-1　C3021